"传播新视野"丛书

人工智能艺术与设计

王洪亮 徐婵婵 著

中国传媒大学出版社
·北京·

目 录

前 言 ··· 1

第一章　概　述 ·· 1
第一节　人工智能的概念与发展概况 ··· 4
第二节　机器设定与艺术个性 ·· 18
第三节　人工智能对艺术与设计行业的影响 ····································· 26
第四节　人工智能对艺术与设计教育的影响 ····································· 31
第五节　人工智能艺术与设计的美学与伦理 ····································· 35

第二章　人工智能艺术与设计评价体系 ··································· 47
第一节　技术与创造 ·· 47
第二节　艺术与设计的创意评价的客观性 ·· 53
第三节　审美评价标准的时代性与人工智能的关系 ··························· 62
第四节　智能评价的方式与权衡 ··· 66

第三章　人工智能图形艺术与设计 ·· 75
第一节　图形信息的识别与认知 ··· 75
第二节　图形信息的生成与设计 ··· 81
第三节　艺术与设计作品中的图形生成 ··· 86

第四章　人工智能色彩艺术与设计 ·· 107
第一节　智能色彩识别与生成 ·· 109
第二节　智能调色 ··· 114
第三节　智能上色 ··· 120

第五章　人工智能字体艺术与设计 ·········· 124
第一节　计算机字体设计基础知识 ·········· 126
第二节　字符识别与生成技术 ·········· 131
第三节　人工智能对书写艺术的影响 ·········· 138

第六章　人工智能艺术与设计中的语义关系 ·········· 141
第一节　人工智能中的语义分析技术 ·········· 141
第二节　语义分析在场景理解中的应用 ·········· 144
第三节　语义分析在广告与版面设计中的应用 ·········· 149

第七章　人工智能艺术与设计的未来 ·········· 166
第一节　人工智能语境下艺术相关定义的变化 ·········· 166
第二节　人工智能与艺术和设计的关系调整 ·········· 172
第三节　人工智能艺术与设计的应用展望 ·········· 182
第四节　人机器化与机器人化 ·········· 187

参考文献 ·········· 191

前　言

在一个属于薛定谔的猫的时代，我们见证了谷歌的"阿尔法狗（AlphaGo）"对人类智力的碾压，马斯克的"赛博朋克猪"思想的形状。在过去的几年里，人工智能正在各个领域以不同形式不断刷新我们对于机器的认知。乐观者表达了无论人工智能加持下的机器再怎样厉害，它也不过是我们人类的助手和工具；悲观者则表达了随着人工智能技术在生活中的深入应用与发展，人类有可能被机器所超越的担忧。而本书希望以一个尽可能理性、全面的角度，结合人工智能在艺术与设计领域的相关发展和应用，来分析其对于我们生活所形成的影响和发展走向。这其中既有反映人工智能对于设计效率提升、思路拓展、资源优化的作用；也有着对其可能导致的失业率上升、人类自身创造力下降、艺术家与设计师身份重新定位等方面的思考。

2016年初，我有幸受麻省理工学院（MIT）时任比较媒体研究系（Comparative Media Studies）主任王瑾老师的邀请，获得了国家艺术基金公派访问学者的机会。就在初被MIT的各种黑科技震撼之余，我偶然刷到个标志设计的App，感叹美国设计公司都开始用App开始接活了，但点开着实把我吓了一跳。在这个App里，明码标价一个标志设计只需要10美元，而且是无限次修改直到您满意为止。平静下来，我想其中一定有什么蹊跷，才会让我们国内专业设计师动辄几万、十几万甚至几十万设计费的一个标志设计工作变得如此便宜，想想即便是那些滥竽充数的几百块的标志和VI设计，亦不至沦落于如此贱价。在网上一番搜索之后，我大约了解其背后的人工智能工作原理，这就是它可以如此高效、廉价批量"设计"标志的原因。加之爱好围棋的我，也颇为好奇AlphaGo到底是靠什么战胜李世石的。这一切激发了我要进一步了解人工智能的兴趣，想看看人工智能到底发展到如何程度，又能在我们的生活中发挥什么样的作用。

MIT和哈佛大学同在剑桥市，而且这两个学校的课是可以开放互选的。虽然MIT的世界上第一个人工智能实验室（CSAIL）大名鼎鼎，但因为课程安排和对哈佛的神往，我选修了哈佛大学的 CS181 机器学习课程，在此也要感谢戴维·C. 帕克斯（David C. Parkes）教授允许我旁听了此门课程。在此，不得不承认这是我听过的最难懂的课程。在课上，除了一些直观的图形我大概看得懂流程外，其余的那些对我这个平面设计出身的人来说，面对着各种高等数学的函数符号和方程与读天书没啥区别。即便如此，一些视觉化的算法流程和概述，也让我了解到机器学习对于各个行业的深远影响，当然也知道为啥这个行业的人可以拿到高薪了。课后回想那个 10 美元标志设计 App，原本被我们平面设计师视作难度很高的小小标志设计，可以经过算法设计被机器按秒产出成千上万种变化样式，之后再加以设计师审美的介入，鉴别与筛选出最优方案，熬成熊猫眼的设计师们是时候该认真考虑失业的危机是不是就要来了。

技术从来都是社会发展中最具革新性的力量，青铜打败长矛、手枪干掉大刀、汽车拉走牛车、计算器淘汰算盘、AlphaGo 碾压围棋高手。每一次、每一项技术革新都给我们人类社会的发展定下基调与方向。在艺术与设计领域，19 世纪初摄影术的发明使得栩栩如生的古典绘画走向衰落，反观当年艺术家们最初对于照相机的不屑，与今天职业棋手们对 AlphaGo 挑战人类之前的心态何其相似。人们从最初对于摄影术的冷冰冰技术印象到后来将其定义为一门艺术与设计门类，乃至其引发视觉艺术走向表现的结果，都暗示了今天人工智能会对艺术与设计的发展造成怎样的影响，同时，也会让我们再次就何为艺术与设计的方式、方法、定义、价值和意义进行深思。

在这样一个需要我们重新学习 ABCD（人工智能、区块链、云计算、大数据）的时代，虽然人工智能还处于一个"弱智"阶段，还只是在棋牌游戏、自动驾驶等领域取得了有限的成功，但对于艺术与设计，尤其是设计而言，我们已然抵近奇点，即开启从我们对原生第一自然改造形成的第一思维体系设计到第二思维体系设计的进化之旅。第二思维体系的设计是设计的设计，在这个过程中，我们人类不再践行机械重复的劳作型设计，代之以机器算法与生成结果为对象，依据人类审美作出设计与恰当的选择，这是一种对设计师审美提出更高要求的选择性设计，其中更需要设计师对于艺术与设计整体审美要旨的把控，真正意义上实现设计师从手到脑的转变。

本书第一章从概念入手，讲述了人工智能的历史发展沿革、人工智能的基本原理和相关常识；第二章至第六章分别从人工智能艺术与设计的评价体系，形、色、字视觉要素和其间的语义关系设计展开论述，并结合相关设计案例，以尽量删减代码与数学知识的方式阐释人工智能在艺术与设计方面的作用与影响；最后一章对人工智能艺术与设计的发展做出了展望和预期。相信在人类有能力控制人工智能发展方向的前提下，达成提升效率、优化资源、激发创意与创新、人机协同工作、共同进化的愿景。

  限于作者的知识结构、见识与能力，仓促成书难免会有不足和值得商榷之处，欢迎各位热心读者与专家给予批评指正。感谢徐婵婵老师主要负责完成了全书涉及人工智能运行原理和实现技术部分的写作；感谢黄松毅老师和欧丽娜编辑在本书编写过程中给出的宝贵修改意见，以及我的学生肖郁、于丽娜、宫傲年、曹隽等作为本书的第一批读者，从艺术生的角度提出的建议，以使本书可以更好地为艺术人士所理解；感谢靳聪老师在项目研究初期所做的相关贡献；更要感谢我的家人的默默支持，这为我的写作提供了更多的时间和精力保障。

王洪亮

2021年9月于中国传媒大学

第一章　概　述

> **重点内容**：人工智能在艺术与设计领域的历史、现状与相关应用，及其引发的艺术设计变革与美学价值和意义。

2016年3月15日，谷歌旗下DeepMind公司的人工智能程序AlphaGO以4∶1完胜围棋传奇选手李世石，这个非同凡响的成就使得人工智能迅速成为一个热词与行业焦点。2016年10月13日，美国前总统奥巴马发布了被称作新的"阿波罗登月计划"——《国家人工智能研究与发展战略计划》（National Artificial Intelligence Research and Development Strategic Plan）[①]白皮书。在这份长达40页的引导性研究报告中，提出了美国未来优先发展的人工智能的七大战略方向与相关建议。2019年2月11日，时任美国总统特朗普签署行政令《维护美国人工智能领导地位的行政命令》（Executive Order on Maintaining American Leadership in Artificial Intelligence）[②]，该项行政命令要求联邦机构在研发投入中把人工智能列入优先地位，旨在确保美国在人工智能等相关领域保持研发优势，加强美国的国家和经济安全。

2017年7月8日，《国务院关于印发新一代人工智能发展规划的通知》（国发〔2017〕35号）公开发布。[③]通知明确了中国新一代人工智能发展的战略目标，以及到2020年、2025年和2030年，人工智能在总体技术应用、基础理论研究、带动国家产业升级和经济转型等方面的发展规划。

而德国早在2013年的汉诺威工业博览会上就正式提出了"工业4.0"（Industry4.0）的概念。所谓"工业4.0"，是基于工业发展的不同阶段作出的划分。按照目前的共识，

---

① National Science and Technology Council. The national artificial intelligence research and development strategic plan. ［EB/OL］.（2016-10-13）［2021-05-30］.https://www.nitrd.gov/pubs/national_ai_rd_strategic_plan.pdf.
② TRUMP D J. Executive order on maintaining American leadership in artificial intelligence.［EB/OL］.（2019-02-11）［2021-05-30］. https://www.whitehouse.gov/presidential-actions/executive-order-maintaining-american-leadership-artificial-intelligence/.
③ 国务院.国务院关于印发新一代人工智能发展规划的通知［EB/OL］.（2017-07-20）［2021-08-31］. http://www.gov.cn/zhengce/content/2017-07/20/content_5211996.htm.

工业1.0是蒸汽机时代，工业2.0是电气化时代，工业3.0是信息化时代，工业4.0则是利用信息化技术促进产业变革的时代，也就是智能化时代。[①]

由此可见，人工智能已在全球范围内引发从民间到政府层面的高度关注。而在各种国家发展规划、标准、通知和战略的背后，我们既可以看到人类力求通过建立道德公约来实现尊重人权和规避风险的主动出击，也可以从中发现由人工智能引发的社会公共安全、产业调整、结构变化等相关问题。

在这样的时代背景下，我们如何重新认识与调整艺术与设计的发展，结合人工智能技术促进艺术与设计的发展是当务之急。这其中既包括对艺术与设计的流程和职能的认识、身份的转变、效率的提升、审美修养的培育与客观审美标准训练的研究，也涉及如何从人文视角和美学高度探讨人工智能为艺术与设计赋予新的含义、价值与意义。

图1.1 拉比罗乌（Rabbi Loew）和布拉格的魔像

事实上，人类在很早以前就有了关于利用机器来进行智能活动的思考和设计。从女娲造人、上帝造人到16世纪犹太教主创造了并赋予无生命体以人形的魔像GOLEM（源起于犹太教，是用巫术灌注黏土而产生自由行动的人偶。而在旧约圣经中，它所代表的是未成形或是没有灵魂的躯体）（图1.1），可以看出人类的诞生和发展一直都在追求从造人到造神这个梦想，这个梦想如果实现，或许就可以让我们找到我们是谁，从哪里来，又往哪里去的答案。

1637年，法国著名哲学家笛卡尔在他的著作《方法论》里表达了机器基本上不可能具备人类的智能的观点："假如有什么机器跟我们人体很像，并且能够依葫芦画瓢地模仿我们的很多动作，我们总有两个很可靠的办法来判断它们根本不会因此而是真正的人。第一个就是，它们永远不会使用语言，或使用其他符号以组成语言。……第二个方法是，尽管它们能做许多事情，比我们中的任何人都强，甚至可能更好，但在另外一些事情上则必然不行。"[②]

笛卡尔做出这样判断的一个基点，就是"我思故我在"，他认为精神与物质是不可互通的两个世界，即使再完备的机器也无法像人这样一个具备灵魂的肉体进行思考。"灵魂具有完全独立于身体的性质，因此它根本不会随着肉体而死去。"比如我们当中的一些人天生就会在某些方面比较擅长，也就是我们通常所说的天赋。这种天赋被认为是

[①] 中青在线. 李克强为什么要提工业4.0 [EB/OL]. (2014-10-11)[2021-05-30]. http://www.gov.cn/xinwen/2014-10/11/content_2763019.htm.

[②] 笛卡尔. 方法论·情志论[M]. 郑文彬, 译. 南京：译林出版社, 2012：38-39.

不可习得的能力，具有很大的神秘性。

但从科学发展的角度，我们又看到牛顿用3个定律就以非常简洁的方式描述了物体运动的原理；麦克斯韦用4个方程解释了所有的电磁活动；伟大的爱因斯坦则用一个$E=mc^2$就清晰地解释了能量转换的本质，乃至今天的量子力学都在不断为我们揭开宇宙运行的神秘面纱。因此，虽然目前人类对于灵魂、意识和天赋的本质及运作原理还知之甚少，但随着科学的进步，我们会不断刷新对于宇宙和人类自身的认知，至少目前我们就可以从功能和结果出发来实现大脑解决问题能力的模拟。

1950年，英国计算机科学家阿兰·图灵（Alan Turing）在英国哲学杂志《智》（*Mind*）上发表文章《计算机与智能》（*Computing Machinery and Intelligence*），文章开篇提问："机器会思考吗？"（Can machines think？）[①]并指出如果一台机器能够与人类对话而不被辨别出其机器的身份，那么这台机器就具有智能的特征，即所谓的图灵测试。同年，阿兰·图灵还预言了存有一定的可能性可以创造出具有真正智能的机器。

对于"机器会思考吗？"的提问，荷兰计算机科学家艾兹格·W.迪科斯彻（Edsger Wybe Dijkstra）曾用"潜水艇会游泳吗？"作为回应，这个归谬法式的反问回答看起来狡黠幽默，却一语道出这个问题的本质。"机器会思考吗？"用"潜水艇会游泳吗？"来做类比的问题，关键在于我们关注思考这个定义本身还是思考的结果。从定义本身来说，机器当然不能思考，因为它不是人；从思考结果来看，机器却可以思考，甚至可以比人思考得更深、更准，就像谷歌的AlphaGO在同人类对弈时，走出了人类职业棋手通常认为的违反棋理的"臭棋"，结果却完胜人类棋手。这个事实虽然让流传了几千年的棋理看起来很窘迫，但它也着实反映了我们人类在生命维度上的时空局限所导致的我们在认知上的局限。正因为如此，我们人类才设计出可以帮助我们实现梦想的飞机、轮船等工具，这些机械帮助我们完成了生理功能的延伸，而电子技术的诞生则帮助我们实现了对意识的模拟，甚至让机器代替我们思考成为可能。但如果机器真的代替我们进行思考了，"我思故我在"就成了一个伪命题。

我们可以试着把艾兹格"潜水艇会游泳吗？"这个问题倒过来问："会游泳的是潜水艇吗？"或者引申一下："会游泳的一定是人吗？"人通过划动四肢让自己浮在水面叫游泳，阿猫阿狗也会游泳，而潜水艇同样可以做到在水里自由浮沉。从物理角度看，人与潜水艇都实现了在水里自由活动的目的，只是方式不同，最重要的区别是潜水艇没有人的生命样式和独立意识。关于这一点，本书认为，人类设计师是否会被机器取代，关键是要看设计师的定义是什么，人工智能的定义是什么，人的定义是什么，机器的定义又是什么。被誉为"人工智能之父"的马文·明斯基（Marvin Minsky）在《心智社会》

[①] ALAN T. Computing machinery and intelligence［EB/OL］.（1950-10-01）［2021-05-30］. https://academic.oup.com/mind/article/LIX/236/433/986238.

中写道："我们第一次认识计算机，是20世纪40年代使用的一些机器，它们只有几千个组件。而人脑包含了数十亿个细胞，每个细胞本身就很复杂，而且还与其他几千个细胞相连接。当今计算机的复杂程度只能算中等水平；它们现在有几百万个组件，而且人们已经开始制造由十几亿个组件构成的计算机，用于研究人工智能。然而，尽管计算机已经发生了这样大的变化，人们使用的还是旧词汇，就好像什么变化也没发生一样。现在的运算规模是过去无法想象的，我们应该转变态度来适应这种现状。'机器'这个词已经不再能带我们去到足够远的地方了。"[1] 定义貌似很重要，但又不重要。从单细胞生物到人类我们看到生命形态经历几十亿年的变化，我们今天面对人工智能在人类进化过程中所发挥的作用，其关键看我们是要如何平衡人的自由独立意识与生存进化之间的关系。

第一节　人工智能的概念与发展概况

一、人工智能的概念

人工智能的一个比较流行的定义，也是该领域较早的定义，是由麻省理工学院的约翰·麦卡锡（John McCarthy）在1956年的达特茅斯会议（Dartmouth Conference）上提出的：人工智能就是要让机器的行为看起来就像是人所表现出的智能行为一样。另一个定义指人工智能是人造机器所表现出来的智能。总体来讲，目前对人工智能的定义大致可划分为四类，即机器"像人一样思考""像人一样行动""理性地思考""理性地行动"。这里"行动"应广义地理解为采取行动，或制定行动的决策，而不是肢体动作[2]。

美国计算机科学家卢格尔（Luger, G. F.），其所著的《人工智能》是一本全面系统地阐述人工智能相关知识的教材。他在书中指出："人工智能研究者所研究的问题和方法集合的目的是使智能行为自动化，是计算机科学的一个分支。当一台机器根据设计好的算法达到人类智能行为目的时，这种行为就可以被称为人工智能。"[3]

人工智能是一个概括性术语，涵盖了从高级算法到实际机器人的所有内容。当下成功的人工智能算法主要集中在："大数据、强大的电脑运算能力，以及优秀（但未必顶尖）的人工智能算法工程师。"[4] 根据人工智能的发展程度，我们可以将其分为弱人工智

---

[1] 明斯基. 心智社会 [M]. 任楠, 译. 北京：机械工业出版社. 2016：20.
[2] 维基百科. 人工智能. https://baike.tw.lvfukeji.com/zh-cn/ 人工智能.
[3] 卢格尔. 人工智能 [M]. 赵志崑, 译. 北京：机械工业出版社, 2006：1.
[4] 李开复. AI·未来 [M]. 杭州：浙江人民出版社, 2018：25.

能和强人工智能。

（一）弱人工智能（Weak AI）

弱人工智能，也被称为狭义人工智能（Narrow AI）或应用型人工智能（Applied AI），是一种为特定的任务而设计和训练的人工智能系统，这也是目前人工智能发展的总体水平。弱人工智能观点认为"不可能"制造出能"真正"地推理和解决问题的智能机器，这些机器只不过"看起来"像是智能的，但是并不真正拥有智能，也不会有自主意识。弱人工智能的形式之一是虚拟个人助理，比如苹果公司的 Siri、亚马逊的 Echo。

就当下的人工智能研究领域来看，这些所谓的弱人工智能在神经网络发展下已经有了巨大进步，研究者已制造出大量"看起来"像是智能的机器，获取了相当丰硕的理论上和实质上的成果，如 2009 年康乃尔大学教授霍德·利普森（Hod Lipson）与其博士研究生迈克尔·施密特（Michael Schmidt）研发出的 Eureqa 计算机程序[1]，能够从数据中找到其中的关联，只要给予一些资料，该计算机程序自己只用几十个小时就能运算推导出牛顿花费多年研究才发现的力学公式，同时它也可以应用于很多其他领域的相关科学研究。

（二）强人工智能（Strong AI）

强人工智能，又称通用人工智能（Artificial General Intelligence），是一种具有人类普遍认知能力的人工智能系统。当计算机遇到不熟悉的任务时，它具有足够的智能去寻找解决方案。

强人工智能观点认为"有可能"制造出"真正"能推理和解决问题的智能机器，并且，这样的机器将被认为是具有知觉的、有自我意识的。强人工智能包括两类：

（1）人类的人工智能，即机器的思考和推理就像人的思维一样。

（2）非人类的人工智能，即机器产生了与人完全不一样的知觉和意识，使用和人完全不一样的推理方式。

二、图灵的创引

图灵在《计算机与智能》一文中提出了"图灵测试"。这篇文章被广泛认为是人工智能最早的系统化、科学化论述。事实上，图灵在"二战"期间就已开始思考机器与智能的问题。1947 年，他在伦敦皇家天文学会上发表了关于机器智能的演讲。1948 年，图灵把这次演讲整理成文章，命名为《智能机器》(*Intelligent Machinery*)[2]，这篇文章作为英国国家物理实验室（NPL）的内部报告并没有公开发表。直到 1969 年，这篇文章

---

[1] 参见 https://www.creativemachineslab.com/eureqa.html。

[2] 参见 https://weightagnostic.github.io/papers/turing1948.pdf。

才在一本名为《机器智能》的论文集上发表，但由于发表时的文章名字和 1950 年的文章题目类似，并没有引起人们的重视。图灵在 1948 年的 NPL 报告中最早提出的"人工智能"的说法，一直到很晚才在英国普及。1950 年，图灵的《计算机与智能》一文使"机器智能"的说法得以更广泛地流传。文章《智能机器》对智能的概念采取了更宽泛的说法，图灵探讨了大脑皮层，他认为婴儿的大脑皮层是非组织的（unorganised）。在图灵的用语里，"非组织"就是"通用"的意思，发育的过程就是组织化的过程。他指出人身上的任何小部件都可以用机器来模仿，同时提到基因、进化和选择。正是出于这个原因，麻省理工学院的机器人专家罗德尼·布鲁克斯（Rodney Brooks）认为图灵在 1948 年关于人工智能的提法是人工智能走向两条不同发展路径的开始，而他自己的观点则是《智能机器》比《计算机与智能》更为重要。《智能机器》提到了"肉体智能"（embodied intelligence）和"无肉体智能"（disembodied intelligence）的区分，他明确列出五个领域属于无肉体智能：

（1）博弈如下棋。

（2）语言学习。

（3）语言翻译。

（4）加密学。

（5）数学。

所谓数学就是定理证明。图灵提到当时机器能处理的数学还不能涉及太多的图，也就是说不适合搞几何。后来的定理证明的演化却很有意思，一开始重要的结果都是代数和逻辑的，但最后却是吴文俊的几何定理证明最早达到实用。相较于此，一个人形机器人所需要的都属于"肉体智能"。[①]

图灵在《智能机器》的结尾已经介绍了"图灵测试"的原理：设想 A，B，C 是三个水平一般的人类棋手，还有一台会下棋的机器。有两个房间，C 处于一个房间，而待在另一个房间的可能是 A 或机器。让 B 来做操作员，在两个房间之间传递对手的棋招，让 C 来判断另一个房间里是 A 还是机器。图灵没有再进一步说明他的目的。《计算机与智能》开头第一节标题就是"模仿游戏"。在"模仿游戏"中，C 是一个提问者，而一男一女 A 和 B 分别待在两个不同的房间，C 和另外两个房间的通讯只能通过打字机进行。让 C 来判别两个房间内哪个是男、哪个是女，进一步让机器分别替换 A、B 和 C，又会怎样。如果 C 不能识别房间里是人还是机器，那么机器就是有智能的。

图灵在《智能机器》中提及的"肉体智能"和"无肉体智能"之区分，在《计算机与智能》的文章中，变成了"体力"和"智力"的区分，而《计算机与智能》的聚焦点

---

① 尼克. 人工智能简史［M］. 北京：人民邮电出版社，2017：226.

是"智力",这也是布鲁克斯认为图灵的文章《智能机器》更加全面的原因。图灵在撰写《计算机与智能》时已经不仅明确提出了"机器会思考吗?"的问题,还据此提出了各种衍生问题;他既给出了答案,也预想了答案可能受到的质疑,以及对相关质疑的反驳。图灵进一步预测到 2000 年,机器内存会达到 1GB。这篇文章为后来一系列的后学者模仿的文章提供了范文作用,例如塞尔(Jean-Pierre Serre)的"中文屋"和普特南(Hilary Whitehall Putnam)的"缸中脑"。

三、人工智能从初春到寒冬

在图灵提出的"机器会思考吗?"的问题之后,20 世纪 50 年代初已有许多"思考机器"的模型出现。1955 年,IBM 组织了一个小组,研究模式识别、信息理论和开关电路理论,该小组由纳撒尼尔·罗切斯特(Nathaniel Rochester)领导。在他的一个项目中,该小组模拟了一台 IBM 704 计算机上的抽象神经网络的行为。当时年仅 28 岁的达特茅斯学院数学系的助教约翰·麦卡锡同时也在 IBM 工作。他和麻省理工学院的马文·明斯基(Marvin Minsky)认真讨论了智能机器的概念,并向罗切斯特和克劳德·香农(Claude Shannon)提议召开一个探讨"思考机器"工作坊的提案。在这两位资深科学家的支持下,他们从洛克菲勒基金会获得了 7,000 美元,以资助 1956 年夏天的一次会议。这次会议现在被称为达特茅斯会议,当时 10 位参会的科学家大都在 30 岁左右,他们在会议上将"思考机器"正式命名为"人工智能",因此这次会议也被广泛认为是人工智能诞生的标志性会议。

这些与会者大都在后来人工智能的发展过程中发挥了重要作用。其中:

奥利弗·塞弗里奇(Oliver Selfridge,1926~2008)后来被称作"机器感知之父"。

雷·所罗门诺夫(Ray Solomonoff,1926~2009)是算法概率论的发明者,也是算法信息论的奠基人,他的归纳推理理论,为人工智能奠定了数学理论基础。

纳撒尼尔·罗切斯特(1919~2001)设计了 IBM 701,这是世界上第一个通用的大规模生产的计算机。

马文·明斯基(1927~2016)是达特茅斯会议的组织者、图灵奖获得者(1969),后来被称作"人工智能之父"。1951 年,明斯基搭建了第一个随机连接(randomly wired)神经网络学习机,他将之命名为 Snare。1975 年,他首创框架理论(frame theory)。框架理论的核心是以框架这种形式来表示知识。他有一句被广为引用的名言:"大脑无非是肉做的机器而已(The brain happens to be a meat machine)。"[1]

1959 年,亚瑟·塞缪尔(Arthur Samuel,1901~1990)创造了"机器学习"一词。

---

[1] BRIGGS. Uploading ourselves into machines is impossible [EB/OL].(2019-08-15)[2019-09-30]. https://wmbriggs.com/post/27834/.

"塞缪尔跳棋游戏计划"是世界上第一个成功的自学程序，也是人工智能基本概念的早期展示。

约翰·麦卡锡（1927~2011）是会议的发起者、图灵奖获得者（1971）。1958年，他发明了LISP通用高级计算机程序语言。LISP长期以来垄断人工智能领域的应用。

克劳德·香农（1916~2001）是信息论的创始人。

艾伦·纽厄尔（Alan Newell，1927~1992）是信息处理语言（Information Processing Language，IPL）的发明者之一，并写了该语言最早的两个人工智能程序，合作开发了逻辑理论家（Logic Theorist，1956）和一般问题解决器（General Problem Solver）。1975年，他和赫伯特·亚历山大·西蒙（Herbert Alexander Simon）一起因人工智能方面的基础贡献而被授予图灵奖。

赫伯特·亚历山大·西蒙，1978年获得诺贝尔经济学奖，1975年获得图灵奖。

特伦查德·摩尔（Trenchard More）设计了嵌套矩阵的相关理论，提供了APL2（Programming Language）和NIAL（Nested Interactive Array Language）语言开发中使用的规范化的结构。

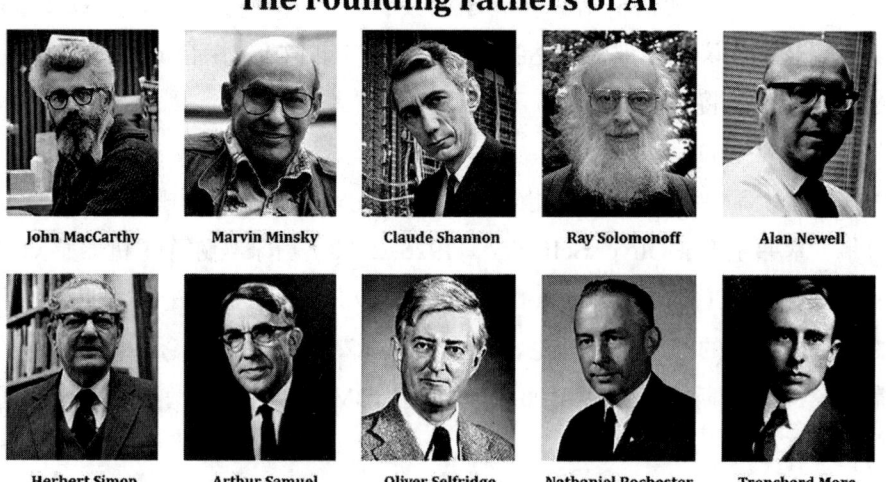

图1.2　1956年达特茅斯会议与会者

1958年，约翰·麦卡锡和马文·明斯基先后转到麻省理工学院工作，他们共同创建了麻省理工学院人工智能实验室（CSAIL），这是世界上第一个人工智能实验室。达特茅斯会议之后的人工智能进入了一个迅速发展的时期。用计算机解决代数应用题、证明几何定理、学习和使用英语等程序如雨后春笋般出现。在这些研究当中，搜索式推理、自然语言、微世界在当时最具影响力。大量成功的人工智能程序和新的研究方向不断涌现，有研究学者认为，具有完全智能的机器将在20年内出现。这些突破也让美国政府意识到了人工智能在科技与产业发展领域的重要性，在这一时期，每年数百万美元被拨付到麻省理工学院、卡耐基梅隆大学、爱丁堡大学和斯坦福大学四个研究机构，用于支持学者们在人工智能领域去做任何新兴的方向研究。

20 世纪 70 年代初，在经历了一段发展的繁荣期之后，人工智能的研究遭遇到了瓶颈。研究学者逐渐发现，虽然机器拥有了简单的逻辑推理能力，但受到当时无法克服的基础性障碍的影响，人工智能仍停留在"玩具"阶段止步不前，远远达不到曾经预言的完全智能。由于之前的迅猛发展，导致人们对于人工智能的发展给予了很高的期望值，而当研究遇到瓶颈而无法实现期待成果时，舆论形成了对人工智能发展唱衰的论调，这也导致许多机构不断减少对人工智能相关研究的预算，乃至停止资助。这段时间也被称为人工智能发展的第一场寒冬。

其时的人工智能发展主要面临以下难题：

（1）计算机运算能力步入艰难时期，无法解决指数型爆炸的复杂计算问题。

（2）常识和推理需要大量对世界的认识信息，计算机达不到对于信息语义的准确理解。

（3）无法解决莫拉维克悖论（Moravec's paradox），这个理论是由汉斯·莫拉维克（Hans Moravec）、罗德尼·布鲁克斯（Rodney Brooks）、马文·明斯基等人于 20 世纪 80 年代所阐释的。其核心理念是，与传统假设不同，人类所独有的高阶智慧能力只需要非常少的计算能力，例如推理，但是无意识的技能和直觉却需要极大的运算能力。

（4）无法解决部分涉及自动规划的逻辑问题。

20 世纪 80 年代初，一类名为"专家系统"的人工智能程序开始为全世界的公司所采纳，人工智能研究迎来了新一轮高潮。"专家系统"是一种程序，它能够依据一组从专门知识中推演出的逻辑规则在某一特定领域回答或解决问题，目的是让一个或多个"专家"担任知识和经验的来源，构成知识库，并让计算机根据这个知识库去推理和判断，从而模拟人类专家的判定过程。由于专家系统仅限于一个很小的领域，因此它避免了常识问题处理。"知识处理"随之也成为主流人工智能研究的焦点。在这期间，卡耐基梅隆大学为 DEC 公司设计的 XCON 专家系统能够每年为 DEC 公司节省数千万美元。日本经济产业省拨款 8.5 亿美元用于支持第五代计算机项目，其目标是制造出能够与人对话、翻译语言、解释图像、像人一样推理的机器。其他国家也纷纷作出了响应，并为人工智能和信息技术的大规模项目提供了巨额资助。

当时的人工智能研究人员首次提出：为了获得真正的智能，机器必须具有躯体，它需要有感知、移动、生存、与这个世界交互的能力。感知运动技能对于常识推理等高层次技能来说是至关重要的，基于事物的推理能力比抽象能力更为重要，这也促进了未来自然语言、机器视觉的发展。

随着研究的深入，人们发现专家系统越来越不能按照人们所期待的方向发展，一方面，专家思想难描述、专家思想不轻易外露、专家难寻觅等诸多因素导致专家知识库的构建异常麻烦；另一方面，无合适案例、涉及领域过于广泛、耗时耗力、结果评估困难等导致测试不能顺利进行；① 更重要的一点就是，专家系统不能进化，就是说它不能学习升级。这些因素注定专家系统只能昙花一现。1987年，人工智能硬件的市场需求突然下跌，随着专家系统在商业领域的失宠，美国国防部高级研究计划局（DARPA）等政府机构也停止对人工智能相关项目的资助，日本研发使计算机具有人工智能能力的第五代计算机系统也没能实现，硬件市场的疲软、理论研究上的困境加上政府支持愈加消极导致了人工智能研究的持续数年的低迷，这一阶段也被称为人工智能的第二场寒冬。但是这并不意味着人工智能就此止步，它依然在逆境中寻求新的发展机遇，机器学习，作为人工智能研究历程中的一个重要起源，在悄悄发展着。

四、破茧重生之机器学习

1943年，心理学家沃伦·麦克洛克（Warren McCulloch）和数理逻辑学家沃尔特·皮兹（Walter Pitts）在二人合作的文章中第一次提出了人工神经网络的概念并给出了人工神经元的数学模型，这即标志着人工神经网络研究的开始。随后在1949年，同为心理学家的唐纳德·赫布（Donald Olding Hebb）在"The Organization of Behavior"一文中描述了神经元的学习法则。② 1957年，康奈尔大学教授弗兰克·罗森布拉特（Frank Rosenblatt）在赫布学习法则的基础之上提出了感知机（Perceptron），即可以模拟人类感知能力的机器，首次提出一个具有单层计算单元的计算机神经网络，可以实现自组织自学习。感知机是第一个机器学习算法，也成为人工神经网络的开山之作。其当时在一台IBM的大型计算机上运行，从外观上看是由一系列交错纵横的银丝构成的，这一视觉冲击一时间引发了人们强烈的科学幻想。1958年《纽约时报》预测，这个感知机将能够走、说、看、写、自我复制、意识到自我的存在。这一大胆的预测随即被证明是一个天大的笑话，感知机作为初代的神经网络，其结构清晰、

图1.3　感知机模型

---

① MICHAEL Z B，仲源. 专家系统为什么失败？[J]. 计算机科学，1987（2）：14-18.
② 周开利. 神经网络模型及其MATLAB仿真程序设计[M]. 北京：清华大学出版社，2005：43.

模型简单、计算体量少，但是仅擅长解决线性可分问题，而不能处理非线性问题（如经典的 XOR 问题），它连图像都不能很好识别。1969 年，马文·明斯基和西蒙·派珀特（Seymour Papert）这两位科学家专门写了一本名为《感知机：计算几何简史》（*Perceptrons: An Introduction to Computational Geometry*）的书，书中详细阐述了感知机的局限和问题，该书在当时造成的影响是广泛而深远的，感知机和神经网络就此沉寂了 20 年之久。直到 1986 年，著名的误差反向传播算法（Error Back Propagation，BP）的提出，系统解决了多层神经网络隐含层连接权学习问题，并在数学上给出了完整推导，重新把感知机带回到人们的视野中。

机器学习"希望通过对计算机编程，使它能够根据已有的输入数据进行学习"[1]。就字面理解，就是"机器"+"学习"，是专门研究计算机怎样模拟或实现人类的学习行为，以获取新的知识或技能，重新组织已有的知识结构使之不断改善自身的性能的一门学科，是人工智能的核心。[2]机器学习不使用硬编码规则，而是给计算机输入大量数据，通过构建一种训练算法的模型，使计算机能够学习如何做出决策，实现人工智能。

机器学习主要可以分为监督式学习、非监督式学习和强化学习三种。前两者的区别在于输出的结果是否有人为标记结果的参与。监督式学习需要使用有输入和预期输出标记的数据库。在利用监督式学习训练人工智能时，需要告知输入和对应的输出结果；一旦程序输出结果错误，则会重新调整计算，通过在数据库上的不断迭代，调整计算结果直到结果在许可误差范围之内。监督式学习可以用于字体识别、人脸识别、语音识别、疾病诊断、垃圾邮件检测、反欺诈，等等，是当前应用最广泛的一种学习方法。

非监督式学习是利用完全没有类别和标记的数据进行机器学习，通过对所研究对象的大量样本的数据分析，实现对样本分类的一种数据处理方法。[3]在利用非监督式学习训练人工智能时，不需要人为指定输入和输出之间的映射关系，它会自行找到输入数据之间的关联，一般是根据数据之间的相似性、模式和差异性对未排序的信息进行逻辑分组，不需要事先对数据进行分类或者标记处理。非监督式学习的其中一个经典方法是"聚类"，就是将相似的数据聚成一簇或者类，并保证同一簇内数据的相似度尽可能高，不同簇之间数据的相似度尽可能低。计算相似度的方法有：欧几里得距离、曼哈顿距离、余弦距离、海明距离，等等。聚类的方法有 K-means 聚类、K-medoids 聚类、层次聚类、基于密度的聚类和高斯混合聚类等。现实中，有很多研究对象缺少类别形成过程知识，或者使用人为标注，这样不仅耗费人力和物力，时间成本也过高。使用非监督式学习的方法能很好地解决这些问题。如用于购物网站的行为预测系统中，通过对输入

---

[1] 沙莱夫－施瓦茨，等．深入理解机器学习：从原理到算法［M］．张文生，等译．北京：机械工业出版社，2016：1．
[2] 机器学习［EB/OL］．（2021-08-29）［2021-09-13］．https://baike.baidu.com/item/机器学习/217599?fr=aladdin．
[3] 浅谈监督学习与非监督学习［EB/OL］．（2021-08-11）［2021-09-13］．https://www.jianshu.com/p/b88553b2216b．

的用户数据进行分类，可以帮助购物网站识别哪种用户最有可能购买不同的产品（交叉销售策略）。此外，还可以用于构建新闻聚合系统、社交网络流量识别、太空检测、人声分离、人与背景声剥离，等等。

假定需要对一组猫和狗的图像进行分类，监督式学习需要提供一组带有标记的数据库，里面的猫的照片都带有"猫"的标签，而狗的照片带有"狗"的标签。这些带有标记的数据库就是"训练"数据库（一般会选取一部分作为训练集，另一部分作为测试集），输入和输出的对应关系相当于一位老师在监督整个学习过程并给予反馈，不断对预测结果进行修正。整个算法会持续迭代，直到算法的识别率达到可接受的水平。对于非监督式学习而言，提供的数据库则不需要带有标签，只需要把猫和狗的照片导入数据库，它自动就会根据输入图片之间的关联和相似度对这些图片进行聚类。虽然它可能不知道聚出来的类分别是什么，甚至极有可能根本不能把猫和狗这两类区分开，但是通过相似度的计算，能大体分出来一些图片属于类别一，而另一些图片属于类别二，甚至还有一些图片属于其他类。非监督式学习方法往往能找到一些非常有意思的信息，比如，斯坦福大学吴恩达（Andrew Ng）教授带领团队利用非监督式学习方法分析大量来自 Youtube 的视频，结果输出如图 1.4 所示，就是说 Youtube 上有关猫的视频非常多。

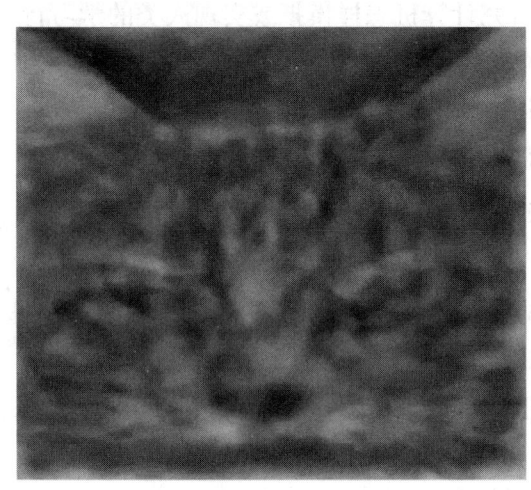

图 1.4　谷歌猫

强化学习是引入环境反映（奖励），采取"试错"的方式，和周围的环境互动获得奖赏而进行的一种学习行为，目的在于找到一个时间段中奖励最大的方法，即最优策略。和监督式学习方法不同的是，强化学习经由环境给予强化信号以对当前的动作进行好坏评价，在行动—评价中获得知识并改进当前的行为，在博弈论、控制理论、运筹学、信息论、群体智能等方面有很多的运用。强化学习有五个部分：智能体、环境、状态、动作、奖励。当智能体执行了某个动作之后，环境会切换到新的状态，并根据这个状态对智能体给予正向或负向的奖励。智能体会根据奖励和新的状态，组织策略执行下一步动作。以一个著名的自控力实验为例：老师给一群小朋友每人发两颗棉花糖并告诉他们，如果能坚持 5 分钟不吃这个棉花糖，就能额外获得一颗奖励。在这里，小朋友就是智能体，老师就是环境，吃或不吃就是行为，当前的棉花糖的数量就是状态，多给一颗棉花糖就是奖励。老师告诉小朋友：如果在前 5 分钟，吃掉了一颗棉花糖，则会立即没收剩余的一颗棉花糖；如果坚持 10 分钟不吃手里的棉花糖，则多奖励两颗。那么针对老师（环境）的这种奖励方式，小朋友（智能体）会采用不同的方式获得奖励，坚持10分钟能获得最大的奖励，即是最优解。最强版AlphaGo Zero就是采用了强化学习（确切地说是深度强化学习）的机制，从完全空白状态开始，利用自我对战的方式获得反馈并不断学习改进，通过自我训练3天，完成对战棋局共490万盘，战胜前辈的概率达到了100%。

机器学习相对于专家系统而言具有更好的延展性，只要给它足够的符合标准的数据，它就能够自主地学习到数据内在的特征，为后续的任务提供特征来源。自主和自动的特点为机器学习带来了非常大的研究热情，卷积神经网络（CNN）、决策树、随机森林、距离度量学习等累累硕果成功破除了人工智能寒冬的处境。

五、崛起之深度学习

随着工业4.0时代的到来，计算机硬件存储能力与各种辅助视觉设计软件设计能力的提升，使人们可以很方便地获取到海量的视觉设计图像和视频数据等资源。随着可输入数据的增多，浅层学习模型已经不能满足人们对复杂信息处理的需求。2006年，杰弗里·辛顿（Geoffrey Hinton）在顶尖学术刊物《神经计算》（*Neural Computation*）上发表的一篇名为"A Fast Learning Algorithm for Deep Belief Nets"的文章中，正式提出了深度学习的概念。同年他在《科学》（*Science*）上发表了名为"Reducing the Dimensionality of Data with Neural Networks"的文章，给出了深层网络训练中梯度消失问题的解决方案：无监督预训练对权值进行初始化＋有监督训练微调，就此开启了深度学习的算法和应用的研究浪潮。

深度学习（Deep Learning）是机器学习的一种，指通过训练大型的神经网络，学习输入的样本数据的潜在规律和表示层次，以获得对文字、图像、声音数据的解释信息，从而使学习的结果更接近于最初的目标——人工智能，即让机器能够像人一样具有分析和学习的能力，能够识别文字、图像和声音等数据。深度学习＝"深度"＋"学习"。在素质教育中，学习的方式是上课和做习题，上课是摄取知识，做题是为了验证学习的效果。学习的目的是去除蒙昧，习得知识。学习的过程就是认知的过程，是对未知的探索、了解和思考，达到"已知"的地步。学习的效果通过"习"来反馈和验证。抽象地说，"学习"是给定一些信息，经过计算、推理等过程后能对未知信息"认知"。我们把给定的信息称为"输入"，而对未知信息的"认知"结果称为"输出"。

有人会问：同一个班的学生，坐在同一间教室里，由同一位老师教授，为什么成绩还是千差万别呢？一个常用的解释为"学习方法和学习策略的不同，导致思考问题的层面和经验的差异，从而体现为学习效率和学习结果的不同"。好的学习方法，学习效率更高，不好的学习方法可能会花费更多的时间，却仍然会得到错误的认知结果。

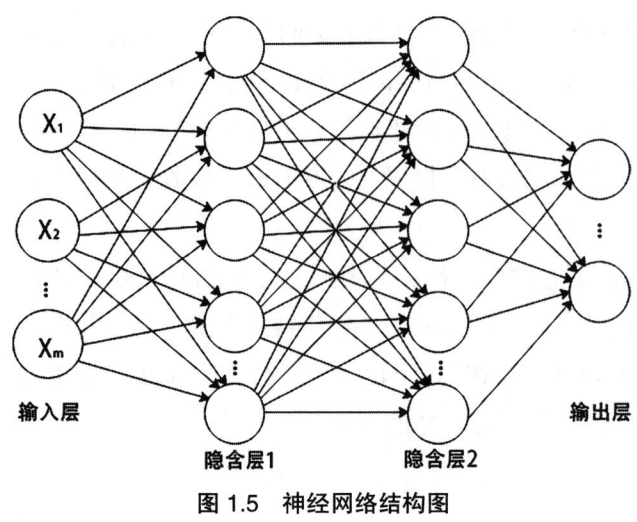

图1.5 神经网络结构图

认知,在很多情况下是一种判断、归类、选择和识别的问题。为研究此类问题,研究者提出一种"神经网络"的学习策略(图1.5)。

从图中可以看出,经典的神经网络结构包含有三部分:输入层、输出层和中间的隐藏层。同样以猫咪的识别为例,带有猫咪的图片集(有标签)为输入层;"是猫不是猫"则是输出层;中间的判定过程其实是个黑盒子,称之为"隐藏层"。仅识别猫咪的正脸照片和识别不同姿态下的猫咪照片相比,其"隐藏层"的层数是不同的,"隐藏层"的层数亦被称为"深度"。所要解决的问题越复杂,需要的中间"隐藏层"的层数也就越多,深度越深。深度学习就是通过这种带有多层的"隐藏层"的神经网络来解决信息分析和解释的问题的方法。

2012年ImageNet图像识别大赛,杰弗里·辛顿领导的小组采用深度学习模型AlexNet一举夺冠,识别准确率超过使用传统计算机视觉方法特征的第二名10%以上,由此引发人们对深度学习的热烈探讨。百度和谷歌随后将该识别方法应用到自己的搜索引擎中,提升图像搜索准确率达到99.47%,而使用非深度学习的方法,最好结果才为96.33%。同年6月,《纽约时报》披露了由斯坦福大学吴恩达教授和大规模计算机系统方面的世界顶尖专家杰夫·迪恩(Jeff Dean)共同主导的谷歌Brain项目,引发社会各界的广泛关注。谷歌Brain使用一个有16,000个CPU Core的并行计算平台,训练一个有着10亿节点的"深度神经网络"的学习模型,能够实现对语音和图像的良好识别(错误率从26%降低到15%)。不过,纵使其拥有10亿个节点,仍然不能跟我们人类的神经网络相提并论。人脑中光神经元就高达150多亿,更别提互相连接的节点及突触数了。据估算,如果将一个人的大脑中所有神经细胞的轴突和树突依次连接起来成一条直线,可在月球和地球之间来回两趟。"我们没有像通常做的那样自己框定边界,而是直接把海量数据投放到算法中,让数据自己说话,系统会自动从数据中学习。"吴恩达教授说。另外一名负责人杰夫则说:"我们在训练的时候从来不会告诉机器说'这是一只猫',系统其实是自己发明或者领悟了'猫'的概念。"在人脸识别方面,使用传统的Eigenface算法在LFW测试集上获得的识别率只有60%,但是利用深度学习进行人脸识别可以达到97.53%(不包含头发的人脸中心区域)甚至达到99.15%(加上背景和头发)的识别率。在同声传译方面,2012年11月,微软推出一款全自动的同声传译系统，在天津举办的一次活动中现场演示了同声传译的效果，其可以实现对演讲者（英语）全自动的语音识别、翻译、中文语音合成、音色模拟的工作，引起了巨大的反响。大家也将这一年称作"深度学习元年"。

受此激发，百度在成立十几年之后，创立的第一个研究院就是深度学习学院（Institute of Deep Learning，IDL），之后更名为深度学习实验室，并在硅谷、北京、深圳等地均设有研发团队。2013 年 12 月，脸谱（Facebook）成立新的人工智能实验室。2014 年初，谷歌用 6.5 亿美元收购了 DeepMind 人工智能创业公司。斯坦福大学、纽约大学等众多知名大学将人工智能作为研究的重心。随着 2016 年谷歌 DeepMind 开发的 AlphaGo 的问世，早期版本 AlphaGo 以 4∶1 打败韩国九段高手李世石，AlphaGo Master 以 3∶0 打败世界当时排名第一的柯洁，AlphaGo Zero 仅训练三天就以 100∶0 的胜率打败之前的 AlphaGo 版本，深度学习所展示出来的强大的学习能力，纵观整个人类学习历史都望尘莫及，这可以看作人工智能被广泛应用和研究的里程碑式的突破。

深度学习之所以能得到这么快速的发展，并迅速占领业界与科研领域的制高点甚至成为国家战略发展的关键环节，一方面，得益于计算机硬件的快速发展。摩尔定律精准预测了相当长一段时间内的计算机芯片、处理机能力和磁盘驱动器存储容量的发展规律：18 到 24 个月可以把晶体管体积缩小一半，个数翻一番，运算处理能力翻一倍。核心处理器 CPU（Central Processing Unit，1971）和图形处理器 GPU（Graphics Processing Unit，1992）的诞生，使得计算机的运算能力更加强大。GPU 是实现深度学习算法的最重要的硬件，它可以使一台计算机拥有数以千计的内核，这为运算提供了强大的计算支撑。AlphaGo 在初期和欧洲冠军樊麾对战的时候，曾内置 1,202 个 CPU 和 176 个 GPU，直到与李世石对战时，才开始使用 TPU，而当时部署的 TPU 数量，只有 48 个。而到了 AlphaGo Zero 时，其设计比前几代系统更加节能，只需要使用一台配有 4 个 TPU 的机器即可。随着研发的投入和广泛应用，谷歌也逐步推出了可扩展云端超级计算机的 TPU Pod，以及 Edge TPU。在图形处理器技术大会 GTC2020 秋季站上，NVIDIA 宣布推出一款新型处理器 DPU，是以 DOCA（Data-Center-Infrastructure-On-A-Chip Architecture）为特色的数据处理单元。DOCA 是一种新型的数据中心基础架构处理器体系结构，可实现具有突破性的网络、存储、安全性能。另外，像神经网络处理器 NPU（Neural-Network Processing Units）、大脑处理器 BPU（Brain Processing Units）这些 2016 年后出现的名称各异的处理器，都是在智能时代背景下，针对视觉、驾驶、医疗、商业、城市等各领域研发的处理视频、图像类的海量多媒体数据的产物。

另一方面，得益于大量数据的获取难度降低。随着科学技术的发展，各种电子设备的微型化、便捷化以及成本的降低进一步促进了这些设备从军工业向普通家庭个人的普及，人手一台电子设备（手机或笔记本电脑）已然成为常态。加之诸多电子设备为方便用户开发的各种各样的软件（如照相机、录音机等），使得文字、图像、声音等数据的数字化进程加快，这些数字化的数据更便于存储和处理。5G 甚至 6G 移动通讯网络的来临和推广，网络传输速率从 2G 时代的 20Kbps 到 5G 的 900+Mbps 甚至 10Gbps，数字化数据的网络传输能力有了大幅度的提升。而社交媒体的兴起则让人们有了更多的平台去交流思想、表达观点、上传动态。2021 年腾讯二季度财报显示，截至 2021 年 6 月底，微信及 WECHAT 的月活跃账户达 12.5 亿。用户每天都能产生不少文字、图像、声音、视频等数据，每天都有大量的数据涌入网络，大数据挖掘和音视频处理技术的更迭使得 TB（1TB=1024GB）、PB（1PB=1024TB）甚至是 EB（1EB=1024PB）、ZB（1ZB=1024EB）的训练数据库成为可能。这些数据是保证深度学习达到智能的关键。大规模的数据加之使用更大型的神经网络，可以让计算机理解信息的能力更高。学习成本和开发成本的降低，促使深度学习在研究和开发人员之间得到了广泛推广。

现在最为流行的深度学习的开发语言是 Python，其语法非常接近自然语言（英语），容易阅读和理解；编程高效，只用 20 行代码就能实现 C 语言下 1,000 行代码的功能；胶水语言，可以很方便地把不同语言的功能模块组建起来；具有非常强大的库（Numpy、Pandas 等），方便进行快速开发和原型构建；免费开源，跨平台。Python 可以被移植到很多平台上，对系统的依赖性小，交流和共享代码方便，社区资源丰富，网上可以很方便地找到各种学习资料。主流的学习网站有：CSDN、GitHub、B 站和 Youtube 等，它们可以提供丰富且详细的视频教程，方便学习、跟进和答疑。深度学习除了在图像处理上的广泛应用之外，在语音识别、自然语言理解、医疗、推荐系统、生物信息等领域也是主流技术。

六、人工智能在艺术与设计领域的应用现状

人工智能除了在类似棋牌项目这种强调逻辑与理性的领域应用外，目前也开始在计算机视觉等涉及人类知觉的各个领域展开了广泛的研究和应用。例如，斯坦福大学的李飞飞教授就在人工智能图像识别方面取得了突破性进展；阿里巴巴的"鹿班"人工智能艺术与设计系统开始为广告设计提供创作方案……这些都在提示我们：人工智能不仅在逻辑与计算领域远胜人类，未来完全有可能在艺术与设计领域超越甚至替代人类。如何在艺术与设计领域凭借人工智能分析、构思完成艺术与设计作品的创作，是接下来我们艺术与设计教育的方向和重点（其中涵盖人工智能技术、艺术学、设计学等相关交叉学科），与此同时，我们也要从人文角度探究人工智能对于艺术与设计发展的美学价值与意义。

在目前的人工智能艺术与设计领域内，国内阿里巴巴的"鲁班"智能系统在 2017 年双 11 做出了 4 亿张商品展示广告，它的设计能力可以达到每秒做 8,000 张"海报"的速度（图 1.6）。如果一个人每天工作 8 小时，每小时做一张海报的话，设计这 8,000 张海报则需要 3 年；要做 4 亿多张商品展示广告，如果全靠人类设计师来完成，假设每张海报需要耗时 1 小时，全天 24 小时不吃不喝不休息，则需要 100 个设计师连续做上大约 500 年。而事实上，我们人类设计师通常需要至少一周的时间来设计一张海报，由此可见机器惊人的工作效率。

图 1.6　阿里巴巴的"鲁班"智能海报设计

需要说明的是，目前"鲁班"所设计的这种海报其实还只是比较简单的版式和色彩变化，远远没有达到真正人类成熟设计师的创意设计水平。简单来说，这种设计是基于大数据所建立的设计模型，通过对大数据素材库中的海量元素进行提取和再组合，满足设计上大量生成的需求。这些人工智能艺术与设计应用聚焦人工智能自动排版和自动延展，旨在在不损失创意空间和创意质量的前提下，最大限度地节省作业流程，提升专业作业效率。这些实践也说明未来人工智能在艺术与设计行业领域，就业的方向与应当掌握的相关技能都将发生巨大的变革。

第二节　机器设定与艺术个性

艺术与设计都是人类有意识参与的实践活动，其在具体实现方式、方法上有着非常强的个性化、非线性特征，这也决定了以目前的弱人工智能水平，要实现其在艺术与设计方面的创造性，还是极具难度的。

一方面，从艺术创作与机器生成的出发点和目的来看，机器生成从一开始就是设定好的程序，指向明确问题，要求给出清晰答案；而艺术则是源自创作者内心情感的抒发，所谓"外师造化，中得心源"，是把自己的情感和体验表达出来而和于知音，回应而不清晰，表达而不理性。机器作为设定好的程序可以应用在非常广泛的设计领域，例如程序设计、算法设计、交互设计、UI设计、建筑设计、材料设计等等在今天都离不开计算机的参与。这些借助机器开展的设计更多指向如何协调好人与设计对象之间的关系、提高体验满意度的行业，例如，室内设计师是为了提高人在室内的居住质量；服务设计师是为了提高人在服务流程中的满意度；交互设计师是为了解决人与计算机的交流问题；UI设计师是为了提升人的计算机使用体验。而艺术勿论国、版、油、雕，通常看起来都是无拘无束、天马行空的主观创作行为。

另一方面，艺术家通常是主观地表达个人经验和主观感受，而机器生成则具有极强的理性目标导向，其过程反映了人以逻辑和运算的方式完成对客观事物的认知和改造。相比起艺术创作，机器生成更多是一种人对客观事物的理性实践方式。例如，在一个广告的设计过程当中，前期的市场调研与后期的广告媒体投放选择都需要有非常科学理性的大数据调研与分析参与，在这方面有了机器的介入，无疑会让任务完成得更加客观准确；而在确定了目标受众和品牌诉求之后的创意和表现，则是要充分发挥设计师的艺术灵感，以打动人心的艺术效果来保证广告收获足够的关注度和好感度。

一、机器设计与人类设计的差异

人作为自然界里的高级动物，从生理的角度来看，再聪明和精力旺盛的人也很难长时间从事高强度的脑力活动。例如，中国拥有围棋"棋圣"称号的聂卫平，其在职业后期随着年龄的增长和体力的下降，每当参加职业比赛时，都需要依靠吸氧来避免出现昏招。而且，随着信息时代的知识爆炸，个人的知识结构、认知经验是有相当的局限性的，这就让我们在寻找和给出解决方案时，难免具有一定的主观性，甚至有可能出现错误。虽然在某些领域尤其是艺术领域，人们有时可以依靠灵感和天赋给出解决问题的捷径，但不可否认，每一个灵感显现的背后都离不开长期的努力工作，正如爱迪生的那句名言"天才是百分之九十九的汗水加上百分之一的灵感"。

今天看起来十分高级的人工智能，尽管在语音、图像识别方面取得了很大的成就，但如前所述，当下还是属于弱人工智能阶段，解决问题主要还是依靠对大数据样本的学习，还无法拥有人类的自我意识和主观创造能力。尤其是它在艺术性、灵感和主观感受方面还显得非常迟钝，也不具备人类的跨领域推理和抽象类比能力。

现阶段的机器设计与人类设计相比，区别主要体现在以下几个方面：

表 1.1　机器设计与人类设计的比较

机器设计	人类设计
理性客观	感性主观
容量接近无限	容量有限
更新即时	更新缓慢
反应迅速	反应迟缓
不知疲倦	容易疲劳

相比较人类，机器在设计方面的优势可以帮助其在解决纯粹复杂逻辑运算方面的难题时，不断探索新方案，不断积累经验，不断优化方案，通过机器学习，找出最佳的方案。如同 AlphaGO 每天自我对弈上百万盘棋的训练量，这对于任何一个人类棋手来说，都是不可能实现的。人工智能在不同领域积累的经验，使它对事物间关系的洞察力会逐步提高，它也会不断反哺提高自己解决问题的能力。当人工智能的运算能力、分析能力、洞察力超越人类时，或许人工智能在艺术领域也可以提供优于人类的创作，当然这个前提依然是基于人的主观判断。而且一直以来，人类在自诩为艺术的围棋上遭到 AlphaGO 以我们认为的"臭棋"来取得胜利时，不得不让我们对创造性的形成，甚至艺术的标准是什么进行深思。

设计过程包含了科学和艺术两个方面，而对设计作品的评判标准，还包括科学的实用功能和使用者的审美需求。审美是对设计的直观体会和感受。审美能力受到个人的知识结构、成长环境、文化水平和情感等因素的影响，不同时代、地域、阶级、年龄和民族，有着不同文化修养和个性特征的人，必然会有不同的审美能力与修养。遑论人在观看一部作品时的生理和情绪状态，凡此种种，皆会对审美能力和判断标准产生不同程度的影响。

当前的人工智能还缺乏人类的自我意识、艺术创造和推理类比能力，尤其缺乏对文化、民族这些需要长期生活积累才能达成的理解能力，因此对于艺术创造来说，当下人工智能确实还处于一个较为低级的阶段。然而，目前的人工智能不具备创造力和美感，并不代表未来机器不会具备创造性和审美能力，如果我们可以根据艺术审美的客观性，找到艺术评判的通用客观标准，机器同样可以具备审美判断能力。如同我们当下艺术考试中所存在的考前班针对性训练，它可以让一个之前没有接触过绘画的学生，在短短几个月之内达到通过考试的水平，但如果我们跳出素描头像、色彩静物的范围对这些考生进行考核的话，其水平就很可能会是另外一番景象。

二、灵感与潜意识的不可习得

鉴于人类理性和感性心理过程的不同，人类的大脑具有线性的逻辑和非线性的创造力，现在公认的研究是人类左右脑对这两部分功能各司其职。美国心理生物学家罗格·沃尔科特·斯佩里（Roger Wolcott Sperry）通过著名的割裂脑实验，证实了大脑不对称性的"左右脑分工理论"。左半脑主要负责逻辑理解、记忆、时间、语言、判断、排列、分类、逻辑、分析、书写、推理、抑制以及人的视、听、嗅、触、味觉五种基本感知方式，思维方式具有线性、延续性和分析性，因此左脑可以称作"理性脑""分析脑""科学脑"。右半脑主要负责空间形象记忆、直觉、情感、身体协调、视知觉、美术、音乐节奏、想象、灵感、顿悟等，思维方式具有非线性、跳跃性、直觉性等。斯佩里认为右脑具有图像化机能，如企划力、创造力、想象力；甚至通灵机能，如第六感、透视力、直觉、灵感、巫术等；超高速自动演算机能，如心算、数学；超高速大量记忆，如速读、记忆力。右脑像万能博士，善于找出多种解决问题的办法，许多高级思维功能取决于右脑。只有把右脑潜力充分挖掘出来，才能表现出人类无穷的创造才能。所以右脑又可以称作"感性脑""直觉脑""艺术脑"。

相对于AlphaGo通过强大的计算力走出人类没有走过的招数，人类的灵感与直觉达成往往是非常随机的。就像阿基米德冥思苦想多日求取不规则形态物体的密度算法而不得时，往澡盆里一跃倒是让他得到答案。当然，我们不得不承认，这样灵感的获得依然是其长期思考的结果，只是不能确定得到答案的时间点而已。

人类另一种自由想象的状态就是潜意识，这种精神状态是放弃有意识的思想，让心灵走到哪儿算哪儿。这种状态在人半梦半醒的状态下体现得最为明显，此时的点子往往汩汩而出，常常会让人捕捉到清醒状态下想象不到的东西。与数学公式或逻辑结构不同，这些过程不容易以计算的形式重新创建。

长期以来，潜意识和无意识绘画都是心理学家们研究艺术家创造力的一个主要艺术门类。据说以描绘梦境著称的超现实主义画家萨尔瓦多·达利（Salvador Dali）坐在椅子上时，会在手里握着钥匙，当他半梦半醒中意识到奇怪的想法和画面涌现时，他手里的钥匙就会掉下来，从而唤醒他以记住当时的梦境。

当然也不是每一个梦境都可以成为艺术作品，这不仅需要人在清醒状态下的冷静判断（这就如同谷歌"深度梦境"所生成的作品），还需要从符合人的审美角度进行选择。

创造力达到艺术状态还需要一些难以描述的过程，优秀的创造者往往都有自己独特的创作秘籍，才能从平凡的生活中寻找和激发那灵光一现。如同诗仙李白的"斗酒诗百篇"，艺术家们会以各种方式寻找和保持这种感觉。艺术家们借助与众不同的感知方式和悟性，以独特的方式结合颜料、短语、旋律等，从新的角度来为我们阐释和理解事物的某种面貌和属性，这也正是艺术创造的价值所在。

"二战"之后的日本之所以作为战败国可以在经济上迅速崛起，这里面除了美国的扶持外，很重要的一点就是其对于"综合即是创新"这样理念的推崇。"综合即是创新"这句话把创新界定为综合看起来过于简单，但事实上，这里面包含极其复杂的语义关系理解，这是一个需要从出发点、目的、手段、语境等综合考虑的问题解决过程。由此可见，现阶段人工智能主要可以模拟和处理逻辑、线性和分析性的左脑功能，而对于属于高级思维的灵感、直觉和非线性的创造性活动还很不完善。可以预见，随着技术的不断完善，人工智能对于人类右脑功能的模拟和实现将指日可待。现阶段人工智能系统可以把事物组合在一起（比如阿里巴巴的"鹿班"系统就可以把图像、文字做出千变万化的组合），但是还不能够从中筛选出最有意义和富有意味的表达方式，这是目前我们人类设计师的直觉审美判断优势。

三、人类创造的整体认知方式

从工作原理上来看，计算机与人的大脑有着本质的区别。计算机的算法从一开始就是被设定好的，执行任务能力无可挑剔，但缺乏人类所具备的一些还不能完全认知的神秘天赋或者灵魂。计算机可以在毫秒内完成精确复杂的数学计算，但如果我们随机地和电脑说些冷笑话或者脑筋急转弯之类具有复杂隐喻等修辞手法的话语，计算机则可能会给出一些令人啼笑皆非的答案。比如，我问 Siri："你说话怎么驴唇不对马嘴？"Siri 答曰："好的，下次我争取让牛头对上马嘴。"我再问："牛头怎么对上马嘴呢？"Siri 则答曰："这是我找到的内容……"

在涉及语义关系理解的诗歌领域，对于人工智能系统而言就更具挑战性了。在达特茅斯学院举办的比赛中，裁判的任务是阅读14行诗与规定的押韵句子，有些是人类写的，有些是人工智能系统写的。在这种情况下，所有的裁判都能识别出哪些是人类写的，哪些是人工智能系统写的。[1] 另外，用人工智能生成小说会怎样？一位机器学习爱好者分享了他用深度学习算法训练人工智能系统后撰写的《哈利·波特》小说，效果也并不那么理想。

微软情感计算机框架来源于对人类各类情感的分析，微软"小冰"就是其中之一。

---

[1] MICHAEL C. Dartmouth contest shows computers aren't such good poets［EB/OL］.（2016-05-19）［2019-09-30］. https://phys.org/news/2016-05-dartmouth-contest-good-poets.html.

该程序由微软亚洲互联网工程院于2014年5月正式推出，是一个融合了自然语言处理、计算机语音和计算机视觉等技术的完备的人工智能底层框架。该框架注重人工智能在拟合人类情商维度的发展，强调人工智能情商在人机交互中的基础价值。到2019年7月，微软小冰已拥有1.2亿活跃用户，累计对话超过500亿次，平均对话轮数达到23轮。作为该框架的能力延伸，通过人工智能生成技术，小冰不断学习优秀的人类创造者的能力，目前微软小冰已经在文本创作、音乐创作、有声读物、电台电视台节目内容、视觉创作、纺织服装面料设计以及绘画创作等诸多领域具备了出众能力。

2019年7月13日，"人工智能少女画家"微软小冰首次个人画展"或然世界"在中央美院美术馆举行。不同于以往，这也是中央美院首次为AI人工智能举办的画展（图1.7）。历经22个月的时间，微软小冰通过对过往400年艺术史上236位著名人类画家画作的学习，100%独立完成了本次个人画展的全部绘画作品。从构图、用色、表现力和作品中包含的细节元素诸多方面，微软小冰展现了接近专业人类画家的水准。画作既不同于随机画面生成，也不同于对已有画面的风格迁移变换或滤镜效果处理。微软小冰为什么学习的是236位人类画家作品——以人工智能的能力，完全能够学习2,600个或者更多，为什么没有？

图1.7　微软小冰画作（中央美术学院，2019）

微软小冰首席科学家宋睿华女士道出了让小冰从事作画的困难："跟下棋有一个特别不一样的地方，就是下棋是一个全知的世界，这步走得对不对、符不符合规则、输没输、赢没赢是知道的。但是你要写一个文学作品或者是画一幅画也好，每做一个决定，它是不是好的，你是没有一个那么直接的反馈的。""怎么能够把我现在产生的一个作品，它到底是不是美的、是不是新的，这样子的一些信息自动地判断出来，我觉得这是一个关键。"

针对小冰研习作品的数量问题，微软人工智能创造及商业事业部总经理徐元春先生表示："因为这 236 位画家是人类公认的比较好的画家，所以如果公认的话，他们的数据相对来讲是没缺陷的。如果学得多了，今天可能不是这种效果。"[①]

从形式上来看，类似小冰的这种非写实绘画是很难从多元当代表现性绘画作品里区分出来的，但无论是小冰的作品形式再怎么难以同人类画作区分，其终归还是流于形式。因为，绘画作为一种媒介，它是画家情感与观念的表达，我们了解一件作品并不仅仅停留在形式上。就像我们除了欣赏梵高对线条和光线的驾驭能力外，更对他的传奇人生充满了好奇，也就是说，艺术作品背后所潜藏的艺术故事是构成我们整体艺术审美的一个重要组成部分，这或许就是我们常说的艺术的灵魂。而人工智能介入艺术与设计之中是丰富我们解决问题的工具和手段，其目的也不是为了击败或者淘汰人类，而是从人性出发，在网络大数据的基础之上，以人工智能快速、高效、稳定的特点，实现艺术与设计的形式更加多元、内容更加丰富。

四、逻辑运算体现的创造性

那么，人工智能系统真的完全不具备我们所说的创造性吗？人工智能是使机器代替人类实现认知、识别、分析、决策等功能，它的本质是为了让机器帮助人类解决问题。这是一种设计形态，也是我们称之为"人工智能"的原因所在。其设计目的是为了帮助我们解决逻辑、运算等相关问题，设计原理就是源于人类思维模式，但从功能实现的角度来讲，仍有可能创造出完全不同于人类思维模式的解决方案，即青出于蓝而胜于蓝。这一点我们可以从 AlphaGO 战胜人类棋手的过程中看出一些端倪。

在 2016 年 AlphaGO 与李世石对弈的第二局中，AlphaGO 的主要设计者也是作为整个对局的人肉臂的黄士杰，当他把 AlphaGO 的第 37 手置于棋盘上一个几乎空白的区域时，坐在桌子对面的超一流棋手李世石愣住了。他看了看棋盘上摆放的第 37 枚棋子，然后起身离开。

在 50 米外的观战室里，西方唯一一名达到围棋最高段位九段的棋手迈克·雷蒙（Michael Redmond）正通过闭路电视直播这场比赛。他对这手棋表现出了吃惊和疑惑。"我不知道这步棋是好是坏，"雷蒙对着近 200 万名在线观看比赛的观众这样说道。

"我还以为那是步错棋，"另一名英语评论员克里斯·加洛克（Chris Garlock）这么说道，他是美国围棋协会联络副主席。

几分钟后，李世石回到了比赛室。他坐了下来，却没有伸手拿棋子。一分钟过去，又一分钟过去，最终李世石思考了长达 15 分钟，而双方对局是各有两个小时的基本时

---

① Mars. 微软小冰化身小女画家 举办个人画展挑战人类［EB/OL］.（2019-07-14）［2021-05-30］. http://news.mydrivers.com/1/636/636136.htm.

限，这样的长时间思考就消耗掉了很大一部分比赛时间。最终，李世石拿起了一枚棋子放在了棋盘上，就在黄士杰刚刚放下的黑棋的正上方。

黄士杰的那一步棋不过是整局棋的第37手，却让李世石无法挽回。4小时20分钟后，李世石选择认输。虽然黄士杰是AlphaGO的主创，但他也同样对这招天外飞仙式的招法感到不可思议。在他对弈的左边有一台平板显示器，这台显示器与附近首尔四季酒店里的一间控制室相连，同时还与分布在世界各地的谷歌数据中心的成百上千台电脑相连。黄士杰不过是AlphaGO的人肉臂，而这只人肉臂背后的"思考者"是AlphaGO，它以这样超越人类棋手认知的方式打败了世界上最优秀的围棋棋手之一，而围棋则是大家公认的变化最为复杂的棋类游戏，其招数的变化甚至超过了宇宙内原子数量的总和。

当时的观战室里还有一名围棋职业棋手在观看比赛，他就是三届欧洲围棋冠军樊麾。一开始，AlphaGO的第37手也令他感到困惑。与其他人相比，作为AlphaGO战胜的第一位职业棋手，他已经受雇于Deep Mind成为AlphaGO的陪练了。在五个月里，樊麾与这台机器进行过成百上千局对弈，让它的创造者明白它错在哪里。樊麾经常输给AlphaGO，但他渐渐变得比任何人都明白它。在他的眼里，那一步"尖冲"不像是人类会下出的一步棋。但是思索了十秒后，他恍然大悟道："这步太美了，太美了！"

AlphaGO的第37手反映出，AlphaGO并不仅仅是从人类多年累积的棋谱里进行选择和重复，或者通过暴力预测算法来机械地落子。在那一刻，AlphaGO证明它是有独立思考能力的，或者至少能以人类无法预判的方式模仿人类思考。在李世石的眼中，AlphaGO表现出了围棋棋手所说的"直觉"——一种类似人类走出"妙手"的方式，一种超越人类思维定式而下出优雅棋局的能力。

面对这样的局面，棋手们从最初的不屑到最后哀鸿遍野。我们应该理智地说，AlphaGO的第37手并不是机器无情全面超越人类的开始，但也正是这步棋体现了机器与人类共同进步的可能。同时它也让我们看到了机器的创造性，或者说让我们对何为"创造性"有了新的认知高度，即我们不具备创造性的要因在于我们对当下形势认知的不足，当我们可以确切地认知当下的状况时，我们就可以给出最佳或者说最具创造性的行动方案。

虽然人类的理性思维和数学能力是与生俱来的，但我们仍然需要通过教育来充分实现这些能力，所以我们研究自然规律、逻辑谜题、伦理困境，等等。然而，即使是我们之中最聪明的人也会做出某种奇怪、不合理的决定，让我们产生各种偏见。

对于艺术与设计而言，创造性是最为重要的判断标准。通常我们认为创造性不仅需要生活经验的积累，更需要有相当的天赋。然而，当Alpha Go开始自我学习，并下出人类从未下过的棋步时，我们认为创造力完全取决于天赋的这种认知看起来需要调整了。

据此来看，人工智能目前的发展趋势不仅可以让我们摆脱各种烦琐的工作，更可以根据不同的消费群体，设计完成不同的作品，还可以根据不同需要进行复杂的调整，甚至具备超出我们人类惯性思考范围的创意能力。虽然目前的人工智能还远远达不到能独立完成创意设计的水平，但如果我们将设计工作拆分细化，把数据搜集、分析等重复性劳动的部分交给机器，在人类有些创意设计作品的基础之上，发挥人工智能理性逻辑分析和不知疲劳的工作特性，则是可以使我们目前的创意能力和效率得到大幅提升的。

人工智能从技术角度来说，它是开放性的，极大地提高了生产效率，解放了人类的双手，让我们人类有更多的时间和精力去做自己感兴趣的事情。大量重复烦琐的非创意工作对设计师来说是一种消耗，这种长期的、重复性的、枯燥的劳动消耗会磨蚀掉人类的创造性，也无法让人进入一种真正的创造上的福流状态，进而限制了人类的创造力和想象力。人工智能虽然目前还不能完全代替我们去生成创意，但只要我们为机器制定了明确的设计原则与标准，它就可以为我们另辟蹊径，这些新颖的思路再结合人类的审美判断，至少可以为我们带来创意设计的半成品。换个角度来说，即使人工智能在未来超越了人类的认知能力，对我们人类来说，则既是挑战也是机遇，毕竟我们人类不可能理解超越我们认知能力范畴的东西。现实地讲，借助人工智能我们可以轻松而又高效地工作，同时人工智能也可以更好地开发我们人类的潜能达到福流状态，让我们更早地实现"诗意地栖居"。

因此，即使在人工智能发展迅速的当下，人工智能系统是否可以学习创造艺术，也仍然是一个悬而未决的问题。然而，在与创造力没有直接关系的领域的进步，却显示出人工智能在创造力上的可能性，或者说我们对创造力的另一种理解角度，即创造性的实现是更为深入和缜密计算的结果。在算法领域，人工智能已经完成了人类设计出的一些最困难的逻辑难题，如对不完整信息德州扑克的完胜。人工智能系统正在接受图像理解的挑战，如开始试行的无人驾驶等。在这些技能中，有许多距离创造性本身并不遥远，特别是语言。语言是非常遵循特定规律的，同时也允许进行艺术追求，就好比讲故事、写歌和作诗。

人工智能写文章、作诗、写歌、画画的例子如今虽然层出不穷，但目前这些所谓的艺术创造还是基于对大数据进行机器学习的结果，并非真正意义上的文艺创作。仅就外观而言，目前机器所创造的抽象绘画、现代派诗歌，这些往往让常人产生理解困难的艺术作品，倒是让我们很难将之与人类创作区分开。但从艺术创作的内在机制来看，人类所进行的创造性努力除了需要有常规的学习积累外，还存在着神童的天赋、成人的顿悟这样的神秘机制。"中国农村的梵高"奶奶常秀峰，从来也没学过绘画，只因自己的小孙女听不懂老太太的语言描述，她就顺手拿起了孙女剩下的蜡笔在白纸上画出了山楂树。一瞬间，小孙女全明白了。随后在2006年1月，老太太的儿子在博客上粘贴了母亲的画，并写下了她的一系列故事，这些画在网络上迅速走红。这个从没学过画画，也不知道什么是"后印象派"的老奶奶，画画也不讲究技法、布局，真实朴拙，随性而为。而她笔下家乡的老屋、红彤彤的山楂树、金灿灿的向日葵以及山里顽皮的野猫、小鸟等家乡的一切，都具有分外打动人心的艺术感染力。

现阶段的机器虽然还不能完全理解人类审美，但它仍然可以替代人类生产可被公式化、标准化的设计。可被公式化的设计说明这些设计是已成熟的、有规律可循的、受既定参数限制的、可量产的。因此，未来如果设计师不能在审美感知能力上具备优势，那么其工作必然会被机器所取代。所以，智能时代的设计师应当具备更好的审美感知和判断能力——这既来源于其对生活与艺术作品的长期学习和观察，也包含有关文化、知识、情感等素质的养成。

要真正达成对于人类创造力机制的破解，机器学习依旧路漫漫。艺术作品不仅因艺术家身份不同而风格不同，即便在同一位艺术家的不同时期，也会形成不同的艺术特点，如毕加索的蓝色时期、粉红色时期。而在这方面，目前的机器学习就显得极为孱弱了。

第三节　人工智能对艺术与设计行业的影响

图 1.8 《纽约客》杂志封面设计（2017）

随着人工智能技术的日渐成熟，如同前三次工业革命对各个行业所造成的冲击一样，未来一些枯燥、重复、无需天赋的工作必然会逐渐被人工智能代替。2017 年 10 月的《纽约客》杂志封面上描绘了一幅人类坐地行乞，机器人则扮演了施予者的场景（图 1.8），展示了人们对人工智能发展的负面作用的担忧：未来人类的工作机会被不断进化的机器超人所取代，人类从而沦为流落街头的乞丐。

英国 BBC 在 2015 年曾经发布过牛津大学做过的一项调查，得出在未来 20 年人工智能技术成熟的情形下，365 种职业的"被取代概率"。其中被取代概率最高的是电话推销员，被取代率达到了 99.0%；其次是打字员，被取代率达到了 98.5%；之后依次是法律秘书、会计和分拣员（97.6%），销售管理（97.2%），记录员、薪资经理、出纳（97%），银行职员（96.8%），政府职员（96.8%），接线员（96.5%），前台接待（95.6%），客服（91%），公关管理（89.7%）……相对而言，酒店管理者、教师、心理医生、公关、建筑师、牙医诊疗师、律师法官、科学家、健身教练、保姆等职业被取代的概率均低于10%。而艺术家与平面设计师被取代的概率分别是4%和5%。① 这些数据都表明人工智能的发展将使人类在一些工作中面临被取代的境遇。这样的挣扎与困惑，其实自从18世纪工业革命爆发以来，人类便处于不断地失业被淘汰和再度寻找工作机会的状态中。而今天人工智能所开启的第四次工业革命，其所产生的影响较前三次工业革命则更为全面和深远。

事实证明，凭借在自然语言理解、大数据挖掘、计算机视觉、资源共享、信息存储与智能处理等方面表现出的卓越能力，人工智能不仅正在逐步取代那些曾经属于人类的职业，而且也正在逐步掌握通常被认为充满天赋的、神秘的艺术创造技能。

一、设计流程的变化

我们传统的设计遵循"调研→受众与市场分析→预期设计效果→设计原型→方案实施→效果测试"的基本流程，而在智能时代，这个流程的每一个环节都会有智能技术的参与。就目前结合数据库来完成机器学习的技术来看，人工智能艺术与设计需经过以下主要流程（图1.9），即"建立机器学习数据库→设计算法→生成作品→人工智能审美介入选择"。

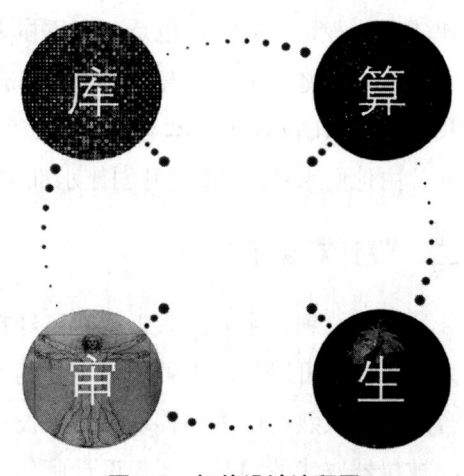

图1.9　智能设计流程图

其本质是把实操部分交给机器来完成，借助互联网、物联网所建立的数据库，通过机器学习等人工智能技术生成作品。在这个过程中，人类主要负责完成机器如何进行设计，算法的设计需要由设计师来完成。设计师需要了解和参与算法设计的讨论，把设计需求和相关数据输入算法中。这也是未来的设计师需要学习人工智能技术的原因，因为只有明白算法框架和技术原理，才能让机器形成更有效的设计方法。智能时代的设计将是"设计"的设计，人类设计师将摆脱双手的束缚，越来越多地承担"脑"的角色，拥有最终审定符合人类审美和客户需求的设计作品的决定权。

---

① BBC NEWS. Will a robot take your job？［EB/OL］.（2015-09-11）［2019-09-30］. https://www.bbc.com/news/technology-34066941.

"算法"看起来是一个非常专业的计算机科学词汇，但实则其本质是一种逻辑关系的交代，只是它经常在计算机科学领域里以数学符号出现，因此给我们这些以艺术为主业的人一种高深莫测的感觉。其实，与国画理论《谢赫六法》里所讲的绘画方法步骤相类似，算法也同样在交代一种解决问题的方法和规律，只是当它表现为数学符号关系时，因为我们相对缺乏数学符号体系知识，导致我们无法解读其中的规律。因此，就目前的人工智能算法来说，如果不具备一定的数学基础知识，我们很难看懂算法的基本规律；如果不具备一定的数学知识、统计知识，我们更是无法自己创作算法。在当前人工智能算法还没有进一步简化、可视化、通俗化的情形下，我们普通人，即便是具备一定数学基础的人（这里的基础指的是高等数学中的微积分知识），我们也不能够通过独立编写代码来完成算法设计。

那么对于艺术生来说，是不是就没有办法从事人工智能艺术设计了呢？当然不是。因为我们今天面临的大多数问题都不是可以简单地依靠某一个人或者某一个专业领域的人才就可以解决的，我们今天最需要的是具备跨专业背景的专业团队。例如，谷歌的 DeepMind 团队在组建研发 AlphaGo 围棋团队时，其主创人员黄士杰就不仅仅拥有人工智能专业背景，同时他也是一名围棋业余六段高手。在测试的后期，他们还邀请了欧洲围棋冠军樊麾加盟，以帮助提升 AlphaGo 的围棋水平。类比于 AlphaGo 的设计与研发，我们借助 AI 技术在艺术与设计领域发挥作用时，更需要人类艺术家与设计师的深度介入，由他们来帮助 AI 提升创作水准和技巧。

二、设计对象的改变

我们看到，今天的人工智能已经在围棋这样需要复杂逻辑运算能力的技术上超越了人类，而且可以生产出可被标准化的设计，例如，符合规范可批量生产的平面设计，符合规范已成熟的网页和移动端交互设计。但对于人工智能，当下的设计师还不必过担心被机器取代的问题，因为设计师的工作是为了提高用户的体验和满意度，体验和满意度都是主观的，这是人工智能很难去衡量的。既然人工智能也是一种设计方案，那么设计师就可以对人工智能这样的设计方案进行再设计，实现其功能方面的优化。

在互联网和移动互联网时代，由于产品用户量大以及技术的限制，产品无法针对每位用户在不同场景下的需求进行设计，因此产品功能只能满足绝大部分用户都有的核心场景；加之每位用户的审美能力的差异，设计师只能考虑用更简洁的设计语言来满足大部分用户的基础审美。在人工智能的帮助下，产品有能力做到根据用户的使用场景和行为分析出用户的当前诉求，并提供相应服务。大数据和人工智能为个性化服务提供了基础。如何设计才能满足不同用户的需求，这需要我们对设计的方法和思路进行重新规划。

三、设计差异化增强

随着技术的进步，智能手机、可穿戴设备的兴起促进了交互设计这个新的设计门类的发展。交互设计专门解决计算机如何更好地与用户交流互动的问题，其核心是用户体验设计。而用户体验设计的核心是在设计时密切关注用户的体验和感受。"用户体验"这个概念又逐渐扩散到各行各业，它让企业明白提高用户体验和满意度的重要性，并且企业基于大数据分析用户的个性化需求，着手优化相关产品服务，到后面也衍生出"服务设计"等专业术语。

"交互设计""服务设计"这些新的设计概念的背后，都有着大数据和人工智能相关技术发展的推进。若产品体验不好，用户便可以有其他替代选择，所以大家开始关注用户体验。但现在用户体验设计存在着一个局限性：它的设计对象仍然是产品；它只关心用户在使用产品期间的体验，不关心产品对用户其他方面的影响。而在智能时代的背景下，大数据的获得和人工智能算法的优化，可以让我们更好地把握用户需求，降低推广成本，让用户获得更好的产品使用和服务体验，提升企业的核心竞争力。

进入个性化时代的产品基本满足用户需求，相同类型的产品结构和功能会越来越接近，能为产品带来活力和差异的除了产品自身的底层技术基础外，更多是产品所被赋予的艺术性、理念和风格等溢价因素，以及自身品牌的影响。就像大众时尚品牌H&M和奢侈品牌普拉达（Prada），两者在品牌和设计方面差异巨大，其根本在于，一个走的是大众批量化生产路线，一个则强调手工性、个性化和私人订制。未来随着大数据和人工智能技术的普及，企业获取用户使用信息的成本将会降低，信息架构扁平化，产品整体体验提升，这对于原本缺少个性的大众品牌缩小与高档品牌的利润差距无疑是个契机。

四、设计体验的增强

体验设计在VR、AR、MR日益流行的今天已然成为设计的一种趋势，谷歌实景已经为我们提供了随时随地就能到达世界任意角落的虚拟现实体验。相对于司空见惯的人和事物，这种体验设计带给了我们更多新鲜的印象和深刻的记忆。而借助大数据和人工智能技术，我们还可以在用户体验方面获得更好的提升。比较起来，传统设计带给我们的感知能力是很有限的，但人工智能和虚拟现实技术的体验设计可以帮助我们构建用户经历，其实现基础是大数据分析和联动。体验设计更多关注全局性，就像迪士尼乐园把控全局体验为游客带来惊喜。体验设计是个性化服务的基础，它会从多个维度（包括用户画像和行为、场景和环境、前后语境关系的理解等）为用户创造价值。

当设计对象从产品转变为用户经历时，设计师不能只考虑自己的产品体验，还要从全局出发考虑产品与产品之间的联动，考虑针对不同场景和突发事件，自己的产品要如何服务用户。产品从单体变成一块拼图，这对设计师来说是一个全新的挑战。

五、设计沟通能力的提升

在商品日益丰富和同质化的今天，人工智能为私人订制的个性化服务带来新的可能。要想设计一款更友好、更像人类的产品，我们先来看看人类是怎么交流的。从传播学的角度，我们可以把沟通分为传播和传达。传播指的是单向的信息传递，包含说和通知，但不包括回答与反馈；传达包括传播和反馈，是双向的互动沟通。传播和传达不太一样。传播更多是自上而下进行的，传播者知道对方能做什么，希望对方能按照通知完成，对方完成后的反馈可能非常简单或者无须反馈。传播的意思是传播者将信息传达给接受者就已完成了，接受者可以不给予传播者反馈，例如电视、广播等传统大众媒体；而传达则要求接收方对所接收到的信息，从听觉、视觉、触觉，甚至是嗅觉和味觉等方面给予反馈。

随着各种信息的增加，当信息量超过人类的记忆容量时，人类通过交流获取信息的效率会变慢，于是他们开始将信息通过刻画的方式记录保存下来，到后面逐渐出现了书籍。由于技术的发展，人类获取信息的方式也变得多样化，广播、电视、报纸、杂志、电脑、手机开始出现在我们的生活中。从形制上来看，媒介的体积越来越小，越来越轻便，信息传播速度也越来越快，互动性越来越强。我们反观这个媒体进化过程，再根据信息的媒体传播方式的进化，来推演人工智能在媒体设计方面能够做些什么。

表 1.2 媒体传播方式的变迁

传播/媒体	建筑	报纸、杂志	广播、电视	电脑、手机	智能媒体
范围	★	★★	★★★★	★★★★	★★★★★
准确	★★★★★	★★	★★	★★★	★★★★
语气	★★★★★	★★	★★	★★	★★★★
分析	★★★★	★★★	--	★★	★★★★★
时效	--	★	★★★	★★★★	★★★★★
互动	--	★	★★	★★★	★★★★★

如表 1.2 所示，纵观媒体演进的历史，从最初人们之间的口口传播，到固定的交流空间（如教堂、学校、工坊等），具备了信息传播准确、语气丰富的特性，其现场交流的分析性仅次于智能分析所带给我们的客观性，但其传播的范围非常有限，不具备二次传播的时效性和互动性；纸质媒体则在传播范围上获得了巨大进步，文本的线性分析也具备一定的深度，但传播的单向性导致了互动性、时效性都较差；广播、电视在信息传

播的范围上实现了质的突破，电波所及皆为信息所至，同样，广播、电视的传播，虽然有了诸如电话热线之类的互动，但总体上仍属于单向传播；电脑、手机所形成的数字传播，相比较于广播、电视的巨大改观是即时性和互动性；智能媒体时代，随着可穿戴设备的发展，传播死角已经越来越少，虚拟与现实的界限借助 AR、VR、MR 被逐步打破。正如麦克卢汉当年的预言，我们正在被重新部落化着。

表 1.3 媒体感知方式的变迁

感知/媒体	建筑	报纸、杂志	广播、电视	电脑、手机	智能媒体
视觉	√	√	√	√	√
听觉	√	--	√	√	√
触觉	√	--	--	√	√
嗅觉	√	--	--	--	√
味觉	--	--	--	--	--
空间感知	√	--	--	--	√

从表 1.3 可以看出，智能媒体要实现我们人类重新部落化的全面发展，需要在信息感知体验方面做出更多的改变。我们在建筑时期的感知方式，除了味觉以外都是全方位的即时体验。而之后在智能媒体之前的媒体发展，在体积上呈现出一种日益轻便、小巧、快捷、虚拟的趋势，是一种去物质化的过程。在电子信息时代，通常是用户通过语音和界面发出指令，计算机接收并理解指令后完成一系列的操作。接收信息更多是信息方发出编码信号后，计算机通过解码提供接近准确、快速的信息解读。智能媒体则是更多地借助传感器、大数据等隐形手段获取更多的用户信息，再结合电子、生物等科学技术手段，实现对信息最大限度的再现与体验。

第四节　人工智能对艺术与设计教育的影响

根据 2017 年 Pegasystems 的调查，57% 的人认为人工智能在学习能力领域占有非常重要的地位；对于其与人类艺术相关的感知情感能力，只有 14% 的人认为人工智能可以解决此类问题（图 1.10）。但就目前来看，人们对于人工智能认知的程度，及其在艺术与设计教育领域应用的相关研究与开发也比较有限。因此，我们需要更多对人工智能技术进行科普和专业教育，以提高消费者对人工智能艺术与设计的认知，改变人们对这一技术的态度，以更好地掌握运用它。

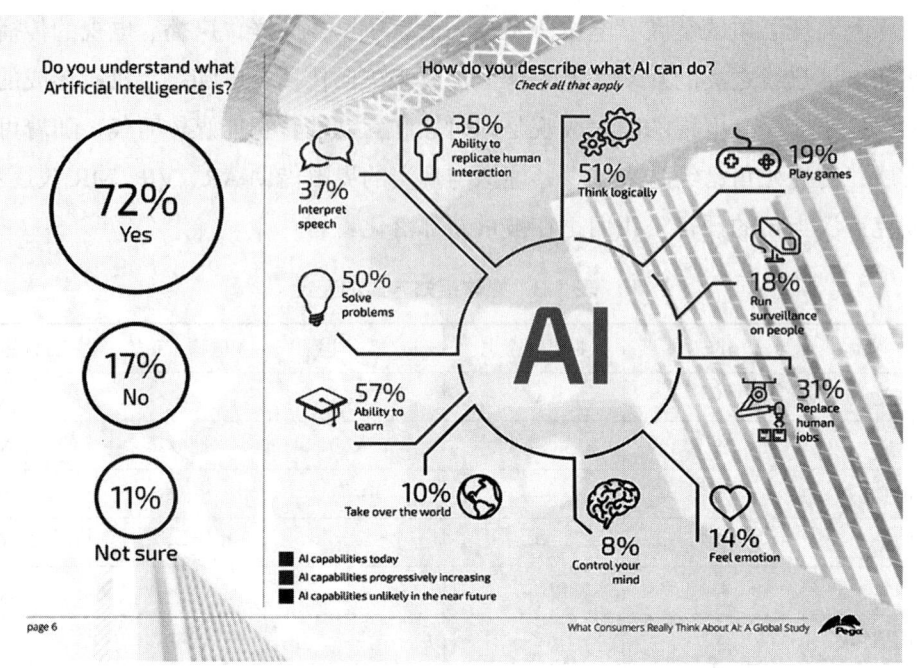

图 1.10　人们对于人工智能技术应用领域的常规印象（Pegasystems，2017）

一方面，对于文化课基础相对薄弱的艺术生来说，人工智能艺术与设计的讲授重在艺术与设计，辅以人工智能的技术科普。因为艺术生对于代码、编程具有天生的恐惧感，所以对他们进行教学的目的是通过讲授人工智能神经网络的基本原理，使其重点了解神经网络辅助设计师生成艺术与设计作品的具体方法和工具。

另一方面，在艺术与设计表现技术不再成为难题的情况下，对人工智能艺术与设计方向学生的艺术修养要求会更高。他们需要具备较高的文化艺术修养，理解人工智能、神经网络的定义与应用策略，掌握艺术设计的要素、流程、审美等标准，能从人文角度理解人工智能对于艺术与设计发展的价值和意义。这种对于教学的要求反映了这个时代艺术与设计人才培养的发展方向与需求，也是对之前人类审美认知的高度总结，为探索未来如何发展艺术与设计打下了基础。

一、从设计师到"设机师"的培养

当今中国的设计师在 20 世纪 90 年代初经历了从工匠到设计师的转变，虽然我们今天再度提出了"工匠精神"，但我们知道"工匠"与"工匠精神"是两码事。从人工智能艺术与设计的角度分别来看，机器主要完成"工匠"的职能，人类设计师则完成"工匠精神"的设定。这里之所以用到"主要"这个词，是因为目前在一定程度上，机器通过"深度学习"，已经可以完成对于艺术风格的把握，而在未来，相信在人工智能艺术与设计方面，机器一定可以如同谷歌 AlphaGo 一样实现摆脱人类思维模式的创新设计。

过去我们利用工具制造了第二自然，今天，我们将会利用人工智能创造一个全新的第二思维体系。相对于我们人类原生的第一思维体系，这个还未被全面认知的第二思维体系将在设计思维和创造领域大有作为。

在今天的行业状态下，设计师这个群体不仅需要同时具备理性和技术，还要具有艺术家一样的审美水平，这对于设计师来说，其实是一种十分分裂的状态。一方面，设计师在与客户沟通、前期市场调研、设计制作、媒体投放阶段，都需要有极强的理性分析能力和沟通意识；另一方面，艺术家则是特立独行、天马行空、充满感性的。因此，我们看到设计师的日常通常需要在艺术与技术之间找到一种平衡，这对于设计师而言是一个非常挣扎痛苦的过程。而在现有的智能设计实践中，设计师已经开始逐渐转变为一种新的设计角色——"设机师"。

智能时代的设计师将不再从事设计的完稿工作和提供明确的设计方案，而是承担设计一个机器如何做设计的过程。也许是设计一种数据结构化的方式，或者一种算法优化的方式；也许只要提供给机器关于这个设计评价的客观标准，以帮助机器学习做设计。例如，阿里云的"鹿班"人工智能艺术与设计系统，在功能上，当下对外开放有一键生成、智能创作、智能排版、设计拓展四大功能。用户一端会用到一键生成、智能排版、设计拓展三个功能：一键生成功能可以帮助用户生成想要的海报，输入 Logo、风格、行业后即可输出；智能排版是用户把图片素材、文案、尺寸、Logo 等输入后，系统会自动生成一幅完整的海报；设计拓展是设计生成后，可以自动修改图片的尺寸，大大省去了设计师放在这些琐碎细节上的心力。

这种机器学习技术的出现恰好解决了人类设计遇到的技术问题，而涉及想象力的艺术创作部分，则需要人类的直觉和天赋。各行各业都存在着天才，这些天才的天赋是上天赐予的礼物，目前的科学对此还无法给出十分合理的解释。在人工智能完成工匠部分的工作后，人类的天赋就得到了更为充分的发挥。这也就为我们的艺术与设计教育提供了新的方向，让我们的设计教育真正转化为素质教育与兴趣教育；同时这也更利于人们从与设计本身无关的日常繁杂琐碎的事务中解脱出来，从而更好地挖掘自己的天赋和潜能。

二、审美修养的培育

在人工智能的参与下，人类的生产力将得到极大的解放。设计师不再被禁锢在电脑前，转而需要为训练机器而掌握审美标准。这种审美标准可以以两种方式实现：其一是给予客观量化的审美标准，机器可以得到明确的指令进行强化学习；其二是借助大数据来进行机器学习。第一种方式有点像在短时间内将一个毫无设计基础和经验的人培养成为设计专家，这需要培训者给出清晰、明确、量化、可以迅速掌握的设计法则，显然这是一项艰巨的任务；第二种方式则是现在通常采用的机器学习方式，但前提是需要数量和质量都有保障的数据库。

相对于纯粹的绘画作品评价，艺术与设计的评价系统更为复杂多变。正如我们说美具有时代和地域的局限性一样，艺术与设计作品的美同样有着欣赏标准的不确定性，甚至是不可测评性。其中很重要的一个原因就是艺术与设计作品评价标准不仅仅包含单纯的视觉因素，更为重要的是对于与其相关的信息受众的分析，诸如信息受众的审美差异、受教育程度、生活方式等都会影响到对作品价值的评判。在当今这个智能时代，我们不仅仅要教给学生熟练掌握人工智能的相关技术，更为重要的是从心理学层面提升学生的美学素养，进而更好地为人工智能的艺术与设计发展制定方向、策略、路径与风格。

三、艺术与设计教育策略的调整

面对人工智能飞速发展的现状，尽早开设与普及人工智能艺术与设计教育，这是时代发展需要，也是解放设计生产力的必然。当下与未来的设计师，需要更好地了解人工智能艺术与设计系统的工作原理，学习如何训练机器、设计算法，更为重要的是具有相当的审美素养，只有这样他才能更好地结合人工智能技术完成艺术创作。当然我们也客观地看到，相对于简单的横幅（banner）广告，要做出真正的原创商业广告作品，现有的人工智能还无法替代专业的人类创意设计师。但毋庸置疑的是，在人工智能参与的艺术与设计工作中，人类设计师的身份、职能和审美标准的判断都将会面临深刻的转变，这也倒逼我们的设计教育需要做出相应的且全面深入的调整。

STEM（Science，Technology，Engineering，Mathematics；科学、技术、工程、数学）素质教育，是20世纪初美国科学技术委员会下属的科学、技术和数学交易委员会积极推动的项目。2016年9月14日，美国教育部与美国研究所（American Institutes for Research，AIR）综合了研讨会与会学者对STEM未来十年的发展愿景与建议，联合发布了《教育中的创新愿景》（*STEM 2026：A Vision for Innovation in STEM Education*），旨在推进STEM教育创新方面的研究和发展，并为之提供坚实依据。该报告提出了六个愿景，力求在实践社区、活动设计、教育经验、学习空间、学习测量、社会文化环境等方面促进STEM教育的发展，以确保各年龄阶段以及各类型的学习者都能享有优质的STEM学习体验，解决STEM教育公平问题，进而保持美国的竞争力。STEM项目学习的目标和过程旨在培养具有科学探究能力、创新意识、批判性思维和信息技术处理能力的人，而此项目的学习和应用强调了不同学科间的互动。因此，学生需要用他们在各个领域获得的知识解决真实世界中的实际问题。而在STEM基础之上延展出来的"STEAM"教育则强调了艺术（ART）与科学、技术、工程和数学之间的相互关联及作用。①笔者在 MIT 访学期间，直观感受到了媒体实验室的项目从设想到实现的每一个环节都充分体现了艺术在其中的引领和传播的重要作用。在智能时代的背景下体现艺术与设计的时代价值，我们需要通过改革艺术与设计教育模式，建立艺术与科学、技术、工程、数学等学科之间的有机联系，实现艺术引领科技、科技促进艺术繁荣的目的。

第五节　人工智能艺术与设计的美学与伦理

艺术何为，何为艺术，一直是视觉艺术作品价值的评估标准。尤其是对于当代艺术作品来说，其价值评估更为复杂，其中涉及绘画的技法、风格、题材以及艺术发展进程、社会文化因素的影响等。而设计作品的评估则更为复杂，例如广告设计作品会针对特定受众群体使用特定的艺术宣传形式，这种形式可能只对特定的消费群体产生影响力，而不一定会获得大众的普遍认同。所以我们通常会认为"文无第一"，这种观点在我们评估一些艺术与设计作品时会显得过于主观，而且有时由于评判者个体认知的局限，导致我们经常看到各种奖项评比中出现了获奖作品抄袭的情况。但如果我们借助人工智能技术，首先将作品与既往发表作品的相似程度进行对比识别，或者在机器学习的基础之上，对视觉创作风格的相似程度进行区别，就可以完全避免此类情况的发生。曾被视为唯有人类才能完成的艺术创作，如果改由机器来创作的话，将会更值钱还是会贬值？是否能与欣赏者达成共情？

共情（Empathy）是人本主义创始人罗杰斯（Carl Ransom Rogers）提出的概念，指体验别人内心世界的能力。这种能力需要深入对方内心去体验他的情感、思维，借助于知识和经验，把握求助者的体验与他的经历和人格之间的联系，更好地理解问题的实质，运用咨询技巧，把自己的共情传达给对方，以影响对方并取得共鸣。具备共情能力被认为是高情商的表现，目前的人工智能还不具备此能力，因为这要求机器首先具备自我意识，但是现在的机器还不能以主客二分的方式来分析问题。

19 世纪的理论学家们将"移情"描述为我们的身体反映外部世界活动的一种方式。当美学哲学家西奥多·利普斯（Theodor Lipps）观看一场舞蹈演出时，他说他感觉到自己的身体在随着舞者一起"做着斗争和表演"。德国哲学家罗伯特·费肖尔（Robert Vischer）曾写道，即使是在观看静止的艺术作品时，观众也可以通过被触发的"肌肉移情"而把自己带入作品中，随作品而动。例如，人们在观看梵高的《星夜》（The Starry Night）时（见图 1.8），具备动感的曲线段会让观者产生旋转、汹涌和动荡等感觉。科

---

① 以 STEM 教育创新引领教育未来——美国《STEM2026：STEM 教育创新愿景》报告的解读与启示［EB/OL］.（2017-04-04）［2020-09-30］. http://www. astem. com.cn/shownews. asp?id=232.

学研究表明，梵高通过画面所展现的躁动的情感和幻觉会刺激观者大脑运动皮质和前运动皮质的相关活动。

图 1.11 《星夜》（文森特·梵高，1889）

　　2015 年 8 月 26 日，德国西奥综合神经科学研究所的科学家们在网络文献库 arxiv.org 公布了他们的最新研究成果。他们运用深度学习算法让人工智能系统"学习"了梵高、莫奈等世界著名画家的画风，而由此形成的深度学习系统据说能根据输入的写真图片自动生成一幅具有梵高或莫奈等风格的"油画"——其"作品"的逼真程度就好似是画家本人的某些未知作品。这之后，世界范围内的跟风研究不断出现。也许在不久的未来，"梵高风格画作生成器"就会像 Photoshop 软件那样随处可见，越来越多技法与风格平庸的画家将会面临失业。一方面，人工智能艺术与设计蕴含着科技创新的巨大能量，不断刷新着人类对于艺术与设计领域的相关认知，改变着传统的设计方式方法；另一方面，当人工智能进入艺术领域，让经典艺术家复活，并依据一定的逻辑继续创作作品时，人工智能与艺术创作的关系、艺术家与艺术价值的认定等问题，就需要重新进行考量和厘清了。而对于机器是否可以独立完成艺术创作，我们该如何看待它的艺术价值与意义，将会产生更多的思考。

一、作品的灵与肉

　　相较于作品的外观而言，我们更注重的是艺术家的创作经历和理念。一件作品的各种艺术特质中，最被人看重的应该是它的独特性以及艺术家的实际参与性。由电脑创作出来的艺术作品缺乏生活情感的注入和个性化的表达，其美学价值也就无法和人类艺术家相提并论。

　　2018 年 5 月，一项名为"将艺术植入人工：美学对计算机生成艺术的回应"（Putting

the Art in Artificial: Aesthetic Responses to Computer-generated Art）[①]的研究，主要针对艺术的同理心回应是如何进化的问题展开了研究。在这个研究中有一个有趣的现象，就是当机器制作的艺术是由机器人来完成时，观众对作品的美学评价也就随之上升，尤其当它还是个拟人化的机器人时。这或许是在暗示一个拟人的化身是被证明拥有人类思想的关键。

研究者们为此借来了艺术家帕特里克·特雷塞特（Patrick Tresset）的机器人装置《5个名叫保罗的机器人》（5 Robots Named Paul，图1.12），此前它曾在2015年布鲁塞尔BOZAR艺术中心展出过。这台机器人由一架网络摄像机和一支圆珠笔组成，在摄像机拍摄坐下的参观者照片的同时，一条机械臂就开始画画。桌上堆起来越来越多的人像，这很容易形成人类在进行绘画习作的错觉，灵活的机械臂看上去有着真人般的绘画技巧。尽管这看起来像是机器人注视着对面的人，然后用机械臂扫描画下了他们的脸，但事实上，它们仅仅是装饰性的装置，这些人像实际上是在程序一开始时就拍下的照片，然后根据照片里面的像素位置控制机器的走向完成的绘画。或许我们可以把这台机器人看作一台操控灵活的打印机。

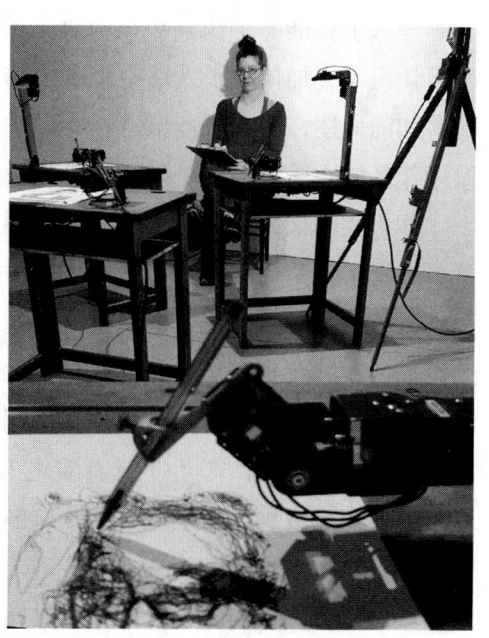

图1.12 《5个名叫保罗的机器人》
（帕特里克·特雷塞特，2015）

接着，研究者们将参与者分成三组，用三种场景去测试：第一组参与者是在机器人作画时，也待在同一个房间里；第二组参与者只看到了最后的画，并被告知这是机器人画的；第三组参与者除了看到画之外，没有得到任何其他信息。然后，参与者们被要求填写有关这些绘画的问卷。最后的结果表明，那些看着机器人艺术家作画的参与者对于这些画有更高的评价，他们对画的欣赏程度比起另两组参与者都要高。

研究者认为，"这是第一个演示拟人化的代理机器是如何对审美产生积极影响的研究……提高机器和电脑创作的艺术作品的拟人化质量，将会提升社会的参与度，也更有可能降低人们对未来艺术人工智能表现形式的敌意"。[②] 这是一个从人的感性角度对机

---

① CHAMBERLAIN R, MULLIN C, SCHEERLINCK, B, WAGEMANS, J.Putting the art in artificial: aesthetic responses to computer-generated art［J］. Psychology of aesthetics, and the arts, 2012（2）：177–192.
② RACHEL C. The robot's hand? How scientists cracked the code for getting humans to appreciate computer-Made Art.［EB/OL］.（2018–05–12）［2019–09–30］. https://news.artnet.com/art-world/study-computer-made-art-1289354.

器智能的设定，对于大众而言，人工智能给他们的直观体验会对机器人是否带有情感有着更直接的影响。就像斯皮尔伯格的电影《人工智能》所呈现的当一个机器人以孩子的形象出现时，人们的情绪由对之前丑陋机器的愤怒转化为对机器小孩的爱护和同情。这也是机器生成和人类创造的根本不同，艺术的价值判断中最为重要的部分就是唤起观者的共鸣，在这一点上，冰冷的机器是做不到的。但也恰恰因为机器的理性，我们看到在电影《人工智能》中机器小孩对母亲的"爱"，一经设定永不更改，电影戏剧性的安排反而让机器更加体现了人性中忠诚的伟大。

如前所述，人和机器虽然在共同进化，但就今天的理解来看，人依然是评价艺术与设计作品的主体，也就是说，艺术与设计是专门用于人类理解的词汇与认知范畴。

如果我们认为艺术的价值和意义独立于其创作者，那么人工智能进行艺术创作按照这个逻辑来看是成立的。但通常来说，关于艺术家的艺术和信息背后的故事可能会影响我们对艺术作品的看法，也就是说，艺术是有着它的社会传播语境的。例如，我们在一个废品回收站看到一个巨大的树根残端时，并不会产生多少艺术美感，但倘若这个树根出现在一个大都会的美术馆里，我们同样丝毫不会怀疑它的艺术品定位。

我们常说"相由心生"或者演化为今天"颜值即正义""你长得好看说什么都对"，以上种种都可以看出长相对于大众判断的影响非常大。今天流行的"快闪"活动中，我们看到很多艺术家、歌唱家在街头演奏一段音乐或者献歌一曲，甚至假戏真做地在地上放个帽子收赏钱。当路人并不知道其是一票难求的大艺术家或者明星的身份时，就很可能并不觉得他或她如何不同，甚至觉得长得很普通而匆匆走过，所以素颜照就成了很多粉丝的"明星杀手"。

温度与质感在维护人类艺术最后的尊严上依然发挥着重要作用。虽然一些人工智能系统从技术角度在尝试创作艺术作品，似乎在一些领域可以达到以假乱真的程度，比如抽象艺术、作曲，等等，但即便随着机器变得越来越聪明、越来越有能力，如果它始终无法拥有人类的血肉之躯，人工智能想要拥有人类艺术的灵魂也是难以实现的。

二、作品的属性

人工智能可以替代我们完成很多事情，将我们从重复性劳动中解放出来。然而，总有一些内容是机器无法复制、无法超越的，这部分内容代表了人脑的创造力，代表了人类的独特性与物种价值，并且这部分内容在人类创造的艺术形式中将得以最大限度地发挥和释放。

对于通过人工智能创造出的"作品"，目前大多数人认为，其仍属于商品而非艺术品。不可否认，艺术创作与人的情感、阅历、经验、思维等密切相关，现阶段不具备自我意识的人工智能显然还不具备这些人格特征，其作品还仅限于模仿或处于更简单的阶段。但是，人工智能对于艺术品市场特别是工艺品市场的冲击已开始显露，通过人工智能，获得一件貌似大师的作品将变得更容易，艺术品的价格被人工智能作品拉低是一种必然的发展趋势。

一方面，机器可以模仿学习大师风格。机器学习可以专门针对中国传统绘画的工笔、写实、写意手法绘画作品进行处理，实现模拟大师风格的绘画作品。无论是西方的油画还是东方的水墨画，人工智能都可以依据画面的视觉特征进行归纳学习。未来，人工智能可基于消费者需求提供服务。消费者可以在线下单，直接提出风格喜好以及想要模仿的大师姓名、创作年代，等等，制作方会根据消费者的需求进行人工智能创作。这种模式产生的作品和人工智能提供的服务，将使得大师创作日常化。伴随着人工智能绘画技术的成熟和普及，不仅艺术品市场的秩序要重新设定，艺术品的价值也会相应贬值，这一点与当年深圳大芬村流水线式的绘画创作对于传统个体书画所形成的冲击十分类似。

另一方面，创作技法不再神秘。在《下一个伦勃朗》的案例中，设计者最终呈现作品时使用了3D分层打印技术，结合真实的油画颜料，让这幅作品看起来就像真正的人工作品一样（图1.13）。分层打印的细致和精美程度，让普通观众甚至是专业人士也很难看出它与人工绘画有什么区别。虽然目前3D打印设备和材料价格相对昂贵，但倘若我

图1.13 《下一个伦勃朗》（*The Next Rembrandt 3D*）打印绘画过程

们借助人工智能技术可以"复活"大师，再现大师经典，那么这些成本也就算不得什么了。可以想象，未来伴随3D打印技术的普及，设备和耗材价格也必定随之下降，打印产品的数量将不断增加，这种作品也将会越来越日常化。

20世纪60年代，当代著名美国美学家乔治·迪基（George Dickie）在《何为艺术？》一文中对"艺术品"做出了如下定义：(1)人工制品；(2)代表某种社会制度（即艺术世界）的一个人或一些人赋予它具有欣赏对象资格的地位。这两个标准强调了艺术家作为创作主体的决定性作用和艺术作品所体现的社会关系，这与19世纪法国美学家丹纳强调艺术品需要从艺术家个人和群体的角度来理解是相通的。也就是说，评判一件作品是否为艺术品，是脱离不开创作者的社会历史文化关系而进行技术层面的孤立分析的。

由此可见，艺术具有极强的社会性，也只存在于人类社会之中，但要给这个定义解释清楚，也需要我们不断地精进。如乔治·迪基发表于 1984 年的著作《艺术圈》(The Art Circle)，对之前自己关于艺术品的定义作出了较大的调整，提出新的关于评判艺术家、艺术品、艺术世界的标准：

1. 艺术家是在创作艺术品的过程中参与理解的人。
2. 艺术品是某种要向艺术界公众呈现的被创作出来的人工制品。
3. 公众是这样一批人：其成员对向他们呈现的一种客体已经有了一定的理解准备。
4. 艺术世界是所有艺术世界系统的总和。
5. 艺术世界系统是艺术家得以向艺术界公众呈现艺术品的一个框架。

按照乔治·迪基的标准去判断，基于深度学习技术的梵高画风生成器更多是体现人工智能的工具性，而不等价于创作主体。

首先，深度学习是人为设计的算法，其本身并不理解它工作的意义。这个算法是在多层卷积神经网络的基础之上，抽象出既有的梵高画作中的一些高阶特征，以便将这些特征迁移到其所要加以修改的图片上，由此最终生成具有梵高绘画风格的作品。从数学角度看，这个过程所做的只是将一些特征映射到另外一些特征上去，而人类意义上的"理解"肯定比"映射"涉及更多具有社会属性的精神创造。

其次，深度学习机制并未直接面向现实的"艺术世界"，而是按照人类设定好的算法将给予的图片转化为具有梵高绘画特征的输出，更不会考虑到观者如何欣赏、评价和理解自己的输出。

最后，即使有专业的画家使用了这样的风格迁移技术来为其作品赋予大师风格，在艺术品市场上获得成功，并由此建立起人工智能艺术产品的生产消费机制，整个过程的策划和操作方也依然还是人类，单从这一点上我们是否可以称算法的设计者为艺术家呢？

三、提升创造性

2016 年 6 月 11 日，在 Apple Store 上线的图片处理软件应用——Prisma，迅速成为爆款并赢得当年苹果最佳 App 应用奖。它利用神经网络和深度学习算法，短短几秒钟就可以将用户手机中的普通照片形成包括印象主义、立体主义、表现主义、抽象主义、波普风格和浮世绘风格等 40 多种可供选择的风格，并以此帮助客户创作出"私人定制"的世界名画。而普通用户则很难区分这些视觉风格照片与原作之间的细微差异，尤其在抽象绘画方面更是如此（图 1.14）。

我们看到，面对机器学习技术在艺术领域应用的深入和推广，类似深圳大芬村那种批量化劳作生产"艺术品"的模式必将很快遭到淘汰，但人工智能要想进行真正的类人艺术创作，依然有很长的一段路要走。

首先，随着可以模拟艺术大师创作风格与技法的人工智能技术的出现，当下的艺术家和有志于在未来成为艺术家的学子们，必然会有一种被迎头泼了一盆冷水的感觉，就像"AlphaGO"的出现已经极大地挫伤了围棋界人士的士气一样。这一切对于维持美术界现有队伍的规模与质量来说，都是一种相当的刺激和打击，因为深度学习技术的普及，可以让任何一个门外汉仅仅通过一部功能完善的拍照手机与强大的软件支持就能够生成一幅他所喜欢的任何画风的画面。丹青与调色盘似乎也将随之被扫进历史，就像我们早就已经将竹简与雕版扫进了历史一样。在这

图1.14　风景图片经风格迁移之后形成的"艺术风格"

种情况下，纵然哲学家依然会认为制图软件本身并不在真正进行艺术创作，但伴随着从Photoshop等绘图软件滤镜到Prisma的强大的风格迁移特效，人工智能正在逐步影响着艺术家的生存状态和技术、风格的发展方向。

其次，从"现有的深度学习机制无法产生真正的艺术作品"这一逻辑来看，是得不出"人工智能体永远无法产生真正的艺术作品"这一结论的，因为这个判断的前提是人工智能不是人。即便未来的人工智能体像人类一样能够产生真正的自我创作与表达意识，它也非"自然人"，也就无从谈起人类艺术家和艺术品的消亡。这一点我们是无法确定的。就如同围棋世界等级分排名第一的柯洁在被AlphaGO以3∶0击败之后，在第三局中，柯洁面对无懈可击的AlphaGO不禁落泪，赛后他感叹："AlphaGO实在太完美了！"而AlphaGo在和顶级专业棋手网络对弈60连胜以及战胜柯洁之后，便宣布此后不再和人类棋手对弈。与柯洁对弈这个版本AlphaGo Master是战胜李世石的AlphaGo Lee的优化版本，此后其再次升级为AlphaGo Zero版本，这个版本已完全摆脱人类优秀棋谱的参考而进入了左右互搏的阶段，训练仅3天便100∶0击败那个4∶1赢李世石的版本，21天达到Master的水准。

对于被人工智能碾压，柯洁在微博中不禁发出感慨："一个纯净、纯粹自我学习的

AlphaGO 是最强的……对于 AlphaGO 的自我进步来讲……人类太多余了。"

被 AlphaGO Zero 的消息所震撼的远不止柯洁一个人，另一位职业围棋九段选手古力在微博中写道："20 年不抵 3 天啊！我们的伤感，人类的进步！"

而未来在艺术与设计领域，我们面对这样的挑战，人类艺术家该怎么办？就现有的深度学习技术发起的挑战而言，艺术界首先要做的是对现有深度学习技术的特性进行更为深入的了解，以把握哪些画风是现有的机器学习技术所能够模仿的，哪些画风则是不容易被其所模仿的。而在这场竞争中，正如吴冠中先生曾提出的"笔墨等于零"所阐释的道理，创作的技法、技巧、材料等都是可以为机器学习所掌握的，人类对于艺术审美与品位的把握是掌控未来人工智能发展走向的关键。

一方面，人们将有也会花更多的时间去欣赏和评价过往的艺术经典作品，人工智能无法明白艺术创作的意义和独立完成创作题材的选择，人类的艺术欣赏与评价能力将发挥决定性作用，这也是人类拥有艺术创作主体意识的关键。

另一方面，人类如同掌握摄影技术一样，需要学习更多的人工智能技术，这将使这门技术逐渐走向艺术的成熟。即运用这些工具来进行具有独创性的艺术创作，如同摄影从最初单纯的成像技术，随着暗房技术的成熟，逐渐发展成为一个艺术创作门类。尽管我们在这里拿摄影术的发展来做对比，但人工智能不仅仅是某种人的身体机械或感觉功能的延伸，而是对于人类意识的模拟，因此在这个发展过程中，或许还有着很多超出我们人类控制范围的部分。

而就未来可能出现的具有"强人工智能"的机器人美术家而言，我们也不必过于恐慌，因为它们即使能够产生出符合哲学标准的"艺术作品"，这些作品也未必会和我们人类艺术家的作品分享同样的消费市场。我们不妨试想一下，如果章鱼的智能发达到足以发展出"章鱼艺术"的水准，那么我们人类是否能够欣赏这样的作品呢？恐怕是很困难的。因为人类与章鱼在生物学结构与基本生活形式方面的差异实在是过于明显——而艺术共通感的产生，却往往离不开创作者与欣赏者在生活基本形式上的彼此可沟通性。由此我们再想想未来的人工智能艺术家，它们恐怕连生物体也不是，说得更为具体一点，它们没有一切生物都有的新陈代谢，也没有生物意义上的两性生殖。同时，它们也不会有真正意义上的"死亡"。在这种情况下，人类艺术作品所表现的诸如生死、爱恨情仇等经典主题，是很难为冰冷的人工智能所理解的。同样，人类面对超级人工智能可能也无法理解机器的选择。据此来看，机器人艺术家可能会开发出一个纯粹由机器人群体受众所消费的第二艺术市场，并与人类的第一艺术市场共同存在。

从上面的分析来看，人工智能技术的发展固然是对艺术界的内部生态的当下形态构成了强大的冲击，但只要人类艺术家看清楚人工智能运行的本质，找到控制或者和谐共存的机制，那么就有可能实现人和机器在艺术与设计领域的共同进化。

四、第二思维体系设计的开启

20 世纪 90 年代，随着计算机在体积、运算速度等方面的飞速发展，以及家用电脑和互联网的诞生，计算机技术应用于艺术创作的繁荣时期到来了。麻省理工学院的卡尔·西姆斯（Karl Sims）在 1994 年展现了可以在三维物理世界中移动和做出行为的虚拟生物。这种生物的形态和控制其肌肉力量的神经系统都是使用遗传算法自动生成的，它可以根据不同的适应性评估功能调整虚拟生物的特定行为和进化方向，例如游泳、步行、跳跃和跟随。

卡尔·西姆斯在这个设想中，提出了一种使用节点和连接的方法建立基因导引图，此导引图用于描述这些生物的形态和神经回路（图 1.15），之后再据此导引图生成形态。这种遗传语言定义了一个包含无限数量的可能具有行为的生物超空间。当使用优化技术对其进行搜索时，这个虚拟生物就会出现各种很难通过设计发明或构建出来的成功且有趣的运动策略。这种虚拟生物的进化及其生存的环境，是基于原生第一自然和人造虚幻第二自然的魔幻组合，是融合技术现实和艺术想象的产物，也是对于未来艺术与科学、自然与技术、现实与虚幻之间界限的模糊。

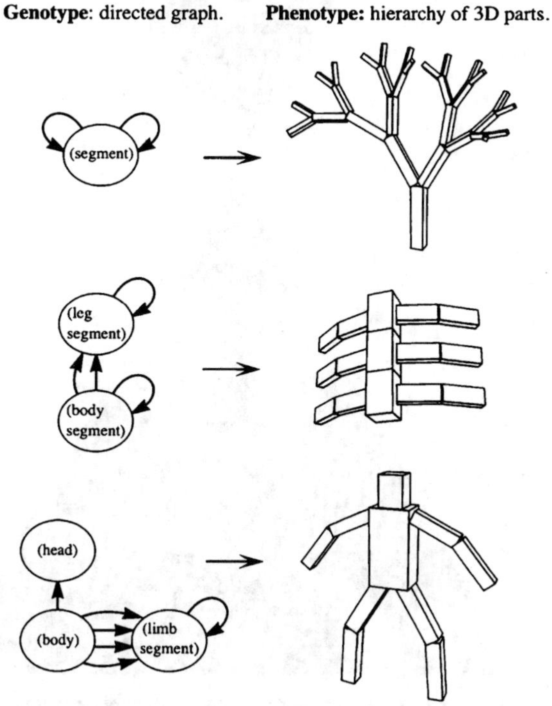

Figure 1: Designed examples of genotype graphs and corresponding creature morphologies.

图 1.15 基因导引图和相应的生成形态示例（1994）

我们人类的原生的大自然是第一自然体系，它孕育和滋养了我们人类，也为我们认识和掌握自然规律提供了认知客体。在对第一自然认识的基础之上，我们形成了第一思维体系，这来源于人对第一自然的实践活动所形成的认知。第一思维体系为我们提供了改造第一自然的指挥棒。在第一思维体系的指导下，我们创造了属于人类的人话自然即第二自然，包括我们衣食住行各个方面的建筑、服装、产品、加工的食物，等等，在对第一自然和第二自然的整体认知的基础之上，我们形成了第二思维体系。这个思维体系之中已不再是我们人类大脑的思考，而是借助电子技术实现的对人类思维意识的模拟即人工智能思维。在目前的弱人工智能阶段，人工智能还不具备人类的自我意识和独立思考能力，但在某些方面，如大数据分析、逻辑运算等相关领域，人工智能已经达到对人

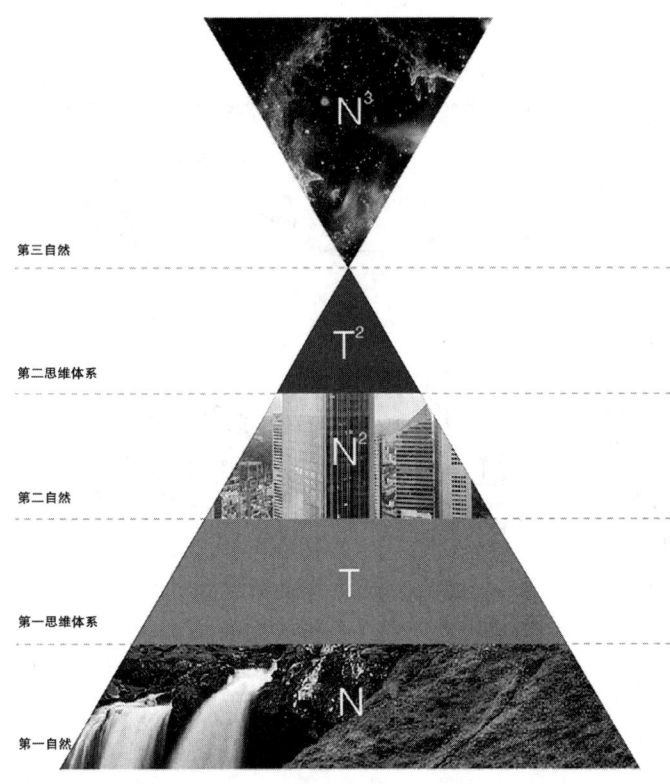

图 1.16　第一自然到第三自然的演化图

类的超越。伴随着量子技术、纳米技术和生物工程等技术的发展，我们有理由相信，在未来的强人工智能阶段，机器和人之间的界限将变得越来越模糊，人与机器之间将形成一种融合的状态，我们与人工智能之间，如同我们戴眼镜、玩手机一样，将形成一种密不可分的关系。

因此，从现阶段开始，设计的奇点已经显现：我们如何实现对第二思维（机器）体系的设计，将决定我们人类生活未来的走向。其结果看起来就是控制与反制两种状态，但我们也可以超越这两种状态，达到人与机器、自然协同融合的发展状态——"天人合一"。这个"天人合一"包含原生的第一自然、衍生的第二自然和共生的第三自然，其核心是如何协调天、人、机三者之间的关系，实现和谐的发展状态（图1.16）。当下我们正处于第二思维体系设计的初始阶段，我们的设计对象、设计方法、设计手段和样式都将发生深刻变化。在这个阶段，机器已经可以借助逻辑分析手段，实现对传统设计中机械化、重复性劳动的取代，比如二维视觉元素在同一版面内组合方式的变化。与此同时，这也对人类设计师的审美能力提出了更高的要求，它要求我们具备更加深入地观察生活、赏析经典作品、发现美的能力。

五、人工智能艺术与设计伦理

除了对设计师的审美修养和能力提出了更高的要求外，我们在进行人工智能艺术与设计时，如同对基因工程一样，绕不开道德伦理层面的考量。2016年9月15日，在英国牛津郡召开的"社会机器人和人工智能"（Social Robotics and AI）大会上，英国标准协会（British Standards Institute，简称BSI）发布了一套代号为BS 8611的机器人伦理指南，全称为《机器人和机器系统的伦理设计与应用指南》（*Guide to the Ethical Design and Application of Robots and Robotic Systems*，下文简称《伦理指南》）。作为《伦理指南》的起草人之一，西英格兰大学机器人教授艾伦·温菲尔德（Alan Winfield）表示，这或许是世界上第一个关于机器人伦理设计的公开标准。

在现实生活中，人类之间的交流除了要达到语言清晰之外，还会根据不同内容和语境采用合适的态度和语气表达丰富的情感，其中包括长幼的关爱、尊卑的阶级关系，等等。而当我们进行以机器为对象的第二思维体系设计时，机器更多承担的是服从的仆人角色。同时，计算机和人的最主要的区别就是在没有病毒的情况下，计算机会严格按照设定好的程序运行，有着极高的效率，不知疲倦、从不顶嘴、随叫随到、即开即用。

结合媒体传播方式、情感需求和用户体验，我们在进行人工智能艺术与设计时，需要从以下几方面来保证设计伦理的实现：

（一）身份设定

《伦理指南》的开篇就设定了一个机器人设计的通用原则："机器人的设计目的不应是专门或主要用来杀死或伤害人类；人类是负责任的主体，而不是机器人；要确保找出某个机器人的行为负责人的可能性。"

因此，在机器人的初始身份设定中，我们应该尽量避免赋予人工智能上司、长辈、教师等角色。这样的身份设定，至少从现阶段很难为社会伦理所接受，而且从人工智能发展的角度来看，这将是导致人工智能发展为一个超越人类控制进而反控人类设计的开端。

（二）情感设定

在《伦理指南》中提出了这样的疑问：人类与机器人之间产生情感联系是被允许的吗？答案无疑是肯定的。尤其是机器人设计之初的目的就是为了与小孩和老人互动。目前，人工智能或机器人的语言和行为基本上采用的都是通用语言模式，给人以冰冷甚至冷酷的情感体验。因此，人工智能时代的设计师应该针对不同用户群体为人工智能赋予不同情感、身份与性格。例如，针对老年目标受众群体，应赋予人工智能温暖、顺从、健谈等性格特征；针对成熟女性用户群体，应设定人工智能温柔的管家和助手角色。

谢菲尔德大学教授诺埃尔·沙基（Noel Sharkey）自2008年开始就研究机器人照顾孩子的相关问题。他在研究中发现："机器人是儿童的绝佳教育工具。这激发了孩子们学习科学和工程学知识的兴趣。""但是，让机器人照顾我们的孩子有很大的危险，他们缺乏人类照顾孩子时的敏感性或理解力。"也就是说，机器有可能在无意识的情况下造成对孩子的伤害，而且孩子在长期与机器人接触的过程中容易形成依恋心理，这有可能会对我们社会的发展造成伤害。这是因为，尽管机器人是没有感情的，但是情感充沛的人类尤其是孩子有时候并不这么认为。

对于计算机而言，借助语音和图像识别技术，达到听懂用户的问题和指令后立刻给出准确的答案或反馈并不是什么难题，准确性和即时性是人工智能所具备的基本能力之一，但现阶段我们经常会看到诸如提问Siri"你觉得怎么样？"它会回应"我不知道怎么回答这个问题"，而我们人类会根据当时提问者所处的环境、表情、眼神、状态等给出恰当的回答。再有，语音识别系统对于女性的理解要弱一些；机器识别白种人的脸比黑人的脸更容易。这些技术问题，在未来的医疗应用中，就有可能会影响到人工智能在诊断女性和少数族群时的准确性。

目前的弱人工智能阶段，我们通常可以接受这样的技术不足，也通过设定呆萌等角色性格弥补缺陷；而在未来，只有当人工智能拥有了察言观色的能力，机器才具备了情商，才能够满足我们对于机器的情感需求，帮助人类实现心理治疗与和谐沟通。当然对于一些容易让人上瘾的行为，如游戏、性等，在功能上我们也要给予限定设置。

（三）道德伦理的机器学习

当人工智能不知如何做出合适的回应，除了要提供"我不知道如何回答""非常抱歉"之类的基本设定之外，我们更需要在未来借助机器学习，让机器掌握基本的社交礼仪和道德伦理。正因为机器的学习速度惊人和被冠以"智能"的称谓，我们常常是将机器等同于人类智力甚至从更高的角度来看待它。倘若我们借助人体 3D 组织打印技术，让人工智能摆脱冰冷的钢铁形象，具备了人的基本形态，那么我们就更加会以平等的姿态对待它，甚至产生情感。

《伦理指南》里也提到了机器人的性别和种族歧视问题。这是因为，深度学习系统很多都是使用互联网上的数据进行训练的，而这些数据本身就带有偏见。这就要求我们及时修正数据库信息，或者设定机器通过自我学习能力来修正自己的数据库，避免带有歧视性的答案造成对用户的情感伤害。在对人工智能进行设计时，我们可以赋予它无关痛痒的搞笑能力，使其能够像人类一样及时幽默地回复信息，顺从人类的对话逻辑又具有情感温度，根据用户的种族、生活方式、生理特征、使用习惯等不断学习与掌握基本的道德伦理和社交礼仪，不断调整优化同用户的沟通方式，这样才有可能达成人机社会的和谐发展。

综合来看，虽然在互联网大数据的帮助下，机器可以在逻辑运算方面表现得十分强悍，但是离开了大数据和逻辑运算，机器如何在多变的认知环境下，仅凭耳朵或者尾巴来识别动物还远不如人类，更不用说在充满天赋和神秘感的艺术创造上了。到目前为止，还没有一台电脑或程序能像人类一样产生"自我"意识，更不用说进行"慎独"式的自我反省了。目前所谓的人工智能艺术与设计，主要还是应用在一些抠图、上色、排版或者要求不高的海报版面设计领域，这些设计领域对创造性要求不高，通过算法设计，机器是可以取代甚至比人类做出更好的设计的。但如果涉及一些具备创造性和含有丰富语义关系的问题，比如广告创意设计或者写出真正意义上的诗句，以人工智能目前的技术水平还是很难达到的。

第二章　人工智能艺术与设计评价体系

> **重点内容：** 如何建立人工智能艺术与设计作品的创意评价标准的主客观美学标准分析，以及如何建立人工智能艺术与设计作品的综合评价体系。

艺术作品价值的评估，尤其是当代艺术作品价值的评估较为复杂，其中涉及绘画的技法、风格、题材和艺术发展进程、社会文化因素等。而设计作品的评估则更为复杂，例如广告设计作品会涉及对目标受众群体使用特定的艺术宣传形式，这种形式可能只对该特定的消费群体产生影响力，而不一定会获得大众的普遍理解与认同。相对于纯粹的绘画作品评价，广告创意的评价系统更为复杂多变。其中很重要的一个原因就是广告创意设计作品的评价标准不仅仅包含单纯的视觉因素，更为重要的是对于与其相关的消费分析，诸如消费者的审美差异、受教育程度、生活方式等等都会影响到对于该作品价值的评判。

关于社会科学方面的评价我们经常会听到"文无第一"的观点。正是这种观点让我们在进行一些艺术与设计作品评估时显得过于主观，而且有时限于评判者个体的认知能力，导致我们经常看到各种奖项评比中出现获奖作品抄袭的情况。针对这一情况，我们可以借助人工智能技术，首先从参赛作品与既往发表作品的相似程度上进行识别，甚至可以在机器学习的基础之上，对艺术风格的相似程度进行区别，这样就能够避免与杜绝此类情况的发生。

第一节　技术与创造

尽管人工智能在现阶段依然靠运算与逻辑取胜，但人工智能在艺术方面所取得的成就，尤其是抽象绘画、意识流文学创作这些在大众看来有些云里雾里的作品，人工智能已经可以以惊人的效率创作出人机难辨的作品来。2019 年 2 月 11 日，在英国康沃尔郡法尔茅斯，机器人公司 Engineering Arts 研发的人工智能机器人 Ai-Da 能通过仿生眼和手给人画像，"她"被誉为"世界上第一个超写实的人工智能机器人艺术家"。虽然 Ai-Da 现在还没有身体，但"她"的动作非常灵活。"她"可以环顾四周，进行眼神交流，识别人的特征。如果你离"她"太近，"她"甚至会后退，还会眨眼睛，看起来具备害羞、内向的艺术家气质。有意思的是，正因为抽象绘画的点线面易于组合而又难于理解，Ai-Da 所"创作"的抽象油画看起来和人类艺术家的创作别无二致（图 2.1）。

图 2.1　机器人公司 Engineering Arts 研发的人工智能机器人 Ai-Da 与"她"创作的抽象油画

在这个充满天赋与神秘性的艺术领域，面对人工智能的挑战，我们人类该如何以理性的态度来看待，以及评价其艺术价值和审美？2018 年 10 月 25 日，在纽约佳士得拍卖行，由法国艺术团体 Obvious 通过算法创作完成的《爱德蒙·贝拉米》（*Edmond de Belamy*）油画肖像，最终以 43.25 万美元（约合 301 万元人民币）被拍出，远远超过了 7,000 到 1 万美元的预计售价，成为世界上第一件被成功拍出的人工智能艺术品。Obvious 是一个由艺术家和人工智能研究者组成的组织，它利用 15,000 张创作于 14 至 20 世纪之间的人像艺术来生成与识别网络，并以此训练生成对抗网络。

在作品生成的过程中，算法可以将新作品与已有的人工画作进行数据比较，直至机器不能区分出二者差别。我们最后看到的成品也是以一种印象派的画风来呈现的。这幅肖像画看起来似乎还未完成，隐约的暗色双排扣长礼服和白色领子，给人一种清教徒身份的感觉，脸部特征模糊，边缘右下角有着一串数字方程 $min\ G\ max\ D\ \mathbb{E}x\ [log\ D(x)]] + \mathbb{E}z\ [log\ (1 - D(G(z)))]$，暗含了创作者的虚拟身份。这组系列作品共包括 11 幅肖像，这些人物组成了一个虚构的贝拉米家族，同时也向 2014 年提出生成对抗网络模型的人工智能研究学者伊恩·古德费洛致敬（图 2.2）。

这一事件引发了全球对于艺术本质问题的争论——人工智能的这一行为究竟算不算艺术创造？如果人工智能是且不仅仅是绘画工具与技术的一种，我们该如何评价人工智能生成作品？例如，这幅作品问世后，版权问题也随之而来，这个算法的原作者认为是 Obvious 借助了自己的机器学习算法设计，通过改变输入数据样本的数量和样式生成了新的画作，这个项目的知识产权应当属于算法原作者。而 Obvious 则认为虽然他们借用了别人的算法，但整个项目的数据库都是由他们独立输入完成的，这里面显然有着他们的艺术眼光和再创作的参与。对于这个争议，我们可以用照相机的发明来做一个类比：一件摄影作品的知识产权到底应该属于这款相机的设计者还是使用相机的摄影师？在这一点上，大家

图 2.2 《爱德蒙·贝拉米》（法国 Obvious 艺术团体，2018）

应该不会有任何异议地认为属于摄影师。因此，这个作品的版权归属也就不辩自明了。之所以会产生这样的争议，主要在于目前人工智能的算法设计还不像照相机那样有着成熟的技术和规范，每个人都可以成为开发者，都可以为新的算法产生作出贡献。随着人工智能技术的成熟和普及，这样的争议也会如同大家逐步认可摄影也是一门艺术一样渐渐减少。

一、机器的技术美学

人工智能艺术的核心是计算机的"创造力"培养，其假定计算机作为艺术创作的主体——艺术家来加以构建。其基础是机器学习，这是使计算机具有智能的根本途径。早期的机器学习方法是神经网络（Neural Networks，NNs），通过模仿动物神经网络行为特征来进行分布式并行信息处理；而近期的深度学习（Deep Learning，DL）是多阶层结构神经网络结合大数据的逐层信息提取和筛选，使机器具备强大的表征学习能力，也使机器学习从技术范畴上升到"思想"范畴。此时，通过调用包含大量艺术专业知识和经验的专家系统，可以实现对机器艺术思维模式的培育，形成具有"艺术创造力"的人工智能"艺术家"。比如，美国罗格斯大学艺术与人工智能实验室（AAIL）研发的名为"创意对抗网络"（Creative Adversarial Networks，CAN）的人工智能。在运行了一段时间后，这套系统开始生成极富创造力的抽象艺术品。实验室主任艾哈迈德·艾尔加迈尔（Ahmed Elgammal）对此感到十分兴奋，因为这些作品和艺术市场上流行的那种抽象画难辨真假。于是，在两周后，他组织了一场图灵实验，他把 CAN 所生成的油画与参加 2016 瑞士巴塞尔展览的油画作品混杂摆放在一起请受试者识别，结果 CAN 的作

品以 0.53 的高分击败了人类艺术家的 0.41（图 2.3）。

机器学习图像的一个重要前提是大数据。借助云计算技术，由机器操控数据来进行结果判断和决策辅助以达成对图像模式识别。图像模式识别的本质是通过数据描述，使机器对事物或现象进行描述、辨认、分类和解释。如果我们以计算机"输入⇒运算⇒输出⇒结果"的生产方式来类比艺术的创作方法，则传统艺术的创作逻辑特征可表述为"视觉输入⇒人脑运算⇒工具输出⇒必然性结果"。而人工智

图 2.3　CAN 生成的画作（美国，2017）

能艺术借助数据的输入可以产生更多富有刺激性和感染力的创造性结果，其逻辑特征可表述为"数据输入⇒程序（人工）运算⇒电子设备输出⇒随机性结果"。因此，人工智能艺术以对数据库的调用与计算来塑造自身和世界。数据库像一个包含无限虚拟有机体的艺术基因库，机器操控它们来创造实物或"生命形态"。可以说，支撑人工智能艺术的是一种数据操控的技术美学。

二、人机都是艺术家

人工智能艺术在今天已不仅是一种从主题、形式到技术都令人惊叹的前卫艺术类型，而且它还在日益扩大艺术的外延。从艺术内部的形式与审美完善，到艺术外部的社会化、政治化触发，人工智能艺术导致艺术功能、艺术价值、艺术家身份认证、艺术评价体系等问题都需要重新界定。

毋庸置疑，人工智能技术极大地提升了艺术的想象力与创造力，丰富了艺术的形式与创作工具。由谷歌开发的 AutoDraw 即是利用 AI 算法对艺术家的草图自动加工与制作，作曲家、诗人、画家等可依靠 AI 算法来完成基本输出，然后进行扩展与完善。这极大地提高了艺术创作的效率，也意味着开辟出人机合作进行艺术创作的新路径。

然而，人工智能艺术最令人遐想的还是未来的机器人艺术家。随着计算机技术的高速发展，人类生活的各个方面包括艺术最终都将走向人机共同进化的状态。数字技术会更加自然地融入人们的日常生活且难以界定，实现我们从原生的第一自然到人造的第二自然再到数字、意识等虚拟空间与现实交融的第三自然状态，借助基因技术、有机 3D

打印技术、计算技术，将彻底改变我们对于何为艺术和艺术家的定义。

艺术的天赋、灵感与非线性逻辑思维，使得其创作过程和作品十分神秘而高深莫测。而博于斯提出的"人人都是艺术家"的主张更是将艺术的概念泛化，转眼间每个人漫不经心地成了"艺术家"。这两种对于艺术与艺术家的截然不同的定义，一方面体现了艺术的启迪作用，另一方面则彰显了艺术的生活化、娱乐化与平民化。当代人工智能技术、生物工程技术、纳米技术所推动的材料科学的发展，使得人类可以实现对世间万物进行链接和彼此传达信息，现实与虚拟的界限变得越来越模糊，第三自然状态正在逐步形成。人工智能帮助人类超越了生理、心理极限，拓展了自然空间，这既是一种对第三自然的全新感知，也是真正实现天人合一的开始。传统意义上的艺术家由身份、经验和技巧所构筑的边界在人工智能时代逐步消融，人工智能艺术将帮助我们以更为多样的方式体验世界，使我们以更为适宜的方式栖居宇宙。例如，谷歌开发的"深度梦境"图像识别工具现在可供任何人使用，其结果范围从奇怪的美丽照片到绝对恐怖的快照。该软件可从代码共享平台 Github 下载，并允许用户使用"深度梦境"的图像识别功能创建自己图像的 dreamscape 版本，让每个人都可以创造让自己感到惊奇的梦境；Prisma 则是运用人工智能技术赋予普通照片不同的艺术风格从而实现模拟大师风格作品……它们的共同特征是寻求更为大众化、平等化的艺术，使艺术于普通大众而言更具可消费性甚至免费共享。

三、工具与自由意志

近代以来，艺术的本质一直被视为基于情感与精神的自由创造，而复制的艺术、形式主义的艺术等都是精神创造缺位后的贬称。在很多传统艺术家看来，人工智能艺术基于专家系统支持而进行的数据归纳、综合被认为是缺乏演绎与创造，并且不具备表达深层次情感的能力。艺术史学家与批评家杰姆斯·艾克因斯（James Elkins）表示："这很让人恼火，因为（算法）不是根据社会环境、含义和表达目的来创作，而是根据艺术风格创作……这样做的后果就是会让人以为艺术家仅凭独特的风格就可以创作出经典的作品。"但现阶段《爱德蒙·贝拉米》的尝试，已经让我们不得不思考未来在强人工智能阶段，机器一旦拥有自我意识、情感认知和自由表达的能力，是否就可以根据大量的相关资料，形成对于文化、种族、社会背景等的综合认知，进而具备艺术家的创造力？

人工智能艺术与设计未来的发展进程，必然是在人性和效率之间的权衡。人工智能最初的设计目的是为了对人类意识进行提升和延展，即通过对人类意识及其思维信息过程的模拟，让计算机拥有学习、推理、思考和规划的能力，从而使机器能替代人完成一些此前由人完成的复杂工作。然而，随着大数据和人工智能的迅猛发展，机器已经在某些方面表现出优于人类的表现。算法和大数据的应用已经在影响我们的消费习惯和信息传播，算法输出结果所依赖的大数据分析，表现出比我们自己更了解自己的决策力。因此，建立在数据和算法基础上的人工智能艺术与设计，如果缺乏情感与人性的把握，其发展将可能异化为一种对于理性和数据的迷信。而掌握和拥有这些数据的公司，将借助人工智能的数据分析和算法设计让艺术的情感部分彻底消失，艺术与设计将和人类的情感体验彻底割裂。

人类艺术行为的主体和对象都是人，对于人类来说，艺术因其反思的品质而显得弥足珍贵。可以说，艺术的社会属性决定了艺术是"情感的形式"，艺术家总是在赋予我们所见到的事物充满情感的表达，而这也正是人之所以为人的意义。2018年，人工智能艺术工作室OUCHHH在法国巴黎艺术中心推出了一场名为"诗意的AI"（Poetic AI）的展览。展览对2000多万行科学家所写的涉及改变人类历史的关于光、物理、时空的文献进行机器学习，随后经由人工智能算法转码后的文字和图像被投影在3300平方米的空间中，人们可在这一无限变幻的光线运动中忘我体验（图2.4）。

图2.4 "诗意的AI"（Poetic AI）的展览（法国，2018）

这是一种刺激但危险的艺术，对意义和反思的放弃有可能让艺术失去存在的根基。超级智能系统可以每秒提供无数个想法和经验，但它们不一定具有与人类一致的艺术诉求与偏好。未来，当人工智能形成自我意识之后，有可能我们一切关于道德伦常、科学艺术、社会规范等等的社会关系基本概念都将发生深刻变化，我们将不得不重新构建认识"人类"文明的体系，这其中对于何为艺术与设计也必将进行重新界定。

因此，对于目前的弱人工智能艺术，我们还不必过分担心。但面对未来强人工智能时代对艺术与设计的不断挑战，我们是从感性的角度维护人类尊严，还是从理性的角度给予接纳？我们有理由也应当对此抱有信心。

第二节　艺术与设计的创意评价的客观性

视觉艺术是一个对于形色关系的整体认知过程，如果从一幅绘画作品中抽提出一个视觉元素来，那么这个视觉元素就会变得毫无意义。例如，你把一个不带有任何视觉语境的图形展示给别人看，这个图形很有可能会错失其部分甚至全部的意义。所以，信息的表达意义大部分来源于信息形成的语境。从某种程度上说，两个具有思考能力的人如果享有共同的语境，他们会使用这些信号沟通交流复杂的思想，如同一幅广告作品务必要明确和细化它的目标受众的理解能力和传播语境。

与科学技术相比较，文化艺术存在明显的差异和多元性，而作为文艺重要组成部分的绘画，也因为流派、技法、风格的差异很难对不同的作品给予统一的标准和评价，那么，如果我们将这个问题细化，例如，单就油画、水彩、版画等某一视觉表现门类，是不是就可以给予较为客观统一的评价标准了呢？在这一点上，我们尝试了从绘画涉及元素较为简明的素描入手。为什么说素描是相对容易入手进行客观评价的呢？一方面，素描作品使用的是单色；另一方面，我们从人像写实素描分析入手，这样就有了一个客观的参照物，即"像与不像"这样一个看似通俗，却很考验画者表现技巧的视觉艺术种类。

一、审美标准的客观性

艺术与设计的审美是变动不居的，一幅广告创意作品的设计和目标受众的年龄、文化背景、受教育程度、生活方式等等是息息相关的，艺术与设计的针对性非常强。那么，我们如何建立审美的客观可量化的标准呢？

要量化美，首先我们需要结合美的定义来了解美的客观性。《说文解字》释"美"曰："从羊从大。"即羊大为美。从"美"的原始义看，"美"和"大"从一开始便紧密联系在一起，美的原来含义是冠戴羊形或羊头装饰的大人。从文字学角度看，其实"大"的本义就是人。《说文解字》曰："大，天大地大人亦大，故'大'象人形。"在金文中，正面伸臂而立的人形为"大"，这反映了先民在造字之初"近取诸身"的意识，他们一开始就萌发出以人自身为中心和以人为大的观念。这说明人类从文明曙光初照大地时，便把人自身与"大"联系起来，以硕大为美的审美倾向正显示了远古人类对自我价值的肯定。

不同时代的审美标准反映出不同的社会文化意识，具有鲜明的时代性。例如，人体美标准是人类人性苏醒后的自我审美观照，是人类历史长河中深厚的心理积淀，是人类社会历史实践的产物。

人体美是指人体作为审美对象所具有的美，在不同历史时期具有不同的标准，并且因性别而异。在先秦时期，男女均以硕大为美，就男子而言，还包括威武之美。人体审美意识是社会文化的折射，人体审美标准的确立和发展都离不开一定的社会文化氛围，不同时代人们不同的文化心态也促使人体审美意识发生变化。

古代欧洲人的审美标准是：首先，面容各部分的比例必须匀称。他们将人的整个面部分作三个部分：从头顶到眼睛，从眼睛到上嘴唇以及从上嘴唇到下巴，一张美丽的面容长和宽的最佳比例为3∶2。其次，面部轮廓具有鲜明的特征，如笔直的或稍微下陷的鼻梁、低矮的前额和额骨上如弓状物一般修长的眉毛。他们喜欢的嘴唇，近似当今人们所推崇的那种模式：颜色是纯天然的红色，下唇比上唇稍为丰满。而且，古代欧洲人以宽大的髋部、丰满的臀部为美，这种起源于原始生殖崇拜的审美观，虽然会根据特定时代、社会背景而略有差异，但总体上是一致的。

人们在审美评价中总会自觉不自觉地运用或遵循某种尺度去衡量和评估审美对象，这种用来衡量对象审美价值的尺度，就是审美评价的标准。审美标准存在着相对性和差异性，不同的时代有不同的审美标准。此外，审美标准还存在着民族的、阶级的差异，至于审美标准的个体差异性更是普遍存在。审美对象的具体形象是变化多端、无比丰富的，同一阶级的各个成员的生活经验也是既有共性又有个性的。个体的生活经验和审美经验不同，形成了不同个体独特的审美趣味。表面看来，这种趣味本身似乎没有什么客观标准可言，为此，西方流传着"趣味无争辩"的说法。一些唯心主义哲学家更加夸大和歪曲这一点，出现了许多否定审美评价的客观标准的错误观点。马克思主义美学正确地揭示和解决了审美的主观性与标准的客观性这一对矛盾，指出审美趣味的个性无论怎样千差万别，终究是可以争辩的，评价趣味的高低、优劣，终究有着客观的标准。

美的事物的审美价值是客观存在的，主体和对象的审美关系也是客观形成的，因而在个人千差万别的主观感受中，总会这样或那样地反映出对象的客观审美属性，反映出个体与对象之间存在的客观关系。也就是说，总会积淀着不以人的主观意志为转移的客观社会内容，普遍的、必然的社会历史之客观标准。

审美标准的共同性和差异性是辩证统一的。从相对论出发，世上本就没有绝对不变的审美标准，也没有完全相同的审美标准，不过，变中有不变，差异中有普遍。审美评价的客观标准也不是绝对一成不变的，它随着社会实践的历史发展而具有时代的、民族的、阶级的特点。或者说，审美评价的客观标准，要为不同时代、不同民族、不同阶级的社会实践的具体历史内容所规定和制约。

二、艺术感性与机器理性

感性与理性是思想史、科学史和美学史中一对相互依赖的概念。感性的事物是具体的、个别的、多样的，可以直觉；理性的事物是抽象的、普遍的、单一的，可以思考却不可以直觉。人的情感和直觉能力通常无需过多的训练就可以具备，例如，每个孩子都天然地会哭、笑、绘画、舞蹈、探索，等等，对此的后天教育是用来塑造这些能力，教会孩子控制自己的情感，引导开发其创造潜力，从而使其以更精确和更为周到的考虑方式来创造。

艺术创造之所以有感性和理性之分，是因为艺术指向了人类内心精神生活的需要。古希腊思想家亚里士多德提出"人是理性的动物"这一著名的哲学命题，从而奠定了西方社会多年理性主义的主流。这一命题的提出，深刻地影响了人们对生活准则与目的的理解，理性、伦理、井井有条的生活被当作幸福的尺度。这种认知的积极的一面是推动了西方科技的兴盛和法律的完备；消极的一面则是因为对理性的推崇，使得情感生活被道德伦理所取代，这一点弊端在中世纪时尤为显著。所以自文艺复兴时期人性的复苏肇始，直至后现代主义赞美感性扬弃理性达到高潮，就人性来说，感性与理性犹如一枚硬币的两面，那些感无理抑或有理无感的人，都是片面和不健全的人，唯有感性和理性的均衡发展，人性才是完整的，人的发展才是全面的。

感性和理性是人类存在的基本要素，感性思维和理性思维都是人类思维不可或缺的有机组成部分，二者在艺术与设计的过程中发挥着不可替代的作用，正是二者的共同作用才保证了艺术的创造性。阿恩海姆在《视觉思维》的前言里指出："在那些致力于培养感性能力的人中——尤其是艺术家中——有不少人对理性能力采取不信任的态度，认为它是艺术的敌人，在最好的情况下，也把它说成是一种同艺术格格不入的东西。反过来，那些从事理论性思维的人，又喜欢把理论思维说成是一种超越感知的活动。总之，双方面都对理性与感性的重新结合持怀疑态度。我不主张把艺术禁锢在神圣的象牙塔里，与世隔绝，单独有一套目的、规则和方法。同时我又相信，假如艺术在性质上不像其他任何感性事物那样，它就决然无法存在。同时我也预料到许多试验者可能会对下面的想法感到不安，这就是：创造思维超越了审美与科学的界限。"[①]

艺术创作是一种审美创造活动，它需要艺术家以一定的世界观为指导，运用一定的创作方法，通过对现实生活素材的观察、体验、研究、分析、选择、加工、提炼，塑造出具体的艺术形象。所以在艺术创作过程中，理性和感性是必不可少的两种因素，艺术家一般需要经过感性的知觉体验触发创作的感受，再经过理性的取舍来确定创作的形式和内容。艺术创作应该是感性和理性的内在统一。黑格尔提出"美是理念的感性显现"，

---

① 阿恩海姆.视觉思维［M］.滕守尧，译.成都：四川人民出版社，1998：2.

他认为在艺术创作中人与对象之间既不是感性的欲望关系，又不是科学的理智关系，而是感性与理性的统一。黑格尔认为，艺术创作活动必须包含心灵的因素，但同时又具有感性和直接性。总之，"在艺术创造里，心灵的方面和理性的方面必须统一起来"，即使是在具体的艺术创作过程中，我们也能看到这种统一性的存在，而灵魂与心灵对于机器而言则完全无从谈起。

艺术家的创作过程大体可以分为生活体验、艺术提炼、艺术构思和传达几个阶段。艺术不是无源之水，无本之木，艺术家只有具备丰富的生活体验、细心的观察和感受，才能为其艺术升华与创作提供基础和保障；在艺术提炼和构思阶段，艺术家需要根据自己的切身体验和思考，把创作素材升华为艺术表达。而对于人工智能而言，数据库就是它的"生活经验"，算法就是它的构思，生成就是创作过程。但这三个阶段都是有人的设定在先，而并非机器"自己"的体验与感受。

纪伯伦的诗句如此写道："你们的理性与热情，是你们航行中的灵魂的舵与帆。假如你们的舵或帆被损坏，你们就只能在海上颠沛流离，或滞留海上。理性独自弄权，是一种压制的力量；热情自由放纵，是燃烧一切直至焚毁自我的火焰。因此，让你们的灵魂将理性升华到热情的极致，它将歌唱；让你们的灵魂以理性引导热情的方向，这样你们的热情才会历经每日的复活，宛若凤凰从自己的灰烬中再生。"①

黑格尔在他的《美学》中指出："审美带有令人解放的性质，它让对象保持它的自由和无限，不把它作为有利于有限需要和意图的工具而引起占有欲和加以利用。所以美的对象既不显得受我们人的压抑和逼迫，又不显得受其他外在事物的侵袭和征服。"②

纪伯伦和黑格尔的观点反映了艺术审美活动是一个理性与感性相辅相成的过程。审美活动是人性的释放，内法心源的对象化。人类的审美活动通过摆脱现实生活的束缚，不同程度地具有表现自己生命、实现自我的性质。但这个过程也离不开理性的驾驭和指引，而机器学习的出现恰似凭借机器理性结合感性素材的再创作过程。

审美表现为人类的一种内心生活的追求，是一种出于内心生活需要的活动，是我们人类日常生活的正常需求。而艺术家所谓的外师造化、中得心源，就是要把内在的审美心理需求和外在的自然观察有机地结合起来，一方面把外在美好的自然物内化，另一方面也把外在自然根据人类审美进行再造，是一个自然人化和人化自然的过程。而人通过这个自然审美和再造的过程，实现自我在社会价值和身份上的认同。这种人类心灵生活的重要部分，如何以算法的方式进行解释并让机器运算生成，听起来是完全不符合人作为审美主体的思考角度的，也就是说，只要机器不具备主体意识，那么它就永远难以实现类人的审美经验和完全再现人类的艺术创造过程。但这依然不妨碍机器帮助我们更

---

① 纪伯伦.纪伯伦散文诗全集［M］.伊宏，等译.北京：商务印书馆，2016：24.
② 黑格尔.美学（第1卷）［M］.朱光潜，译.重庆：重庆出版社，2018：147.

好地积累审美经验和丰富艺术表现形式,也就是说,机器生成虽然是一个十分理性的过程,但人类审美的情感投射依然是主观和个性化的。

我们可以总结绘画作品的视觉元素,比如图形、色彩、构图等,从中找到规律加以深度学习,甚至进一步据此自动生成绘画作品。而对于艺术与设计作品来说,首先需要界定目标消费群体,再根据他们的审美标准、消费习惯、受教育程度、地域文化差异等等,在充分的消费者分析基础之上,进行作品的发想、设计。例如,广告作品的审美是根据细分的消费者群体来确定的,有时我们看不懂一则广告,并不能简单地说这个作品不够好,有可能自身并不是这则广告的目标受众,就像如果广东人跟日本人讲粤语,这个日本人即便有很好的中文普通话基础,也不能够明白讲话的内容;又如给一个不懂音乐的人展示贝多芬的《C小调第五交响曲》,他也不能欣赏其中旋律的美妙。

三、对简单元素绘画的客观评判

视觉作品涵盖的视觉元素较多,其中涉及技法、风格、题材和艺术发展进程、社会文化因素等。而设计作品的评估则更为复杂,例如,广告设计作品会涉及对特定受众群体使用特定的艺术宣传形式,这种形式可能只对特定的消费群体产生影响力,而不一定会获得大众的普遍认同。在我们进行一些艺术与设计作品评估时通常会显得过于主观,而且有时限于评判者个体的认知能力,导致我们经常看到各种奖项评比中出现了获奖作品抄袭的情况。针对这一情况,我们可以借助人工智能技术,首先从参赛作品与既往发表作品的相似程度上进行识别,甚至可以在机器学习的基础之上,对艺术风格的相似程度进行区别,这样就能够避免此类情况的发生。目前的机器学习技术主要还依赖于大数据,如果我们单从视觉艺术作品的构成元素来分析而不考虑数据的话,单色无疑大大降低了机器对于视觉作品的评价与判断难度。例如,我们不仅可以借助机器评估素描肖像写生作品的相似程度和表现水准,还可以利用机器学习的方法对素描肖像写生作品进行深度学习,从而利用人工智能技术进行素描肖像艺术创作,同时结合人性与审美价值判断,为艺术与设计创作发展提供新的可能性。

在人工智能艺术与设计作品生成方面,当下较为成熟的是阿里巴巴的"鹿班"系统,其设计思路主要是收集数据建立设计模型,把基于规则的内容逐渐转换成基于数据和统计的内容,也就是设计框架,把这些原本存在于设计师大脑的手法和知识转换成数据进行深度学习和分析,其中,以何种方式和算法进行转换才是关键。机器将人的设计转化为数据,在此基础上不断地运算学习、分析、成长。在某些层面上,机器学习的效率高、速度快。面对一些比较枯燥的重复性工作,如时效性低的版面日常更新和适配图片尺寸,人工智能生成技术可以在很大程度上减少设计重复工作的时间,使人们可以将更多精力投入到创意和策略设计方面。

这里我们以高考素描肖像写生试卷的机器评价为例，对图形的评价进行分析。之所以选择高考素描肖像写生作品，是因为目前素描肖像的评价还处于完全依赖人工的阶段，这样一种判断方式很难避免由于判断主体个人的审美标准和观点差异而对某件作品的判断失之偏颇的可能性。

高考素描肖像主要是考核学生写实表现的能力，例如头颅各个角度的透视变化（图2.5），面部骨骼肌肉结构和基本比例关系（如三庭五眼）的准确程度（图2.6），黑白灰层次（如三大面、五大调子）的丰富与否是该类考试的核心评判标准。我们的研究不仅结合了基本的面部识别技术，更为重要的是引入了一个深度神经网络，它能对素描肖像写生作品进行分级并创造出高质量的素描肖像作品。该系统使用神经网络表示分离和重组任意图像的内容和样式，为素描肖像的评估和生成提供了一种神经网络算法。

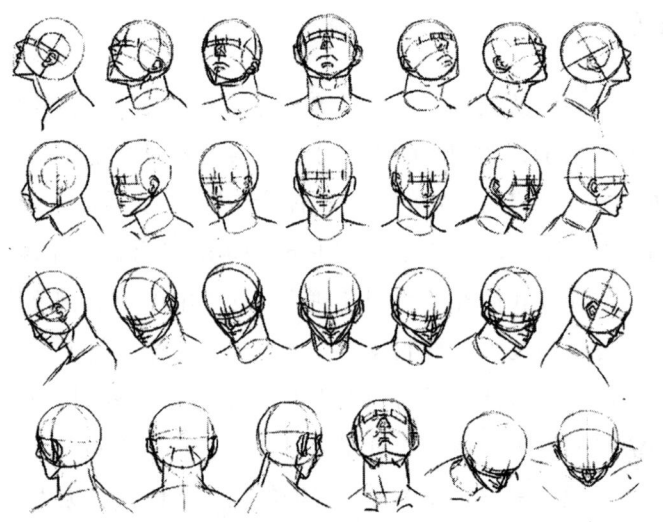

图 2.5　用于机器学习的各角度素描肖像透视变化图

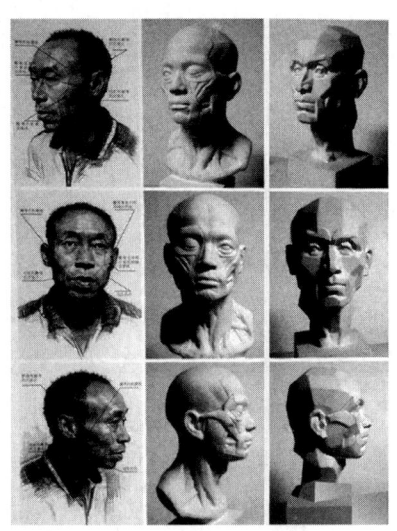

图 2.6　人面部骨骼肌肉与素描肖像的匹配关系

此项研究除了借助大量素描肖像样本进行机器学习之外，还被用于机器学习的客观美学标准体系，探索以计算美学为基础感知和创造艺术形象的可能性。我们将从人性与美学角度，对人工智能在素描肖像写生创作中发挥的作用与存在意义进行研究。

（一）基本思路

首先，利用爬虫技术从网络搜集大量素描肖像样本（图2.7），挑选优秀素描肖像作品进行机器学习，掌握现有优秀绘画大师的艺术风格与技法，并以此为评估艺术作品水准的参考。

图 2.7 利用爬虫技术从网络采集的素描肖像评级样本

其次，结合艺术作品原型，人工采集样本，并对照片进行素描肖像风格迁移处理，以此为标准借助面部识别技术，按照绘画相似程度进行评级，这样就可以先将一些明显与模特形象不符的作品淘汰掉（图 2.8）。在此基础上，选取优秀作品参照之前机器学习的优秀作品进行第二次评级。

图 2.8 根据与模特的相似程度第一次分级淘汰的素描肖像作品

最后将机器学习第二次评级选出的优秀作品与大师的绘画技法相结合，利用风格迁移和 GAN 神经网络生成作品（图 2.9、图 2.10）。

   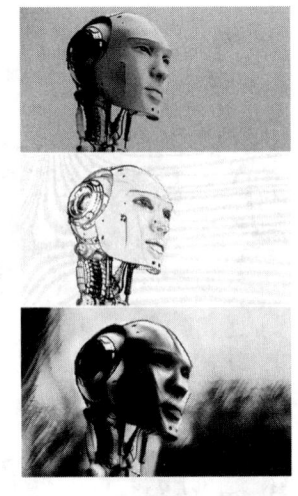

图 2.9　用于机器学习素描肖像风格的大师作品　　　图 2.10　利用风格迁移技术生成的素描肖像作品

（二）关键技术与方法

1. 人脸识别

该技术指的是用机器学习的方法，让机器可以自动搜索每一张素描作品中的人脸，自动采集相关信息。研究中使用该技术对素描作品进行评估，评估结果用参数化设计的方式进行封装，用阈值控制法控制参数，大于阈值参数的作品视为相似度高，小于阈值参数的作品视为相似度低。遍历整个素描作品集，保留相似度高的作品，去掉相似度低的作品。

2. 风格迁移

该技术是利用机器学习的方法，将一张静态照片中的风格元素提取出来，以模式（Pattern）的方式保存，然后使用该模式生成一个参考系，通过将目标图像与模式进行对比，即可获得差异度评估值。使用参数化阈值控制法，大于阈值参数的作品视为相似度高，小于阈值参数的作品视为相似度低。遍历整个目标图集，保留相似度高的作品，去掉相似度低的作品。

3. 对抗生成网络（GAN）

该技术将大师作品分为测试组与对抗组，将测试组作为生成网络的潜在空间，将对抗组和真实考生的素描作品作为判别网络，然后利用生成网络不断地去对判别网络进行欺骗，直到判别网络无法有效分辨大师作品与学生作品时，将对抗结果输出为图像。

（三）图形评价体系的建立

1. 客观美学标准的建立

目前的机器学习主要是以大数据样本学习作为基础的，要想在没有海量样本支撑的情况下完成对美的认知，就需要我们建立一套可计算的美学标准体系，以供机器学习使用。

2. 再现与表现的判断标准差异

人类的视觉认知和认知的物理客体之间具有一定的差异。有时出于艺术表现的需要，一些素描肖像的构图、比例并非与照片一致。比如素描肖像中，手脚或头部会适当地夸大。针对这种并不符合真实人体比例透视的情况，机器会如何处理？

3. 如何降低评判误差

怎样设置该程序的容错率十分关键，这关系到真正好的作品不会被淘汰以及劣质作品不能够鱼目混珠。例如，对造型准确的优秀作品如何进行打分？由机器打分转为专家打分的临界值在哪里？应该怎么去设置？而在被淘汰的作品中，有可能存在因为个人风格问题而被机器评为低分的情况，此时应如何调整机器判定标准？

在国内外的美学著作中普遍有一种观点，认为整个审美其中包括美只能是主客观相互作用的结果。审美在本质上是一个评价的过程。人们认识客观世界的审美体验，是人类长期发展所形成的心理感受与客观世界的契合。我们尝试从形状、结构、层次等方面与心理学相结合，总结出一套可以被计算的美学标准体系供机器学习使用。从文艺复兴时期到当代，有许多出色的艺术家留下了很多具有极高美学价值和影响深远的素描肖像作品，基于此，我们不仅仅可以对素描肖像写生作品进行评级，更可以通过人工智能艺术与设计让这些大师的艺术与设计风格得以重现。我们不仅在神经网络、机器学习这些技术层面解决了模拟人类审美认知问题，更为重要的是，对人工智能如何在人类生活中更具人性，也就是其在类人情感方面所发挥的作用和存在价值进行了美学与社会学层面的分析。

例如，Brandmark标志评级与生成系统不仅可以提供智能标志设计，还可以对生成的作品和上传的作品打分。这个评价系统包括对标志设计的独特性、易读性、颜色对比度等几个方面进行打分，显然这和人类评委所看重的美观性还有一定差距，但已经提供了一种相对客观、统一的尺度完成对设计作品的评判（图2.11）。有意思的是，这个打分系统的最后总评一项谦虚或者说理性地指出：这几个

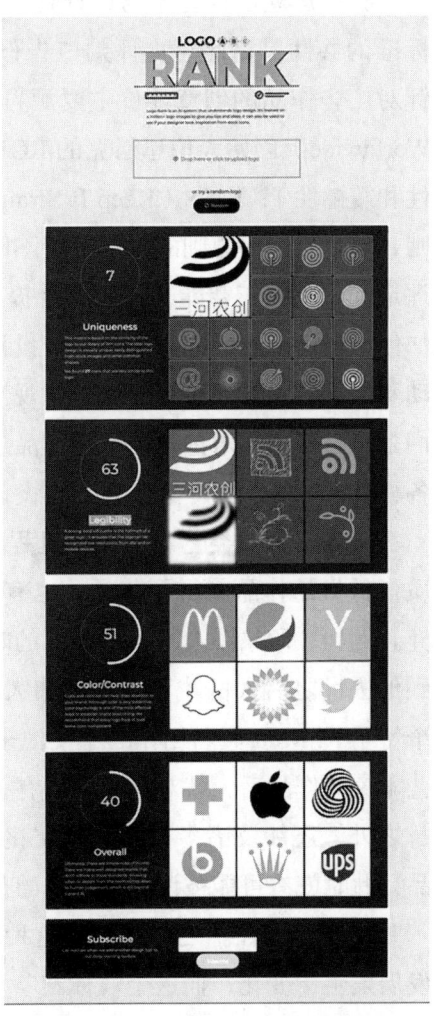

图2.11 Brandmark.io 的标志评价系统

简单标准并不适用于所有人类设计，一些优秀的标志设计都是打破既定标准而给人留下深刻印象的作品，这是目前的人工智能设计所达不到的水准。

第三节 审美评价标准的时代性与人工智能的关系

从审美主体的民族、地域、教育背景、生活时代等因素来看，艺术与设计作品的美有着欣赏标准的不确定性，甚至是不可测评的，这也是目前人工智能艺术与设计的一个难点。以广告设计为例，被誉为美国百货商店之父的约翰·沃纳梅克（John Wanamaker）有一句广为人知的名言："我知道广告费里面有一半的钱被浪费了，但我不知道它去了哪里。"由此可见广告艺术与设计作品效果评估的复杂性。

我们建立广告艺术与设计评价系统的第一步，就是借助深度学习来掌握这些评价标准的共性，据此建立评判广告作品创意水平的标准。就广告艺术与设计领域来看，针对广告作品的创意评价主要源自一些广告资深从业者。例如，美国恒美广告（DDB Worldwide）创始人伯恩巴克的 ROI 原则：Relevance、Original、Impact（关联性、原创性和震撼性）；KISS（Keep It Straight and Simple）；日本电通吉田秀雄的"鬼十则"原则，等等。这些原则的制定有着不同的角度和出发点，很难一言蔽之。这就对我们如何评定和设计人工智能艺术与设计提出了挑战，其中的难题主要体现在两方面：一方面，如何平衡这些不同的对于艺术与设计的评判标准，这种标准往往会根据时代的发展而变动不居；另一方面，具有强烈主观性的审美标准，很难以数学方式加以量化。那么，我们是不是就很难对艺术与设计作品进行机器审美的评判了呢？也不尽然，毕竟每天都有各种各样的组织和专家对艺术与设计作品进行着审美评判和评奖。

纵观整个人类艺术发展的过程，艺术品的界定标准一直不甚明晰。有些滥竽充数、质量低劣的作品获得了荣誉，也有许多优秀的作品因为时代的局限而被人忽略甚至唾弃。例如，印象派大师梵高在世的时候，其作品被人认为技法粗糙，缺乏艺术品位，直到他去世之后人们才看到他的伟大；又如马塞尔·杜尚 1917 年创作的《泉》，他以一个签了 R. Mutt 假名创作的小便池来参加艺术展被拒之门外，而当人们知道这是一位大艺术家的作品后，就对这个作品有了新的认知。由此可见，艺术的评价除了视觉元素本身之外，还涉及诸多社会历史文化的参与。一些彼时被认为粗鄙、全无艺术价值的作品，此时就有可能被评价为伟大的艺术作品。这也正是马塞尔·杜尚抛给我们"何为艺术"的问题所在。之所以存在这种现象，主要原因就是艺术品评价的标准随着时代的发展发生了变化，而这个"标准"，无论从时间角度还是从空间角度，都存在着嬗变与异化。

一、原始稚拙之美

　　石器时代可以看作人类发展的童年时期，从旧石器时代开始到新石器时代结束产生的艺术品稚拙、粗犷、随性，有些作品中明显包含生殖崇拜和狩猎祈祷的内容。我们从这些作品中能够感受到人们在蒙昧时代对未知事物的狂热，如生命的诞生以及不可预估的狩猎收获。这些作品传达了语言未产生以前，原始人类对美好视觉记忆的期待。尽管原始社会并没有艺术的概念，更无从谈起艺术的标准，但我们能够从作品中体会到，艺术本身所传达的内容就是那些语言难以表述的内心感受。而这种目的单纯、稚拙而严肃的作品反映出原始时代艺术家自我意识中"真"的一面。这种"真"实际上代表了迄今为止大多数艺术创作中艺术家所具有的情绪和状态，并且这种情绪会从艺术家的作品中呈现出来。这种艺术品所带有的普遍特性就成为多数人的审美标准之一。

　　这个时代的艺术有着孩提般的稚拙之美，其视觉艺术大多表现为巫术符号，从形式上看更接近我们今天的标志图形设计，简洁明了，令人印象深刻，易于传播。这一类的视觉艺术形式对于当下人工智能技术来说，已非难事。

二、古典之美

　　我们这里所指的古代，即从石器时代结束的奴隶社会开始，在中国便是青铜时代的发祥直到清朝灭亡的奴隶社会与封建社会，这个时间约长达4000年。而在西方则是古希腊从古埃及学习了建筑与雕刻，并最早形成了可考的艺术理论概念；后来古希腊的文化与艺术传播到古罗马，两者共同成为欧洲文明的发源地。作为现今以西方文明为主导的世界文化，古埃及美术的作用不可小觑。这个阶段的艺术所服务的核心是神，利用神来维护政治统治的手段开始形成。艺术重点体现在壁画、建筑、雕塑和一些祭祀用的器物上，装饰性强，形式感浓厚。评价这个阶段的艺术品标准，技艺水平的高低成为标准之一，另外一点则是所使用的形式美学是否给人带来单纯的审美愉悦。

　　在欧洲的中世纪，天主教宗教体系形成并且对整个欧洲的思想、道德与社会伦理形成了超强的控制体系。教会掌管着国家机器和经济命脉，艺术则成为宗教的重要宣传工具。这个时期有许多艺术家甚至出身于教会，为教堂绘制宗教题材壁画，为经卷刻制插图。这些作品虽富有情节性，但人物都是面无表情的刻板，女性形象都是可以忽略性征的描绘方式，在教廷体系的强权控制下，艺术只能以一种毫无活力的僵化形式存在。到了中世纪后期，贵族城邦的兴起使得经济逐渐走向振兴，这一时期出现了以乔托（Giotto，约1266—1337）为代表的一批杰出艺术家，这些艺术家受到教会和王公贵族的赞助，创作了大量经典的传世之作。中世纪的长期影响，虽然导致大多数艺术作品仍然以宗教题材为主，却也都有着强烈的人文气息，展现了高超的绘画技艺。这一时期的技巧性作为评价艺术品的标准之一得以延续，戏剧化的情节成为人们所欣赏和认可的新标准。而艺术家的个人情感色彩赋予作品的生命力，使人们认识到，作为艺术品，形式主义是次要的，必须要拥有个人的特色。此时期的大量作品中发现有创作者名字，这一点要比中国魏晋时期开始的绘者在画作上署名晚了约1200年。

古代时期的视觉艺术创作完成了从粗粝的稚拙之美到栩栩如生的写实传统的转变与传承，这种追求再现的写实风格，直至摄影术诞生之后才开始逐渐走向衰落，而这些艺术作品因为其对于写实的重视，有着明确的艺术风格和客观标准。如前文提到的"下一个伦勃朗"计划，就利用人工智能技术分析了油画人像大师伦伯朗的绘画技法、风格、题材等特点，并结合3D打印技术用真实的油画颜料打印出了这幅作品。因此，我们看到以目前的人工智能技术，我们完全可以再现过往艺术大师的一幅幅杰作，但这种创作也只是局限于风格、技法明显的艺术大师们。尤其是对于写实绘画的评价和实现，人工智能可以根据"像不像"这样的明确标准来进行机器学习，再经过后期人工审美的参与和调整，完全可以再现大师们的经典作品风格。虽然这种仅仅从风格学习出发的作品对于艺术史学家和美学评论家来说，缺少了艺术家所赋予的神韵，但对于普通大众而言还是很难分辨的。

三、印象主义后的抽象之美

不同于东方强调气韵生动的艺术准则，西方在文艺复兴后的艺术形式越来越丰富，艺术作品的风格也越来越显著。不同的审美情趣等原因促进了各种画派的诞生，总体来说，这些强调写实风格的艺术流派可以统一概括为古典艺术。这些流派是对文艺复兴艺术的传承与发展，在艺术理论和表现形式上并没有革命性的创新。真正推动古典艺术走向现代的是自英国开始的工业革命，它彻底改变了人们的生活方式。交通的便利加速了贸易的兴盛，大量财富的累积使更多从事艺术工作的人可以自由创作。牛顿对可见光谱的发现，也对艺术家使用颜料的方式产生了极大影响。印象派便在这种历史契机中产生了，他们在创作方式上受到了库尔贝的影响，推崇室外写生；毕沙罗、塞尚、莫奈的画面色彩追求真实光影变化，打破了古典艺术中沉闷的艺术风格。但印象派并没有统一的艺术风格和宣言，只是一群厌倦了古典主义的艺术家沙龙团体。而且早期印象派受到了来自官方和主流艺术评论界的抵触，官方主流艺术的审美标准与新艺术审美标准产生了对立冲突。这说明此时期对于艺术品的评价标准早已有了官方认可体系，同时第一次出现了不同艺术标准并存的局面。从印象派开始，艺术家更显自由，所创作的艺术品不论从内容上还是风格上完全独立化了。艺术中的表现逐渐取得了对再现的优势地位。

印象主义影响了一大批著名的艺术家，如坚定的印象派大师毕沙罗、立体派的毕加索、野兽派的马蒂斯、维也纳分离派的克里姆特、抽象派的蒙德里安和康定斯基，等等，他们把艺术所呈现的可能性尽可能地发挥到极致。这些形式又启发了后来的达达主义、超现实主义、波普艺术等现代艺术。每一种艺术都有独立的理论基础，每一位画家都有独立的表现形式，这是现代艺术注重表现个体意识、艺术家自我感觉的体现，艺术品的价值也由公共价值转向自我价值。整体上，印象派之后艺术品的评价标准是多样存在的，既有包容又有冲突。

自印象派开始的绘画艺术呈现出以表现内在精神为主导的倾向，人们也不再以"像不像"来评判画作，而更在乎作品是否能够呈现出与众不同的视觉风格和精神世界，乃至到了20世纪初期当代艺术的兴盛，艺术彻底走向了去物质化的路线。博伊斯的《是是是是是，不不不不不》作品中发出的呢喃声、马塞尔·杜尚的小便池，都彻底让视觉艺术抛弃了架上绘画、雕塑以及与之相关的表现技法；20世纪80年代中国画家吴冠中喊出的"笔墨等于零"的口号，正是对西方当代绘画的回应。今天的当代艺术可以说已经踏上了"笔墨等于零加一"的征途，对于今天乃至未来的设计而言，谁掌握了与机器沟通的语言，谁就具备了驾驭机器的能力，也就可以适应来自第二思维体系生成的第三自然的挑战。第三自然是一种打破第一与第二自然、虚拟和现实、意识和物质的状态，在这种状态下，人和机器都将获得更多的自由，如何平衡人机共同进化的关系，将是第二思维体系设计的关键所在。

对于艺术审美的评价，不同的社会历史时期、地域、民族，都会对其评价标准产生巨大的影响。尤其在中国画1000多年的历史长河中，从未有过风格迥然的个人化艺术产物。即使有徐渭这样的"疯子"画家，他的作品也依然没有跳出他的个人经历和历史局限，表现出的也只是群体意识形态下的个性意识。从某种意义上可以说是封建王权思想与各种中国古代哲学思想限制了中国艺术家的个性意识，使个性始终在一种框架下继承和发展。气韵、技法一直是评价艺术品的较为统一的标准。而在西方，"审美"标准快速演变，有时还出现了多种标准或延续或共存的局面。甚至在某些标准下，个性意识完全可以超越群体意识，艺术的可能性因此扩展了。相对于中国封建社会末期的西方艺术，技巧已开始脱离评价艺术品的标准，因为个性意识表达下的技巧是不具可比性的，自我意识的传达使画面脱离了唯美主义标准。因此，西方近代美术对艺术品评价的标准是多样的，而且是充满流动性的。形式的多样性，决定了技巧性和画面单纯的视觉美感需要放在次要位置，个人自我意识传达与画面感染力是否具备统一性成为评判的主要标准，这一点在印象派之后表现得尤为明显。

从印象派开始艺术家完全摆脱写实风格的创作，尤其是现代的抽象主义绘画，对于机器学习而言是比较容易实现的，而且因为抽象作品本身对于缺乏美术史相关知识的大众来说就是很难理解的，而机器生成的作品又是非常高效和无限变化的，所以从众多机器生成的抽象作品中挑选出可以混同人类艺术家创作的作品并不是什么难事。

第四节　智能评价的方式与权衡

一、客观审美标准的量化的可能性

"高产"通常是一些著名艺术家的特点，比如毕加索一生共创作了37,000多幅作品；达·芬奇一生虽然只创作了百余幅油画作品，但张张都是传世之作，而且他还有着大约15,000页的研究手稿，其中涵盖绘画、音乐、建筑、数学、几何学、解剖学、生理学、动物学、植物学、天文学、气象学、地质学、地理学、物理学、光学、力学、土木工程，等等。但"高产"这个量化标准对于人工智能而言则完全不在话下，因为机器的运算、生成的速度是人类远不可比拟的，而且机器只要不停电就可以一直高效地工作下去，这些都是人类所无法企及的。因此，从创作的角度来看，机器生产的作品数量可以接近无穷。但从评价的角度来看，机器又可以凭借生成作品数量的优势，根据算法不断优化自己的作品，进而达成在既定审美标准下无限接近完美的作品。

就评价而言，我们可以根据视觉的基本要素形成一个可量化的美学质量标准。例如，图片或视频的像素、解析度、层次的丰富程度、色彩的明度、纯度、色相，等等，首先从质量的角度对艺术作品进行分类评级。但这仅仅是从物理特性来对作品质量进行划分，并不能够对作品的审美艺术性形成一个定性的判断。

目前的人工智能技术可以依据一定的量化规则给艺术品的创新性打分，而且一些打分的结果显示算法和传统艺术史理论的判断非常接近。例如，判断某幅画是否和之前的作品相像，和之前的作品越像，创新性就越低，而之前作品的创新性也会相应提高。把所有这些作品相互连成一个网络，两两相互比较，借助递归计算直至收敛，每一件作品将会得到一个稳定的值，据此来判定作品的创新性。

美国罗格斯大学艺术与人工智能实验室（AAIL）的艾哈迈德开发出可以给作品的创新程度打分的算法并组建了一个艺术品评价网络（图2.12）。图中横轴是年代，纵轴是创新度，每一个小点代表一幅作品。我们发现，越接近于近代，作品的创新度越高，这非常符合经典的艺术史认知，可以说这是一个很成功的打分算法。

图2.13给出了数据库中1400~2000年的1,710幅画的创造力得分。每一个小点代表一幅画。缩略图指明了一些与邻居相比得分相对较高或较低的画作。由于空间有限，图上仅显示了画家的姓名和日期。画作中蒙德里安（Piet Mondrain）的画作得分很高，因为它在数据库中被误认为是1910年而不是1936年。

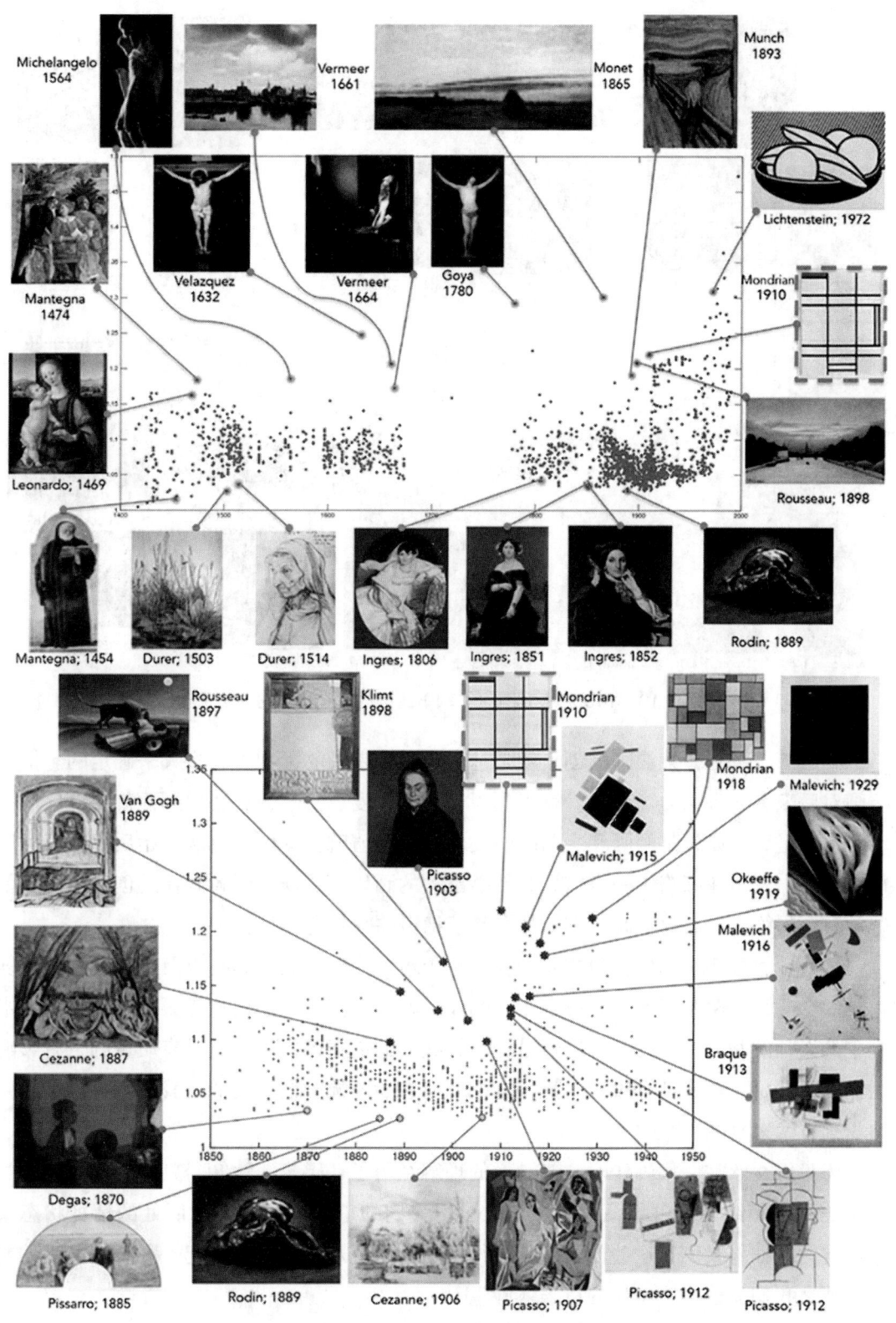

图 2.12　CAN 对艺术品的创造力评分

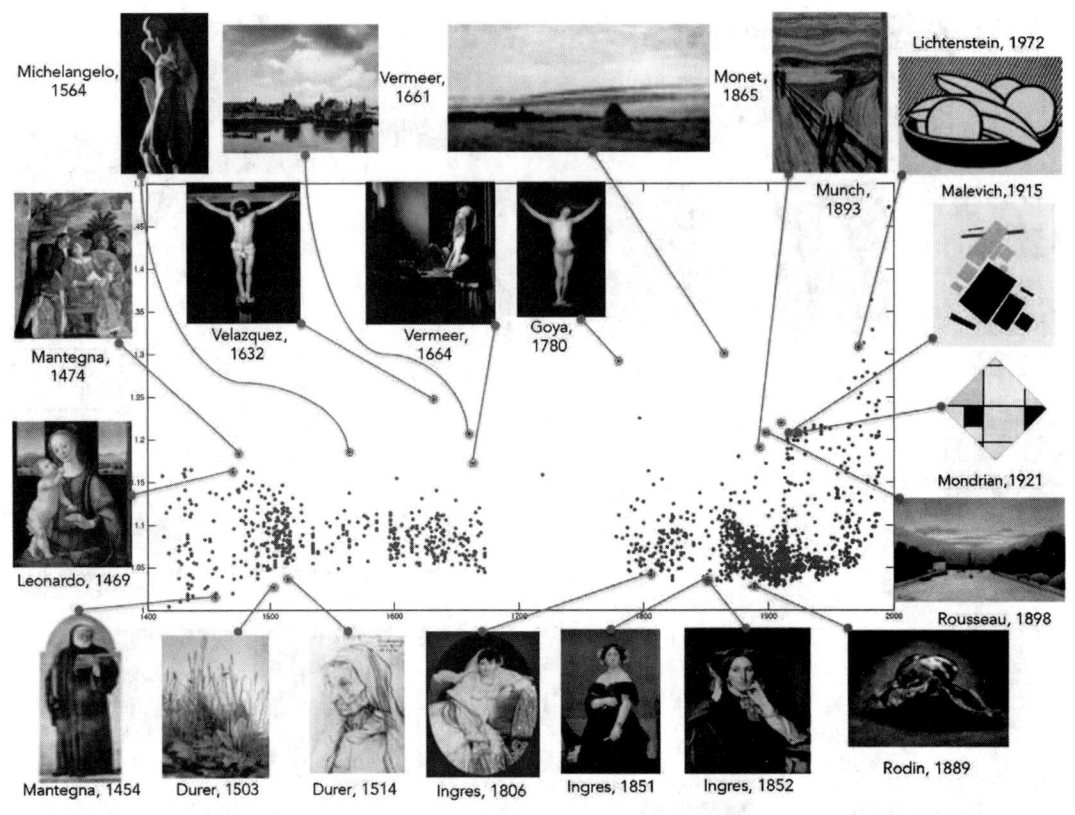

图 2.13　1400~2000 年（x 轴）绘画的创造力得分（y 轴）

我们可以看到，某幅画的创新度是基于其对后来者的影响力有多大来确定的。把这幅画对后来者的影响力加起来，就得到了它的创新度。艾哈迈德还提到评价允许反向流动，也就是说，如果某幅画和之前的画类似，创新值就会降低。算法开始后，我们可以从一幅画出发，在网络中一直搜索其传播出去的画作并更新途经各画作的创新值，反复遍历整个网络，最后每幅画的创新值会趋于稳定并收敛完成计算。

这个计算框架中的创新值主要取决于是否对之后的作品有影响以及是否受到了之前作品的影响，这两个因素共同决定了一幅作品的创新值。应该说这是很符合我们对艺术史中的大师的判定标准的。所以这已经不算纯粹的创新评价了，而是有质量的、有影响力的创新评价。至于计算过程中最关键的如何判断两幅画是否类似，我们则可以借助人脸识别技术来判断。

当我们在欣赏一幅画作时，对画面的理解经历了"感知→认知→判断"的一种知觉和审美判断相结合的过程，这个过程也是由我们的审美经验与当时所处的精神状态共同决定的。如果我们在这些因素的综合作用下，通过观看在内心升起一种感同身受的共鸣，那么我们就获得了愉悦的审美体验。

这是一个复杂的审美过程和主观体验，是机器所无法理解的人类意识，这种体验的形成不能够通过计算来精准分析实现。尽管机器不能计算和理解这个过程，却可依据我们的视觉在画面上停留的时间和点击的频率来判断我们的喜好，进而推送给我们有可能欣赏的画作。这个过程并不是通过复杂的算法设计来实现的，而是单纯的一个统计过程。

中国科学院在2014年建立标准智能模型，提出人、机器、人工智能系统都可以被看作是具有知识的输入、输出、掌握与创新的智能体，并以此为基础建立了通用智商评测方法，分别在2014年、2016年和2018年对谷歌、苹果和百度等近50个AI系统进行了通用人工智商测试，发现得分最高的谷歌智商为47分，不及人类6岁儿童的63分。

因此，我们看到人工智能虽然在一些领域取得了长足的进步，但其综合能力还不如一个儿童。因为我们人类在分析判断是非关系时，准确的度量并不是关键。对于大脑来说，把握事物的内在特征和拓扑关系是它的特长。对这些关系或特征的认识是人类在儿童时期就已具备的能力，比如3岁的孩子已经可以分辨动植物和机器，区分虚拟和现实。而目前的人工智能还做不到这一点，其更胜任的工作是识别、计算和统计。人类的各种感官对于大脑对世界的认识发挥着非常直接的作用，从童年时期开始我们就可以综合各种知觉信息，形成对世界的准确认知，这种认识是拓扑化、抽象和结构化的，这就形成了我们综合的心智认知能力。这种学习能力并不是人类唯一的智力形式，但对人类成长来说却特别重要。这种智力是小孩子们的专长，尽管孩子们在计算和量化统计方面的能力非常糟糕，但他们的学习能力却是最强的。

倘若我们要让机器做到这点，就必须打通机器的任督二脉，让其了解人类认知的心智模型，以人类特有的学习方式而不是基于纯粹的量化标准去认知和改造世界。例如，我们经常用到比喻、类比、夸张等修辞手法，就是一种非常灵活的认知和表达能力。《道德经》开篇说"道生一，一生二，二生三，三生万物"，并不是简单的"1+1=2"，而是一种虚指。这种对于"虚"的认知能力，并不是可以直接观看识别出来的，而是对事物运行内在本质的一种认知能力。

要让机器具备这种对于"虚"的认知能力，就如同我们通常讲的一个人开"悟"一样，那也就意味着机器迈向强人工智能的关键一步。其实AlphaGo能够在围棋项目上取得成功，机器的计算力并不是关键，因为围棋的变化数量超过了宇宙中原子的数量（围棋在19*19路棋盘上的变化达到10的170次方，而宇宙中的原子数量是10的80次方），如果按照穷举的方式进行计算再一一比对哪个选择是更有价值的一步，我们在有生之年是看不到结果的，所以在这个过程中，算法的优化使机器学习可以更有效地发挥作用，其中的走子策略和搜索方法发挥了关键的作用。在德国心理学家库尔特·考夫卡的《格式塔心理学原理》中，作者就形态对于人类心理尤其是人类认知图形的完形心理做了较为深入的分析，虽然库尔特·考夫卡是本着对于构造主义的元素学说和"行为主义在否定意识存在时用反应来替代知觉，用反射弧来代替联结"①批判的态度，其中也依然存在不能自圆其说的地方，但这本著作无疑开启了心理学领域对美的科学探讨的大门。他在心理学中引入了"心物场（psychophysical field）"的术语，该术语既体现了它的生理学性质，又表示了它与人的感性经验的关系。这种场的概念是通过大脑力场内各种"场力"的相互作用来解决我们的认知和运动行为的。而对于计算机来说，这样的认知机制和心智能力是很难通过计算和度量来复制的。要想让机器掌握美的标准，我们就要解读形状对人类心理产生影响的客观法则。

审美从来都是变动不居的，与目标受众的年龄、文化背景、受教育程度、生活方式等是息息相关的。例如，AlphaGo需要明确给定谁占的棋盘面积大谁就是胜者的清晰指令，机器才能设计算法进行深度学习。而这与美的标准的主观性又是矛盾的。但我们也看到一些美学家支持美具有客观性，例如，黑格尔提出的"美是理念的感性显现"，他认为美体现了某种客观的绝对精神或理念；我们也看到在一定的历史范畴内美具有经典性，蒙娜丽莎的微笑、大卫的雕像、《千里江山图》这些作品，都是让人们在几百年甚至上千年内在不同的社会意识形态之下可以达成共识的。

二、从定性的角度来看

定性研究（Qualitative Research）是与定量研究（Quantitative Research）相对的概念，也称质化研究。它是社会科学领域的一种基本研究范式，也是科学研究的重要步骤和方法之一。我们要实现人工智能对于艺术与设计作品的定性判断，首先就需要了解我们人类是如何界定艺术与设计作品的价值的。

那么，什么是艺术与设计呢？在英文中对应的应该是"Arts & Design"，而我们中文常用的"艺术设计"一词在英文中并不常用，但在英文中我们也可以找到"Artistic Design"这个词汇。我们在这里讨论的"艺术与设计"更多地指向艺术设计的意思，即"Artistic Design"。这其中最为重要的概念就是对艺术的界定，因为从广义的角度来讲，所有包含人类思考活动的过程都可以称为设计，孔子周游列国的说服策略、诸葛亮的空城计、道桥设计、土木工程设计、服装设计，包括人工智能都属于设计的范畴。那么，我们该如何给艺术定性呢？苏珊·朗格曾说"艺术是情感的符号"，符号是便于我们交流的一种媒介。既然人工智能可以生成足以乱真的艺术作品并通过了图灵测试，那么我们是否可以就此将其定性为艺术品呢？

一方面，从"人人都是艺术家""艺术即生活"的角度来看，我们可以把机器和人工智能理解为绘画的工具，使用它的人选择了以某种方式创作和呈现作品，并将其展

---

① 考夫卡.格式塔心理学原理［M］.黎炜，译.杭州：浙江教育出版社，1997：17.

览，这和一个艺术家的创作过程别无二致，据此这件作品是可以被定义为艺术品的。

另一方面，从艺术天赋的角度来看，这件作品就很难被定义为艺术作品。首先，现阶段的人工智能仍然处于图像识别的弱人工智能阶段，还不具备自我意识，因此也就无法独立思考和创作。CAN 能通过图灵测试的一大原因正在于此。现代的抽象绘画，承接了来自抽象表现主义的风格特点，哪怕是创作者自己对他画中的观念和意涵也是说不清道不明的。尤其在今天，当代艺术可以以一句话、一个声音的形式呈现，导致大众其实很难判断其到底是不是艺术品，因此，脱离了艺术天赋和明确、清晰观念的当代艺术，人们是很难界定其是否为艺术品的。

面对人工智能创作的抽象绘画，当下的抽象绘画的生存空间被不断压缩，真正意义上的独立抽象画家越来越少，我们看到更多的抽象画家开始迎合大众审美需求，转型成为商业画家或者设计师。例如，Instagram 上的抽象画家大多是在创作一些符合时代大众审美的作品。格罗斯艺术与人工智能实验室的 CAN，最初的设计目的是为了让人们更加分不清机器绘画与人类绘画的区别。但如今在抽象艺术的创作上，如同蓬勃发展的语音翻译一样，越来越多的机器正成为艺术家创作的辅助工具。例如，英国著名当代艺术家大卫·霍克尼很早就开始使用 iPad 进行艺术创作了。虽然这位老艺术家只是借助了电子产品来进行绘画的尝试，但是对于我们理解机器相关技术对艺术发展的作用有着很好的启示作用。对于当代观念艺术来说，人工智能在抽象艺术之外的表现还是十分有限的，但当代艺术的创作从行为到装置、到多媒体、到人工智能，机器在这些方面却有着无限的可能。

虽然目前人工智能在识别、计算、统计分析这些领域都表现出了接近甚至超出人类相关感官的功能，但这些功能还是处于单独的、割裂的状态，而人的感觉和认知能力是综合作用、互相依存的，就如同我们通常所说的"感觉"，这种"感觉"也是我们一直在试图通过计算机的量化方式来模拟人类知觉组织活动的原则与方法。例如，我们看到类似门萨智商测试中大量使用类比现象，就是因为当面对一个视觉样式时，测试者有能力作出必要的抽象概括，人类特有的感知方式才能被反映出来。只有我们掌握了举一反三的认知方式，才能够根据事物的内在联系形成触类旁通的认知本领。

例如，我女儿两岁时第一次玩 iPad，第一次我告诉她需要密码才能打开，并且密码是需要按顺序点击屏幕上的数字才能打开，这样经过两次之后她就可以记住打开的方式和字母顺序。之后当她打不开妈妈手机的锁定屏幕时，她就明白需要找父母要密码才能打开。有趣的是，当她第一次看电视时，她也会在屏幕上用手指划来划去。之后当玩一个游戏时，因为游戏设定了时间限制，一旦超过这个时限游戏就会被自动锁定，这时屏幕上会呈现出一道简单的加减法算术题，虽然她知道这也是需要输入数字游戏才能继续，但因为没有学习加减法的运算规律，她无法输入正确的计算结果而大哭。

通过孩子这样的日常学习可以看出：即使没有经过大量案例和数据的学习，幼儿也能像成人一样迅速地学习抽象而直观事物的运作规律。事实上，按照逻辑、规则和常识学习是一回事，通过本能去认知世界运转的规律又是另一回事。我们人类在出生时实际上就已经具备了一些对于事物认知的本能，迷信的说法是前世，科学点的说法是基因记忆，虽然二者还没有明确的科学证明，但确实是现实存在的现象。这就如同我们知道机器学习可以从大数据中通过概率统计出结果，但缺少对于明确的内在逻辑的阐释。我们学习讲究知其然更要知其所以然，而机器学习对于我们来说，目前只知其然，有待揭示其所以然。对于艺术与设计的创造性思维而言，更需要依赖于直觉和灵感，这其中既有长期思考的量化积累，也有出于人类本能的对事物和现象特征的直觉把握。

三、智能与人工评价的权衡

在短视频网站大火的今天，从 4G 到 5G 移动网络速度的提升，用户每分每秒都在世界各个角落不停地生产和上传图像与视频。为了适应各国法律法规的要求，如同对电影的审查一样，YouTube、Facebook、Twitter、B 站等社交平台都需要雇用大量的工作人员进行内容审核。以 YouTube 为例，截至 2020 年年初，其全职或外包的审核岗位多达一万个。这些人工审核员分布在谷歌的全球办公室和外包供应商的各个办公点。这样的工作需要公司付出巨大的人工薪酬。人工每周需要审核 500 小时以上的视频（大约是 YouTube 每分钟上传的视频时长），初级岗位的薪水可以达到 18.5 美元 / 小时，年薪可达 37,000 美元左右。而且人工审核员的岗位要求并不低，比如负责中东地区的内容审核岗位，需要掌握阿拉伯语和阿拉伯方言语系，并对中东地区用户上传的视频进行审核，以便及时标记出涉及恐怖、暴力、煽动等内容的视频。而资深的内容审核岗位则需要掌握一些法律相关知识，不仅能得到谷歌全职员工的待遇，还可以获得近 10 万美元的年薪。

面对如此巨大的人力运营成本负担，加之新冠疫情导致人工劳动成本升高的影响，YouTube 决定在 2020 年年初对人工审核岗位进行大幅裁员，在 2020 年的整个第二季度里，YouTube 线上的所有视频开始全面使用机器学习技术逐步替代人工进行内容审核。这也是 YouTube 有史以来第一次一整个季度没有人工审核员参与内容初审。

经过一个季度的尝试，这一跃进式的技术使用并未取得理想的成果。在进入第三季度之后，YouTube 叫停这项举措，并且大批返聘在年初解雇的人工审核雇员。

智能审核被叫停的重要原因之一就是相较于人工，计算机对于图形、图像信息的细节捕捉会更为严格，部分视频会因为幽默表达或者背景元素误入等导致审核不被通过。谷歌在定期的透明度报告中提到：在 2020 年 AI 接管内容审核的 4—6 月中，共有 1,100 万个视频被智能标记违规并下架，这些视频主要来自美国、印度和巴西。但是，在之前人工审核的第一季度里，被鉴定违规并下架的视频，仅仅只有 660 万。而在使用智能审核技术之后，被下架的视频数几乎翻了一番。在被 AI 下架的 1,100 万个视频中，多数为色情、虚假、涉恐犯罪类型，但是也有不少是误伤。YouTube 首席产品官尼尔·莫汉（Neal Mohan）向英国《金融时报》回应人工审核重回岗位时，指出被 AI 标记删除的 1100 万个视频中，超过 50% 的视频，在没有用户播放前就被下架；超过 80% 的视频，播放 10 次以内就被下架。而占下架总量 3%、被智能标记下架的视频提出了申诉，其中 50% 左右都通过二次审核重新上线。而在过去，对人工审核进行申诉的视频，只有 25% 左右可能重新上线，二者相差了一倍。

这样严格的审核标准，让 YouTuber 们倍感头痛，播主们需要花更多时间来自查内容，而面对大量下架视频的申诉，YouTube 增加了不少二次审核的工作量，这也无形中增加了运营成本。

但是客观地来看，智能视频审核相较于人工审核来说更加人性化。因为内容审核员不仅每周都有固定的工作时长指标，还要长时间面对暴力、恐怖、色情等各种摧残身心的画面，所以从事这类职业很容易出现抑郁、暴躁等心理问题。

美国的《华盛顿邮报》《财富杂志》等主流媒体均对内容审核员这一职业做出过深度报道。接受采访的内容审核员，无一例外都表达了这份职业对自己的身心健康产生了强烈的负面影响。媒体的舆论影响也敦促相关公司对这类岗位的工作要求做出一系列的改善，例如，限制每周观看不适视频的时间上限、定期地进行心理疏导治疗等。

由此可见，人工审核的高昂支出、对审核人心理的伤害、机器学习的技术进步，这些都推动了近年来各平台对自动化内容审核的研究和快速应用。当下 YouTube 作为大规模用 AI 代替人工的先行者，虽然暂时看起来并不成功，但长远来看，这是一个必然的发展趋势。一方面，智能审核虽然有一定的误伤概率，但是在对违规内容的审查中，的确展现了超过人工审核的高效；另一方面，从人性化的角度来考虑，可以让机器承担更多对人身心容易造成伤害的工作。

综合来看，人工智能对于艺术与设计的改变，既有外在的量变也包含内在的质变。一方面，机器的高速与高效，可以在短时间内生成更多的作品，这种量的改变，让我们对审美有了更多的选择；另一方面，如果当下与未来的机器无法像人类一样具备个体与独立意识，它终究还只是在人类的艺术与设计过程中发挥辅助性作用。但事实上，历史的发展从来都是辩证的、螺旋式上升的，量变与质变也是一个相辅相成的转化过程。艺术与设计的过程也是作为一个整体来看待的，就像我们画一幅素描作品，我们不能否认艺术家在用铅笔排线时的创造性，但对于机器来说，我们则是会对设定好的程序和机器自我学习有一个明确的区分。而当下机器在量变上所体现的能力，可以让我们人类有更多的时间对审美及其判断标准进行思考权衡，这对于艺术与设计的深入发展则是一个有益的推动。

纵观古今中外，尽管因时代、地域和种族的差异，人们对于审美会有着一定的差异，但维纳斯、蒙娜丽莎、《溪山行旅图》等经典的艺术形象，依然证明美具有典型性和共同性，"真、善、美"始终是艺术作品重要的衡量标准。"真"强调真实，纯真之言、赤子之心、美在于发现，都是这个标准的佐证；"善"可以理解为向善的，就是向积极、善良的角度发展；"美"指的是唯美，或者美的感受，狭义上指让人感到愉悦的心理状态。这是超越时代、种族和国家界限的美学标准，这一标准的存在也决定了机器在未来摆脱大数据的局限、具备真正审美能力的发展方向。

第三章　人工智能图形艺术与设计

> **重点内容：** 人工智能图形艺术与设计中的识别、认知与生成方式，以及相关开发应用样式。

七亿多年前，海洋里的海绵类生物进化出了可以感受到光源的蛋白质，视力的进化成为此后生物界竞争的关键因素。动物界中的鹰可以看到几十公里外的物体，跳蛛、苍蝇的复眼具有接近360度的视角范围，而我们人类也具有相当好的视力条件，同时借助望远镜、显微镜这些工具，我们人类拥有了超越自身生理条件的视觉能力。在借助这些工具的过程中，主要包含识别和认知两方面的能力。在识别方面，目前世界上最先进的天文望远镜能观测到距离我们大约200亿光年的天体，电子显微镜可以让我们观察到纳米级别的粒子活动；在认知方面，今天的机器学习让我们对图形实现了从形状分类识别到语义关系分析的飞跃。

第一节　图形信息的识别与认知

图形信息是人们对外界事物的边缘形态属性的反应，是外界事物的个别属性作用于视觉、引起视觉感官反应的主观映像，是对外界刺激的感知。图形信息是视觉信息中最为丰富复杂的。图形包括"图"和"形"，其中"图"偏向于影像，是像素空间中每个像素点的RGB颜色值所构成的整体色彩、光影和构图感知；"形"偏向于形状、形态，是图中构成的元素边界给视觉感官的刺激影像。构成元素既可以指图中具有独立语义的形体，也可以指代构成整幅图中单个像素点的边界。本书中对"图形"的理解均包含以上两种含义。

图形信息的解码和编码是由人的视觉中枢按照一定的规律和机制认知处理完成的，这个认知过程基本可以划分为感知、认知和记忆三个阶段。人类的记忆存储能力与计算机相比如同一滴水之于汪洋大海，因此，对于AI视觉而言，最为重要的就是对于人类感知和认知两个方面能力的原理学习和借鉴。人眼视网膜内的神经节细胞构成感知的低级视觉中枢，外侧膝状体构成皮层下中枢，皮层初级功能区构成高级中枢。视域、视网膜和各级视中枢的神经元之间存在着精确的空间对应关系，每个神经元都对应于一块视网膜区域，这就是该神经元的感受视域。视觉通路上各个层次的神经元感受域范围是不同的，神经元的层次越深入，其感受域的范围越宽广。

一、图形感知与采集

（一）感知原理

在视网膜神经节细胞、外侧膝状体神经元和视皮层神经元的传统感受域之外，还存在着一个范围很大的去抑制区，该区域被称为整合域。整合域对神经元的刺激能产生抑制或强化的作用，而且具有在方位、方向、空间频率和时间频率等方面的调谐特性。

感受域和整合域反映了视感觉信息处理中的空间编码规律，而对视域中各种视觉特征的觉察则主要是通过功能柱来完成的。在大脑的视皮层中，具有相同感受域和相同功能的视皮层神经元在垂直于视皮层表面的方向上呈柱状分布，它们只能对某一种视觉特征发生反应，是觉察该种视觉特征的基本功能单位。

美国哈佛大学的两位神经生物学家——美裔加拿大人休伯尔（David Hunter Hubel）与瑞典人维泽尔（Torsten Nils Wiesel）自1958年开始对视觉机制进行了长达25年的合作研究，共同获得了1981年诺贝尔生理学或医学奖。他们在反复多次的实验中发现认知视皮层中的神经细胞对光点或大面积弥散光刺激并无反应，却在一次偶然机会中观察到这些细胞对一定朝向（或方位）的亮暗对比边、光棒或暗棒反应强烈（产生密集的电信号），若偏离该细胞"偏爱"的最优方位，细胞反应就会停止或骤减。他们发现，绝大多数视皮层细胞都具有强烈的方位选择性，各个细胞的感受野位置连续地发生漂移（图3.1），即最优方位大致以10度/50μm的变化率按顺时针或逆时针方向发生连续变化，有时在旋转90~270度以后，旋转方向发生逆转。

目前大体存在两种功能柱理论，即特征提取功能柱和空间频率功能柱。特征提取功能柱认为每个视皮层神经元仅对某种视觉特征的某个属性值发生最大反应，具有相同视觉特征的神经元排列成功能柱，即特征提取功能柱。视皮层中存在许多这样的功能柱，如颜色柱、眼优势柱、方位柱等，它们分别负责对视觉客体的某种视觉特征的觉察。空间

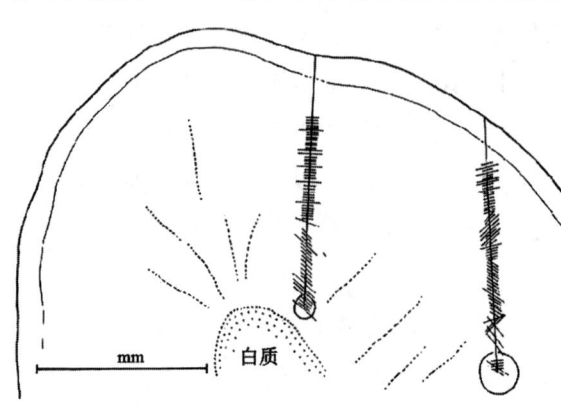

图3.1　视觉功能柱示意图

频率功能柱认为视皮层神经元类似于傅里叶分析器，每个神经元发生最大反应的空间频率不同，它们按照某种规律排列成许多功能柱，即空间频率功能柱。这样，对于视域中的一个客体，空间频率不同的许多神经元同时发挥作用而最终形成关于该客体的图形感觉。

（二）采集方式

人工智能的图像处理是以数字图像为研究对象，依靠计算机来观察和认知世界。数字图像的采集与处理的技术和方法，是反映语义内容的前提条件。图像的获取主要依靠数字成像（摄影、扫描）和图像传感器的使用。

1. 摄影与扫描

（1）数字照相机、摄像机

20世纪末广泛应用的数字照相机、摄像机在拍摄和处理图像方面有着得天独厚的优势。随着电脑的普及以及人们对电脑图像处理技术的认同，数字摄影在视检测方面得到了广泛的应用。完成摄影和扫描都需要有足够亮度的光强度信号。同步系统提供整个图像采集系统的时钟同步信号，以使系统中的所有部件同步动作。扫描系统是图像采集系统的固有部分，它通过对整幅图像的扫描实现被采样图像空间坐标的离散化，并获得每一个采样点的光强度值；扫描则可以采用机械手段、电子束或者集成电路来完成。

数码摄像机工作的基本原理简单地说就是光电数字信号的转变与传输，即通过光学系统（主要指镜头系统）再通过摄像管或固体摄像器件将光信号转变成电流，将模拟电信号转变成数字信号，由专用电路进行处理和过滤后得到的信息还原出来就是我们看到的动态画面了。数码摄像机的感光元件能把光线转变成电荷，通过模/数转换器芯片转换成数字信号，主要有两种：一种是广泛使用的CCD元件；另一种是CMOS器件。

（2）扫描仪

扫描仪是一种集光、机、电为一体的产品，它将各种形式的图像信息输入计算机，是通过捕获图像并将之转换成计算机可以显示、编辑、存储和输出的数字化输入设备。照片、文本页面、图纸、美术图画、照相底片、菲林软片甚至纺织品、标牌面板、印制板样品等三维对象都可以作为扫描对象。它可以提取并将原始的线条、图形、文字、照片、平面实物转换成可以编辑及插入的文件。目前，扫描仪的价格并不昂贵，而且种类繁多，不同的扫描仪可以提供不同的图像质量。

2. 图像传感器

传感器在智能手机和可穿戴设备上的广泛应用，可以让我们以更加灵活便捷的方式获得数字图像。图像传感器主要完成光电转换的功能，它通过光/电器件将光信号转换为电信号，根据电子元件的不同，可分为CCD（Charge Coup led Device，电荷耦合元件）和CMOS（Comp lemnentary Metal Oxide Semiconductor，金属氧化物半导体元件）

两大类。目前，数码相机的图像传感器大多以 CCD 为主。CMOS 图像传感器在低档和中档成像系统方面可以与 CCD 相媲美；但在高档成像系统方面，CMOS 远不及 CCD 的成像效果。

CCD 于 1969 年在贝尔实验室研制成功，之后由日商等公司开始量产，其发展历程已经 40 多年，从初期的 10 多万像素已经发展至目前主流应用的 500 万像素。CCD 又可分为线阵（Linear）与面阵（Area）两种，其中，线阵主要应用于影像扫描器及传真机，而面阵主要应用于数码相机、摄录影机、监视摄影机，但两者的工作原理相同。CCD 器件包含若干个光敏像元，每个像元就是一个光敏二极管。被摄物体的反射光线经光学系统聚焦到 CCD 的像敏面上，像敏面将照射在每一个像元上的光信号转换为电荷信号存储在像元单元上，再转移到 CCD 的移位寄存器中，在驱动脉冲的作用下，从器件中移出成为电信号。CCD 传感器具有高量子效应、优异的电荷传递性能、高占空因数、低噪声、小像素等优点，它因此成为目前图像传感器采用的主要技术。

CMOS 图像传感器自 20 世纪 80 年代发明以来，由于当时 CMOS 工艺制造的技术水平不高，传感器在应用中的杂信号较大，因此商品化进程一直较慢。时至今日，CMOS 传感器的应用范围也开始变得广泛，包括数码相机、PCCamera、影像电话、第三代手机、视频会议、智能型保全系统、汽车倒车雷达、玩具以及用于工业、医疗等领域。在低档产品方面，其画质已接近低档 CCD 的解析度。与 CCD 相比，CMOS 具有体积小、耗电量低、价格便宜等优势，从长远来看，CMOS 器件将逐渐取代 CCD。

（三）人脸识别应用

人脸识别是深度学习最有价值也是目前最为广泛的应用之一。在实验室研究环境下，人脸识别对双胞胎的识别度已经赶上甚至超过了人工识别的精度。一般来说，一个完整的人脸识别项目包括两大部分：人脸检测与人脸识别（如 tensorflow，face++，DeepID3，FaceNet 等）。但是在现实场景中，受光线、角度、表情、年龄等多种因素的影响，人脸识别技术还无法做到十分精准的识别，在一些人员较多的单位，如高校、国企等就会时常出现识别错误的情况。

人脸识别带来的另外一个重大问题就是用户隐私的安全性。2020 年年初，面部识别公司 Clearview AI 客户列表被入侵泄露，黑客入侵者获得了未经授权的客户访问列表，其中包括警察部队、执法机构和银行等。作为一家面部识别技术公司，Clearview AI 在 Facebook、Instagram、Twitter 和 YouTube 等社交媒体平台上用爬虫技术随机抓取了超过 30 亿张的照片来完善自家的数据库资源，同时也为执法机构提供信息匹配。到 2019 年，Clearview AI 已经将其数据库访问权出售给了北美 600 多个执法机构，以助于解决各类刑事案件。该公司随意抓取网上照片并允许执法机构使用其识别技术，将未知面孔的照片与人们的在线图像进行匹配，从而搜寻潜在罪犯。而这一切都是在未经用户允许的情况下进行的。这虽然有利于公共安全，但无疑使公民在不知情的状态下个人信息被曝光。从生理和技术层面来讲，人脸是无法复制的，但是基于人脸特征点的信息是以数字化形式进行存储的，相关数据库就面临着被黑客攻击或者自身防御不力导致泄露的风险，这就对个人信息安全构成了潜在的威胁。例如，我们通常使用数字、符号和字母的方式设置密码，这有利于密码的更改和重置，并且可以通过增加组合变化来提高破解难度。但人脸、虹膜、指纹这些生物特征信息是每个人唯一且终身不变的，因此，一旦泄露将造成无法挽回的损失。

二、图形认知

人类信息处理系统是由感受器、效应器、记忆和处理器组成的。其中，感受器接收外界信息；效应器作出反应；记忆存储和提取以符号和符号结构形式存在的外界信息的内部表征；处理器完成标志外界信息的符号和符号结构的创建、复制、改变和销毁等操作。

知觉是人类认知事物各种属性的综合反映，是将客观事物的各种属性或感觉信息组成有意义的对象并解释其意义的反映过程。知觉是在已有知识经验的参与下把握刺激的意义，知觉信息是抽象的。神经解剖学研究发现，大脑皮层中存在初级功能区和次级功能区，不同的皮层功能区之间还存在联络区皮层。这些次级功能区、联络区皮层以及与记忆有关的脑结构形成了视知觉信息处理的神经基础。

迄今为止，生理心理学对于视知觉的发现非常有限，客观的生理过程怎样形成主观的知觉信息，对于生理心理学来说仍然是未知之谜。而认知心理学则在注意、知觉和记忆等心理过程方面的研究上取得了很大的进展。认知心理学是以信息处理观点为核心的心理学，又可称为信息处理心理学，它运用信息处理观点来研究认知活动，其研究范围主要包括感知觉、注意、表象、学习记忆、思维和言语等心理过程或认知过程。

人类视觉的图像信息处理系统是以视知觉为核心，在多级记忆结构和信息选择机制的配合下完成将外界视觉信息转化为内部视觉对象的认知过程。视知觉是现实刺激和已储存的知识经验相互作用的结果，它既具有直接性质，也具有间接性质，在视知觉过程中，直接加工和间接加工是同时存在的。虽然某些知觉或知觉的某些方面由神经系统的构造所决定，不需要过去经验的参与，但是，这并不能否定过去的知识和经验在视知觉形成过程中的作用。记忆将认知活动的过去、现在和未来连成一个整体，在人类视觉认知过程中发挥着重要的作用。视觉信息进入记忆后，经历了感觉记忆、短时记忆、长时记忆等由低到高的三级结构，每级记忆结构都有其特定的功能。人类的视觉信息处理能力是有限的，而外界环境中的视觉刺激却是无限的，面对这种情况，串行的信息处理方式成为必然的选择。信息选择机制是保证这种串行认知过程维持较高效率的关键环节，它能够对感觉记忆中的视感觉信息作出选择，仅将其中的重要信息提供给视知觉过程，舍弃其他信息，从而使视觉认知过程具备主动性和选择性。信息选择的核心就是视觉注意机制。

三、对于计算机视觉的借鉴

人类的视觉系统既要求其具有处理大量输入信息的能力，又要求有准确实时反应能力。心理学研究表明，视觉注意是人类视觉的一项重要的心理调节机制。视感觉的信息处理方式是并行的，视知觉的信息处理方式是串行的。这样，视感觉过程所提供的信息量就会远远大于视知觉过程所能处理的信息量。将这两个严重失调的过程联系起来的桥梁正是视觉注意机制，它是视觉感知过程的引导者，是其高效性和可靠性的保障。

在分析复杂的输入景象时，人类视觉系统采取了一种串行的计算策略，即利用选择性注意机制，根据图像的局部特征，选择景象的特定区域，并通过快速的眼动扫描，将该区域移到具有高分辨率的视网膜中央凹区，实现对该区域的注意，以便对其进行更精细的观察与分析。这可看作将全视场的图像分析与景象理解，通过较小的局部分析任务的分时处理来完成。可见，选择性注意机制是人类从外界输入的大量信息中选择特定感兴趣区域的一个关键技术。视觉注意机制先选择输入图像的感兴趣区域，再对这些区域做进一步的较细致的分析，从而快速准确地处理信息。因此，研究人类选择性视觉注意机制在目标检测中的应用有着重要意义。

选择性视觉注意表现为舍弃一部分信息，以便有效地处理重要信息的控制和调节能力。具体地说，在观察一个场景时，人总是有选择地将注意力集中在场景中的某些最具吸引力的内容上。从人的角度来看，这是一个从场景中选择内容进行观察的过程，可以称之为视觉选择性；从场景的角度来看，场景中的某些内容比其他内容更能引起观察者的注意，可以称之为视觉显著性。两者其实都是从不同的角度对选择性视觉注意过程的描述。而在该过程中，引起我们注意的场景内容则被称为注意焦点。人类视觉之所以能够通过极为有限的信息处理资源完成复杂的信息处理任务，选择性视觉注意的控制和调节能力在其中发挥着决定性作用。

人类具有异常突出的数据筛选能力，面对每时每刻都在变化的各种信息，人总能迅速觉察到那些与其息息相关的重要信息，并及时做出反应。人眼的视网膜具有光感受器、双极性细胞和视神经节细胞。研究表明，神经节细胞的输出内容是场景的特征信息，视网膜在特征提取上的效率是极高的，而完成这种特征提取的机制是循环侧抑制机制。视网膜中的感受器单元以及节细胞的分布是非均匀的，在窝区高度密集而周边稀疏，这种特性使得视觉信息的获取非均匀化。同时视网膜与皮层间的映射也呈现非均匀的特征，使得视觉信息的处理也具有非均匀性。配合注意机制，通过有意识的眼动，人眼总是把窝区对准感兴趣的区域。在对蝇视觉系统仿生技术的研究中，研究人员也发现蝇卓越的飞行能力是与其独特的视觉系统相关的。蝇的复眼视觉系统有近乎全景的视场角，其视觉的最大特点就是具有大场景系统和小场景系统并行的信息采集处理通道。大场景系统获取周边大范围区域的环境特征，控制其飞行路线，而小场景系统完成目标的识别与跟踪任务。图像制导的发展趋势是大视场、高分辨率，这种发展趋势使得导引头的信息处理运算量大大增加，同时实时性的难度加大。很显然，生物的这种视觉注意原理给计算机视觉处理提供了一个极具参考价值的模式。

第二节　图形信息的生成与设计

图像处理、计算机视觉与人工智能图形是和人工智能艺术与设计关系密切的三个研究领域。当前，图像处理在人脸识别、指纹识别、运动物体跟踪等领域都有着广泛的应用，并且已成为就业的一个重要方向。人类 70% 以上的信息获取和交流都是依靠视觉完成的，视觉中的图像又是蕴含信息最多的因素。随着现代图像技术尤其是分辨率的提高，我们可以充分利用数字通讯和信息传输技术使图像得以长期保存和永不失真。

计算机图形学（Computer Graphics）讲的是图形，也就是图形的构造方式，是一种从无到有的概念，从数据得到图像；是给定关于景象结构、表面反射特性、光源配置及相机模型的信息，生成图像。数字图像处理（Digital Image Processing）是对已有的图像进行变换、分析、重构，得到的仍是图像。模式识别（PR）的本质就是分类，根据常识、样本或二者结合对图像进行分类，从图像得到数据。

以下我们对公园里舞狮的表演过程进行拍照，来分析三者之间的差异。在这个场景中，黄狮必须在表演中处于左侧，红狮在表演中始终处于右侧。

一、图像处理

数字图像处理是将图像信号转换成数字信号并用计算机对其进行处理的过程。数字图像由连续的模拟图像采样和量化而得。组成数字图像的基本单位是像素，所以数字图像是像素的集合。像素的值代表图像在该位置的亮度，称为图像的灰度值。

假设我们想从舞狮表演的上百张照片里挑选完美的照片上传到社交媒体，通常我们在发布图像之前，都想让图像看起来更完美，同时也想标注时间并在图像上打上具有吸引力的标题作为标签。要完成上述所有操作，我们可以通过图像编辑 App 应用上传图像。这个 App 在后端运行多个功能，并在每个功能中运行图像处理算法，算法将图像作为输入，对图像执行数学运算，如在算法中给出所需的输出图像。如图 3.2 所示，我们可以看到经过重新分布的色调级别（经伽马校正），输出图像和嵌入其中的文本（左图是输入图像，右图是处理后的图像）。这种对于图片视觉感官进行调整的技术，我们可以统一理解为图像处理技术，例如，与 Photoshop 相类似的图形处理软件和 Prisma 之类的 App，都是在实现图像处理功能。

图 3.2　舞狮图像处理前后对比

二、计算机视觉

计算机视觉（Computer Vision）是给定图像，从图像中提取信息，包括景象的三维结构、运动检测、识别物体等。现在，测试将根据两个舞狮表演者谁抢得绣球的次数最多，对两个舞狮者谁的表演更具吸引力做出评判。在图 3.2 中，左边是黄狮，右边是红狮。通过查看上面的图像，我们可以很容易地确定黄狮赢得了比赛，但如果我们每天以 5 分钟为表演时间，每天表演 40 次而且每周表演 5 天，那该如何处理呢？

如果仅通过查看图像来判定谁是胜者，数量增加到每周 5*40=200 张图像，这就变成了一项相对繁重的任务，所以我们需要建立一个计算机视觉系统来自动化地进行识别工作。计算机视觉系统的第一步就是对 200 张图像每张进行详细分析。这项分析的目的是找到一个通用的解决方案，该解决方案不仅适用于处理数百张图像，其原理也适用于更多的图像分析。

测试在图像中必须寻找的是大多数时候狮子如何出现在图像中的模式。就像这里黄狮在画面左侧，红狮在右侧。同时，要对图像质量进行深入分析，例如图像中的局部和全局噪声量、对比度增强的要求以及边缘保留、图像分割的需求和难易程度。此外，还要考虑如何提取找到带有绣球的狮子的图像，该图像可以呈现的是绣球的形状或狮子的颜色。

现在，计算机视觉主要涉及两方面内容：分析和图像处理算法。我们把二者结合在一起只为得出这样的结论，即谁是两只狮子中的胜者。图像处理算法在对大量数据详细分析后智能地进行分组，以给出正确的结果，例如每只狮子获得绣球的次数，是因为舞动的高度还是动作变化次数，收到礼物的最大和最小数量，以及如果给定任何输入图像来定义计算机视觉系统,它是否能够概括或提供结合许多图像处理算法的可扩展解决方案。

由于图像处理可以辅助计算机视觉从图像中获取更有意义的信息,这也使开发人员的分析质量变得极为重要,借此独自负责开发通用解决方案,以便通过计算机视觉系统获得较不相似的测试图像的准确输出。在下面的图像中,可以看到黄狮有红色绣球。通过执行图像分割,轮廓搜索,凸包检测,多边形逼近,将多边形映射到空白图像,并最终使用模板匹配检测红色绣球来完成此操作。

如图 3.3 所示,左图是输入图像,中间图像是掩模,右图是背景图像,这个背景使用 OpenCV 函数 "Grabcut" 完成前景和背景分割。

图 3.3　图像处理前后对比

在图 3.4 中,第一幅图像是图 3.3 最右边图像的模糊效果,这里使用的模糊像处理算法,用于边缘保存和噪声消除。第二幅图像是灰度图像。第三幅图像是阈值图像,也称为二值图像。第四幅图像是第三幅图像的轮廓图像,这样做的目的是要在所有颜色为白色的物体上绘制边界,其中也包括狮子。在图 3.4 最右侧的图像中,我们通过周长逼近最大轮廓使用凸包,这里最大的轮廓将是狮子的轮廓,并在图像上绘制近似的多边形。

图 3.4　图像轮廓处理过程

在图 3.5 中,左侧图像是该步骤的输入图像,我们通过制作近似的小蒙版(中心图像),将狮子多边形转移(wrapping)到小图像(中心图像)上。变形后的结果看起来像右图。

图 3.5　图像蒙版处理

在图 3.6 中，左侧图像是这里的输入图像，我们使用截取出来的红色绣球模板图像在此图像上进行模板匹配。模板匹配是一种算法。模板图像从输入图像的顶部到底部移动，并在输入图像中找到最佳匹配部分。模板匹配的输出将是中心图像，因为你会看到图像中最闪亮的部分是红色绣球所在的位置，所以我们在最右侧图像的绣球位置绘制了一个框。

图 3.6　图像模板匹配

三、人工智能图形

如果我们选择硬阈值（hard thresholding）来检测黄狮、红狮或红色绣球，例如应用 OpenCV 抓取剪切和模板匹配来确定狮子移动的轨迹，则此设计的系统可能缺乏可扩展性或狮子身体的颜色阈值。你最终可能会创建一个仅能识别黄狮和红狮的偏差系统。

这个具有针对性的计算机视觉系统规则和特征只偏向于黄狮和红狮，要想具有普适性，还需要在更多不同的狗或猫身上得到相同的测试结果。人工智能图形是将图像处理、计算机视觉算法和机器学习算法结合在一起来分析、概括和处理图形的系统。它是一个像人类大脑一样的系统，通过不断观察周围事物的样式和特征来智能、合理和准确地采取它所学习的任何决策，但这只不过是数据，并且随时间学习的反馈和经验来更新所获得的知识。就像学生从小在教育系统中的学习过程一样，老师教给学生图像，通过向大脑提供两种输入来区分世俗事物，一种是图像，另一种是对特征的正确描述，其外观和位置信息都在大脑中处理完成。

同样，如果我们想为上述类比构建一个智能系统，就需要使用图像处理算法提供预处理的图像，并告诉其他人你想要检测的绣球、狮子或任何东西的位置并显示在图像中。一旦图像和图像的内容以及信息被提供给系统，计算机视觉就会出现在图片中。

人工智能的卷积神经网络由多层组成，就像一袋面包片一样，每层面包片运行一个计算机视觉算法，该算法的作用是从图像中提取特征。在前几层面包片中，我们提取图像上的直线或曲线边缘等低级特征，然后在它学习检测眼睛、苹果、爪子、尾巴以及后来完成的每层中提取所有已捕捉的特征。我们可以通过图 3.7 查看图层的外观以及每层的特征提取方式。

所有的学习都被保存在这个模型中，就像我们学习的知识被保存在大脑中一样，它是通用的，可用于任何其他数据的分析。构建智能解决方案的一个非常关键的输入是数据。想象一下，你需要付出多大的努力才能搜集和创造出一个世界各地舞狮的完整数据库？〔以上实验源自以色列 HERE 公司研究员帕拉维（Pallawi）所提供的代码：https://github.com/PallawiSinghal/AI_Starter/blob/master/image_processing.ipynb〕

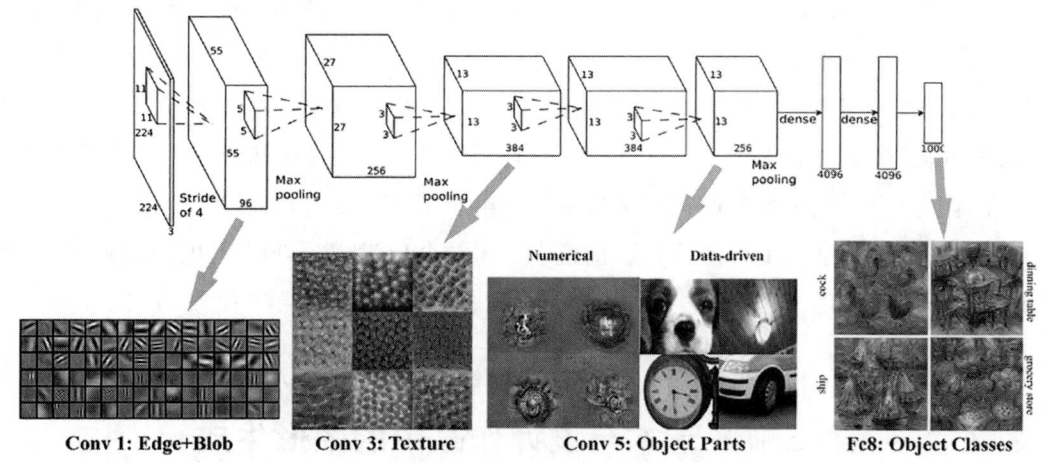

图 3.7　人工智能的卷积神经网络的分层设计

以上综合图像处理、计算机视觉和机器学习三项操作形成了一个我们身边所听到、看到和体验到的人工智能系统。数字图形是计算机视觉感知事物最为重要的元素，因为事物的形态信息相比较色彩更为烦琐，信息含量更为丰富，传达意思也较为复杂。例如，色彩只有色相、纯度、明度三个属性，而图形信息虽然没有色相，却因为曲、直、方、圆等形态关系而包含了更为复杂的语义关系，尤其在广告视觉创意设计作品之中，更包含了广泛的符号学、语义学等不同学问。因此，我们看到图形在人工智能识别上，相关研究还只是取得了一些初步的成果，例如，斯坦福大学人工智能实验室李飞飞在图形识别方面有着领先的研究，但其表示即便在识别一只猫的能力上，人工智能视觉识别当面临开放性环境时，自我调整识别能力和人类视觉认知能力相比还是差距很大的（图 3.8）。2017 年年底出现的 DeepFake 技术可以达到将图片、视频做到以假乱真的地步，但其细节真实度还是很难逃过专家的眼睛。来自加利福尼亚大学伯克利分校等高校的研究人员创建了一个包含 7,500 个"自

图 3.8　人工智能把爬上树的猫误认为松鼠

然对抗实例"的数据库，在测试了许多机器视觉系统后，发现人工智能的准确率下降了90%！在某些情况下，软件只能识别2%—3%的图像。这样的人工智能识别准确率还不足以应用在汽车自动驾驶识别系统上。

虽然研究人员说这些"自然对抗性的例子"会骗过各种各样的视觉系统，但这并不意味着所有的人工智能视觉识别系统都可以被骗过。许多机器视觉系统非常专业，比如用于识别医学扫描图像中的疾病的那些专门系统。虽然这些系统有着各自的缺点，可能无法理解这个世界和人类，但这并不影响它们依靠对大数据的机器学习发现并诊断癌症，在这一点上，人工智能视觉识别技术还是给予了人类巨大帮助的。对于艺术与设计而言，我们可以借助人工智能视觉识别技术，再结合化学成分分析，更准确地鉴定古代绘画大师作品的真伪。

第三节　艺术与设计作品中的图形生成

图形设计的法则非常多样，例如共用形、材质置换、比喻、类比、夸张、时空错位、拟人、简化、悖理图形、矛盾空间、视错觉、拼贴、异影等等不一而足，且这些修辞技巧和表现方式往往会几种同时结合运用，造成较为复杂、奥妙的语义关系。就目前的人工智能技术来看，对于语义关系尤其是视觉语义关系的识别存在一定的难度。但其广泛的应用范围与样式，还是可以给予我们很多启发和帮助的。

一、转换与合成

（一）图像转换

1. 文本转换图像

我们都有根据关键词来搜索图像的经验，比如我们输入"钉子"就会出来各种各样钉子的图片，如果再加一个关键词，输入"钉子＋墙"，就会出现钉子和墙体的组合图像，当然这种搜索方式是根据有相关文本标注的图像来完成的。倘若我们要直接将文本描述合成高质量的图像，那么则是当下计算机视觉中很有挑战性的问题。

从文字到图形的过程通常会涉及两种情形。一种是"一千个人心中有一千个哈姆雷特"，我们如果依据一本小说的大量文字描写去理解情景，就不必也不可能想象出完全一样的场景；另一种情形则是当我们看到或听到一个抽象的单词的时候，很有可能在头脑中产生非常相似的画面，比如一个杯子，那么理解这个词语时只需要任何一种普通的杯子图像出现即可，当然这个杯子不会是花样繁复的青花瓷杯，因为我们都会选择最省力与快捷的方式去完成理解。由现有的文本到图像生成的样本可以以第二种情形粗略地反映给定描述的含义，但是它们不会包含第一种情形所涉及的必要的细节和生动的对象部分。

StackGAN（堆叠生成对抗网络）根据文本描述可以生成 256×256 的高清图像。这个研究方向是自然语言处理（Natural Language Processing，简称 NLP）与计算机视觉相结合的结果，其过程可以描述为：从给定的一段文字描述，生成一张和图像文字匹配的图像。如图 3.9 所示，根据抽象的文本描述，可以逐步生成清晰的图像，并且可以实现背景和位置的风格转换。

图 3.9　StackGAN 文本转图像过程与效果

2. 图像转文字

图像转文字，亦称为图像描述，即 Image Caption，直观来看就是翻译图片成一段文字。这项对人类来说非常简单的任务如果用机器实现，则需要用到计算机视觉、自然语言处理和机器学习这些领域的知识。首先，利用模型去理解图片内容；其次，用自然语言描述图片内容之间的关联，生成人类可以理解的语句，这其中需要更高像素的图像分割，更深入地"理解"物体关系，以及用更精练的语言压缩图片信息成一句话。

图 3.10　图像描述

3. 图像转图像

图像转换是将一种图像转换为另一种形式的图像（图 3.11）。这是一类视觉和图像领域中的问题，其目标是使用对齐图像对（aligned image pairs）的训练集来学习输入图像和输出图像之间的映射。与风格迁移稍有不同，这方面典型的工作是像素到像素的变化（图 3.12）。一般的 GAN 生成器 G 输入的是一个随机向量，输出的是图像；这里的生成器输入的是图像，输出的是转换后的图像。我们可以使用 CycleGANs 解决这个问题，具体实现原理为：学习一个映射 G：X → Y，使用对抗性损失（adversarial loss）让来自 G（X）的图像分布与 Y 分布无法区分。

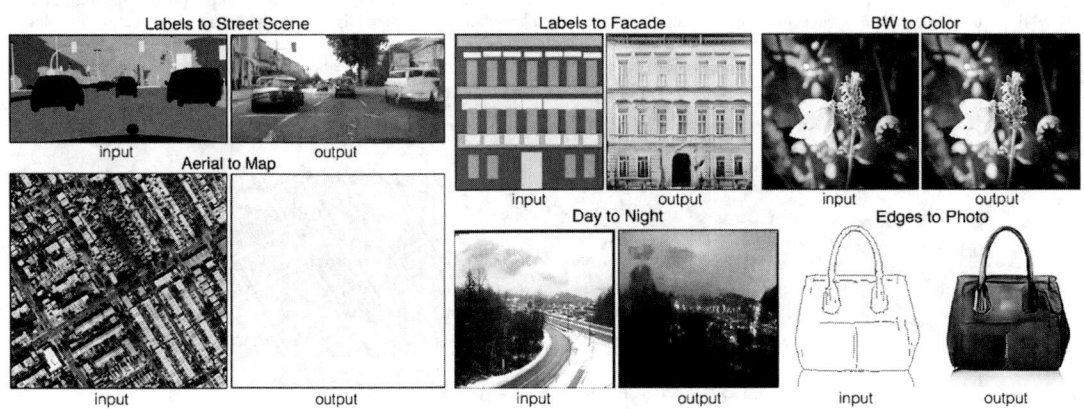

图 3.11　图像转换案例

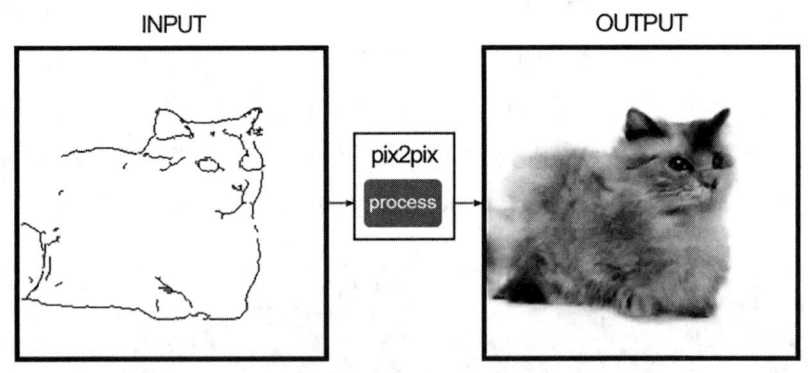

图 3.12　像素到像素变化效果图

英伟达提出的 StyleGAN 是一种用于生成对抗网络的替代生成器体系结构，该结构借鉴图式迁移学习所设计的新结构能够实现自动学习，以及无监督的高级属性分离（比如在使用人脸图像训练时，区分人体姿态和社会阶层属性）和生成随机的图像变化（比如头发的颜色，面部五官的位置、形状，等等），并能在图像合成方面实现直观化和规模化的调控。

2019年4月，一位叫作Reddit的网友借助StyleGAN生成了999幅抽象画（图3.13），让观众难以分辨人为还是机器制作。StyleGAN在传统的分布质量指标方面实现了提升，并且很好地解决了潜在的变量因素，提出了两种适用于任何生成架构的自动化新方法，以及一个全新的、高度多样化的、高质量的人脸数据库。以StyleGAN为代表的智能生成技术的不断完善和提升，让我们感觉博伊斯所说的"人人都是艺术家"，正在从技术层面全面实现。

图3.13　Reddit网友生成的其中一幅画作

4.观念到图像的转换

前文我们提到了每个人头脑中的形象都会因个人的生活方式、知识结构、生长环境等因素而有所差异，但对于人们而言，今天的智能技术已经做到可以部分呈现思想的形状了。

1999年的电影《黑客帝国》（*The Matrix*）为我们展现了人类通过脑机接口反击计算机对人类的操控，21年后的马斯克为我们展示了安装了脑机接口的"赛博朋克猪"。这只"赛克朋克猪"的大脑被植入了脑机接口芯，且这只小猪在被植入芯片后，依旧可以正常活动，其每一步行动所释放出的大脑信号都可以在相关设备上显示出来。但这还仅仅是可以观测到脑电波信号的活动情况，借此可以根据信号侦测到大脑活动状态（图3.14）。

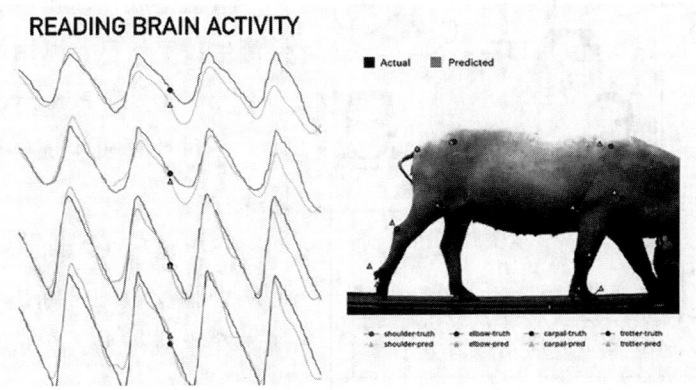

图3.14　"赛博朋克猪"的活动同步脑电图

而2020年9月7日已发表在《自然》（*Nature*）期刊上的一项研究指出，赫尔辛基大学的研究人员开发了一种技术，这种技术可以使计算机通过监测大脑信号来模拟视觉感知，并提出了神经自适应生成模型。从某种意义上来说，计算机试图预测人类的想法，而这可以让计算机产生全新的信息，生成与大脑信号相匹配的图形——从未现实存在的虚构图像，即观念的形态。

赫尔辛基大学研究的这项技术基于一种全新的脑机接口界面，之前类似的脑机接口已经能够执行从脑到计算机的单向通信，比如拼写单个字母或移动光标，而这项新研究是首次使用人工智能方法同时对计算机的信息表示和大脑信号进行建模的研究。这种与测试者关注的视觉特征相匹配的图像，是通过人脑反应与生成神经网络之间的相互作用来实现的。

研究人员称这种方法为"神经自适应生成模型"。在这项研究中，共有31名志愿者参加，来评估该技术的有效性。在记录参与者的脑电图时，研究者向他们展示了数百张人工智能生成的样貌不同的人的图像。研究人员要求受试者集中注意某些特征，例如看起来偏老或微笑的脸。在查看一系列快速呈现的脸部图像时，这些受试者的脑电图就会反馈给神经网络，再由该神经网络推断出大脑是否检测到任何图像与受试者所寻找的内容相匹配。基于这些信息，神经网络将其估计值调整为人们正在思考的面孔样子。最终，计算机对生成的图像进行了评估，使其与受试者所想的功能几乎完全匹配，实验的准确性达到了83%。研究人员表示，这项技术将人类的自然反应与计算机创建新信息的能力结合在一起。在实验中，仅要求受试者查看计算机生成的图像。计算机反过来对显示的图像和人对图像的反应进行建模，利用人类的大脑反应信息来生成图像。由此，计算机可以创建出与用户所想相匹配的全新图像。

神经自适应生成建模基于以下三个原理（图3.15）：

（1）生成（Generate）：生成模型会产生数字信息，以用作感知输入。

（2）感知（Perceive）：操作员感知，并对计算机生成的感知输入做出反应。

（3）适应（Adapt）：任务相关性是从大脑反应中推断出来的，这会更新潜在生成模型，生成新的与操作员感知匹配的数字信息。①

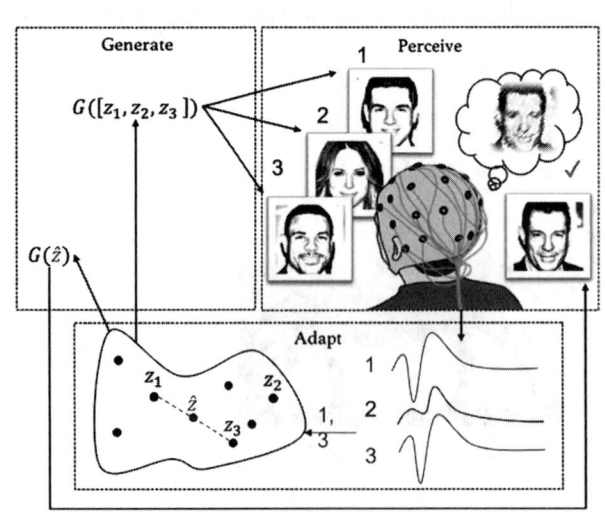

图3.15 神经自适应生成模型的工作原理

生成人脸图像只是这项技术潜在

---

① KANGASSALO L, SPAPÉ M, RUOTSALO T. Neuroadaptive modelling for generating images matching perceptual categories [J] .Scientific Reports, 2020, 10（1）: 1-10.

应用中的一个例子。该研究一个实实在在的好处是计算机可以增强人类的创造力和想象力。比如你头脑里想到了某些东西，但无法以绘画的方式表达出来，机器可能会帮助你实现这个目的。它可以观察你的注意力的焦点并预测你想要创建的内容。研究人员认为，这项技术可用于获取大脑对感知和潜在过程的理解。开发该技术的研究员米歇尔·斯帕佩（Michiel Spapé）表示："该技术并不能识别思想，而是对我们与心理类别的关联做出反应。因此，虽然我们无法找出测试者正在思考的特定'老人'的身份，但我们可能会了解他们与老年的关系。因此，我们认为，这可能会提供一种新的方式来获得对社会、认知和情感过程的洞察力。"①

5. 画风迁移

艺术家的作品是对自己的生活所感所观之后思想的凝练，需要经过长期的生活观察和创作经验的积累，其绘画的题材选择、绘画的技巧构成独特的视觉体验和鲜明的个人风格。因此这个过程是十分神秘和具有浓郁的个性色彩的，甚至就连艺术家本人也很难预料自己下一幅作品会是什么样子。绘画风格迁移就是使用神经网络来捕捉图像画风并将其结合到任意图片的内容和风格中的一种算法，具体涉及图像风格捕捉、画风迁移和风格内插组合这些流程。其原理是利用格拉姆矩阵（gram matrix）应用于卷积神经网络各层以捕获该层的样式，若对每层图像的格拉姆矩阵进行优化，以使其与目标图像的格拉姆矩阵相匹配，就可以让生成的图像模仿目标图像的风格。所谓匹配并不是说完全相同，可以定义一个损失函数计算每个卷积层损失并累加之后进行优化，或直接匹配所有层的激活值，利用激活值获得神经元之间的相关性（或图像风格编码）。同时，为了保证生成图像和参考图像内容统一，需要在损失函数中引入内容损失的参考因素，放在网络最后一层以保证与其一致。此外还要添加总变分损失，要求网络时刻检查相邻像素的差异，以保证图像过渡平缓（图 3.16 和图 3.17）。

图 3.16　左图为参考素材，右图为要进行风格迁移的素材

---

① A computer predicts your thoughts, creating images based on them［EB/OL］.（2020-09-02）［2021-05-30］. https://www.sciencedaily.com/releases/2020/09/200921091532.htm.

图 3.17 风格迁移效果图

如果已经捕获了两种图像风格，我们希望在另一幅图像上应用一种介于两者之间的风格，这就是风格内插。做法就是用加权的方式将两种风格整合到损失函数中，用不同的百分比代表不同风格所占的比例（图 3.18 和图 3.19）。

图 3.18 左图为参考素材，右图为要进行风格内插的素材

图 3.19 风格内插效果图

（二）图像合成

图像合成是通过某种形式的图像描述创建新图像的过程。Pix2Pix 和 CycleGAN 都属于图像合成领域的一部分。图像合成也有一些典型的工作，并且有很好的应用场景。

第一个是场景合成，此部分在于如何根据给定的部分显示场景的信息还原出真实的场景信息，比如根据分割图像还原出原始场景信息。这一过程刚好是图像分割的逆过程，据说英伟达在不断地开拓这个方向。试想一下，只要 GAN 还原的场景足够真实，完全可以模拟无人驾驶的路况场景，从而在实验室阶段就可以完成无人驾驶汽车的上路测试工作。这将是很好的一个应用，但所面对的问题就是如何生成高分辨率的、足够真实的图像（图 3.20）。此部分工作可以见 pix2pixHD。

图 3.20　场景合成

相对于离散的文本数据的学习，GAN 更适合对连续数据的学习，而且它也能完成对域的转换。比如使用 GAN 完成域的迁移，此部分有比较典型的工作，CVPR 的 oral 论文 StarGAN 是其中一个。Pix2Pix 模型解决了 Pair 对组数据的图像翻译问题；CycleGAN 解决了 Unpaired 数据下的图像翻译问题。但无论是 Pix2Pix 还是 CycleGAN，都是解决了一对一的问题，即一个域到另一个域的转换。StarGAN 就是在多个域之间进行转换的方法，它可以做多个图像翻译任务，比如更换头发颜色、表情变化、年龄变换，等等（图 3.21）。只要有一张年轻时候的照片，就可以提前据此生成自己老年后的样子。这项技术也催生出各种相关的 App 应用，2019 年成为大众热衷的一款娱乐 App。例如，抖音上的一个叫作变脸时光机的功能，可以根据用户提供的照片瞬间合成老年人的状态，不管上传的照片看起来是几岁，这个功能都可以合成用户的老年状态。相对于各种美颜相机除斑去皱，这个让人变老的功能应用倒是十分新鲜有趣。

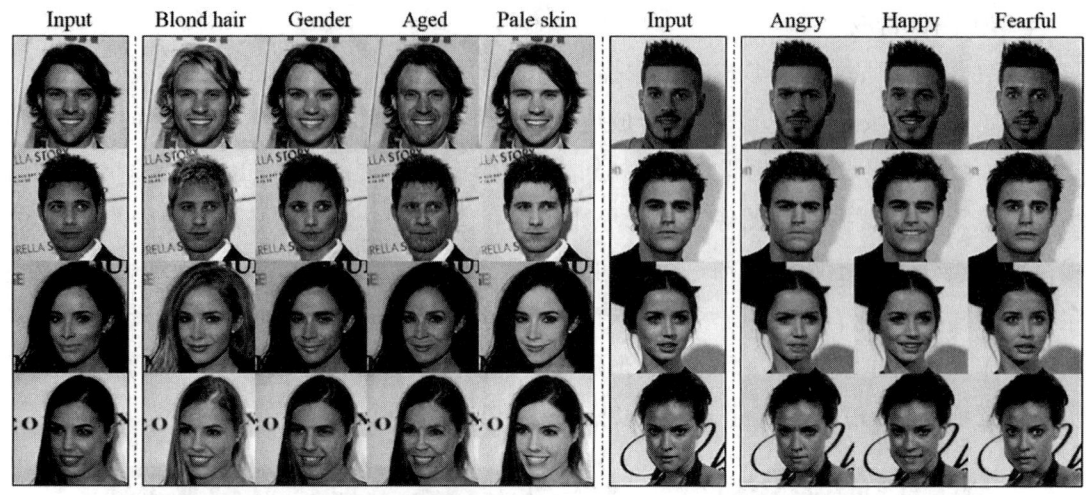

图 3.21　StarGAN 不同域的转换生成效果

2017 年年底 DeepFakes 的出现，更是实现了视频的实时换脸。这种实时换脸的技术如此逼真，以至于让我们从对文字的真实性怀疑发展到了对视频图像真实性的质疑。2017 年 12 月，一个名为"DeepFakes"的用户在 Reddit 上发布了一个"假视频"，著名影星盖尔·加朵（Gal Gadot）在视频中（其实是后期加上的）不可描述的表演，让这一切看起来几乎毫无破绽。用户 DeepFakes 利用刚发布不久的深度学习新技术，在成人电影中把演员的脸替换成盖尔·加朵的脸，从而制作成这个看上去以假乱真的视频。很多用户开始关注到该视频，用户 DeepFakes 还专门建了个 Reddit 主题，吸引了 9 万用户关注。

这部套用了盖尔·加朵面部的小电影，既没有大制作也没有高预算，连制作者也只是一个普通博主。这个假视频的制作原理并不复杂，只要了解机器学习工具 TensorFlow，普通用户便可以做到给任意视频换脸。

首先，该微博主下载了大量视频和图片素材，分别为盖尔·加朵和小电影；

接着，他运用开源的机器学习工具 TensorFlow 进行大量有关盖尔·加朵形象的学习，该软件已经能够判断出哪些画面是盖尔·加朵，哪些画面是小电影。接下来通过 Face2Face（脸对脸）的算法程序，实时跟踪小电影里演员的人脸动态，把类似盖尔·加朵的面容图像替换上去。

除了盖尔·加朵外，博主 DeepFakes 还发布了斯嘉丽·约翰逊（Scarlett Johansson）、泰勒·斯威夫特（Taylor Swift）等一大批当红女星的换脸情色视频。在这些视频发布之后的几个星期，网络上不断有人发表文章和报道，抨击这一"换脸"技术，对这种技术对于社会的负面影响表示担忧。这种随意换脸技术在当下仅仅是对一些当红明星造成了伤害，但如果这种视频造假技术泛滥于社会，则为心怀不轨的人利用这项技术做危害社会的事情提供了可乘之机，也进一步降低了视频作为法律有效证据的可能性。

2018年，加蓬总统阿里·邦戈（Ali Bongo）因为中风几个月没有出现在公众视野中，百姓担心其已死亡或丧失工作能力，因此引发了大面积的躁动与不安。为了安抚民心，政府在未加说明的情况下，使用DeepFakes技术让总统在习惯性的新年致辞中对加蓬民众讲话。但在不寻常的简短的三分钟演讲中，总统的目光几乎从未动过，眨眼的频率也很不自然，他的身体似乎被固定在椅子上，这一切更加深了人们的怀疑（图3.22）。在视频播出后，加蓬的许多人认为该视频是伪造或重新剪辑的。原本该视频旨在消除人们的担心，但结果适得其反。几天后，加蓬军方认为该录像足以证明邦戈不适合担任总统，因此发起了军事政变。

图3.22　DeepFakes技术伪造的加蓬总统讲话（2018）

虽然政变以失败告终，但录像带及其政治影响却如同打开了潘多拉的魔盒。黑客们伪造的视频越来越复杂，制作令人信服的视频的能力也越来越强大，数字影像的可信度越来越低，也让现场真人沟通变得越来越重要。

人脸置换技术在电影制作领域应用已久，但是传统电影中的人脸置换技术非常复杂，专业的视频剪辑师和CG专家需要花费大量时间和精力才能完成视频中的人脸置换。而DeepFakes的出现可以说是人脸置换技术的一个突破，实现了视频换脸技术的平民化和效率的大幅提升。利用DeepFakes技术，你只需要有一个GPU和一些训练数据，就能够制作出以假乱真的换脸视频。这对于普通用户来说并不是什么难事，即便是完全不会视频剪辑技术的用户，也可以通过把上百张人物形象图片输入至一个算法，制作出非常逼真的人脸置换视频。DeepFakes的出现可以说是人脸置换技术的一个突破，它的出现意味着我们可以在视频中进行大规模的"换脸"。相对于CG（Computer Graphics）动画模拟真人的制作，DeepFakes技术的出现大大降低了重现脸部的技术门槛。

而且随着网络的普及、5G时代的到来，我们都会有把自己照片上传到网络的经历。因此，理论上，我们大多数人的脸都能够轻易地被替换到一些视频中，成为假视频的受害者。相对于过往PS（Photoshop）最初降低了暗房技术门槛，让普通人也可以做出假照片来，假视频似乎更加让人担心，毕竟动态影像的叙事性和影响力都不是静态二维图片可以比拟的，因此对于这项技术，如果不加以限制和完善的话，确实会产生较大的负面社会效应。

这项技术的名声大噪虽然源于一个恶作剧，并引发了一系列负面的社会评价，但我们也应看到借助这项技术，可以做一些有益于社会发展的事情。以下我们围绕 Lexion.ai 公司的联合创始人高拉夫·欧贝罗伊（Gaurav Oberoi）提供的案例来分析 DeepFakes 的工作原理。高拉夫选择了著名的脱口秀主持人吉米·法伦（Jimmy Fallon）和约翰·奥利弗（John Oliver）主持的节目视频作为案例，来分析 DeepFakes 的工作原理。吉米·法伦和约翰·奥利弗是两位非常受欢迎的晚间脱口秀节目主持人，网络上有大量他们的节目视频。这些视频的亮度变化差不多，主持人在视频中的动作和姿势也很相似，这些相似性有利于降低视觉干扰因素的分析的难度。尽管如此，视频依然还存在主持人嘴型、微表情等细节差异，这样又能够保证对比分析中的趣味性（图 3.23）。

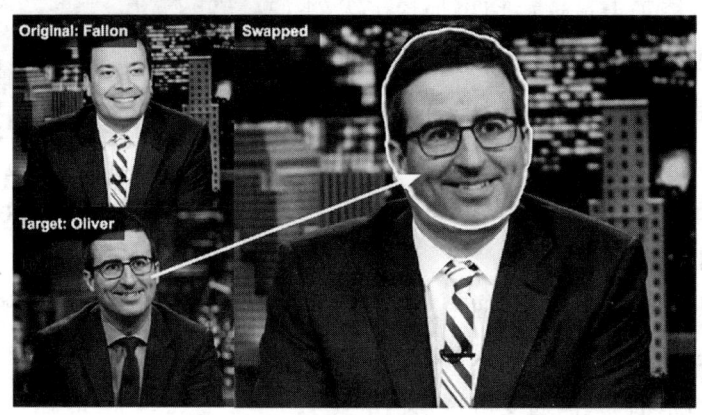

图 3.23　吉米·法伦和约翰·奥利弗的 DeepFakes 视频

从吉米·法伦到约翰·奥利弗的换脸视频是经过了大约 30 000 张（每人各约 15,000 张）图片的模型训练制作完成的，高拉夫从 6~8 个时长分别在 3~5 分钟的 YouTube 视频中过滤掉了那些不含吉米和约翰的脸的帧，留下了含有他们的脸的一些帧（每个视频每秒大约 20 帧）。以上这些操作全部都是自动完成的。

DeepFakes 的核心是一个"自动编码器"。这个"自动编码器"实际上是一个深度神经网络，它能够接收数据输入，并将其压缩成一个小的编码，然后从这个编码中重新生成原始的输入数据。在这个标准的自动编码器设置中，网络将尝试学习创建一个编码，从中网络能够重新生成输入的原始图片。只要有足够多的图像数据，网络就能学会创建这种编码（图 3.24）。

DeepFakes 让一个编码器把一张人脸压缩成一个代码和两个解码器，一个将其还原成人物 A（吉米），另一个还原成人物 B（约翰）。图 3.25 展示了这个过程。在这个案例中，使用的编码器是一样的，但是吉米和约翰的解码器是不同的。在整个训练的过程中，输入的人脸会被扭曲，从而模拟一个"我们希望得到这样的人脸"的概念。

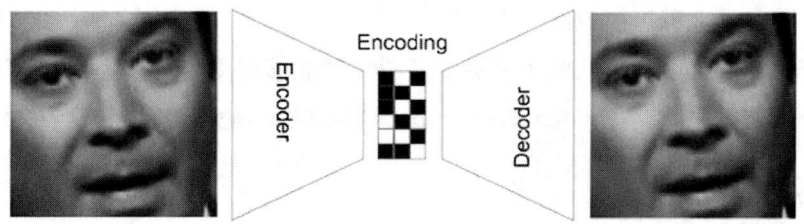

图 3.24　DeepFakes 的编码与解码过程

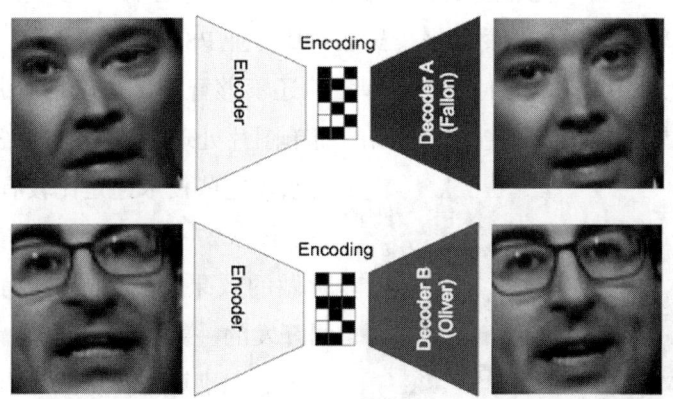

图 3.25　DeepFakes 编码器的工作过程

这个算法训练包括以下三个步骤：

首先，我们给编码器输入了一张吉米扭曲脸的图片，并尝试用解码器 A 来重新还原他的脸，这就使得解码器 A 必须要学会在纷繁复杂的图片中识别并且还原出吉米的脸。

然后，把约翰扭曲脸的图片输入至同一个编码器，并用解码器 B 来还原约翰的脸。

我们不断重复上面的操作，直到两个解码器能够分别还原出两个人的脸，同时编码器也能够学会通过抓取人脸关键信息，从而分辨出吉米和约翰的脸。

等到以上的训练步骤都完成以后，我们就能把一张吉米的照片输入至编码器，然后直接把代码传输至解码器 B，将吉米的脸换成约翰的脸（图 3.26）。

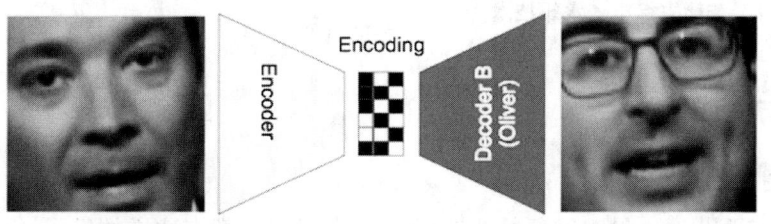

图 3.26　经过编码与解码的共同作用实现脸部实时置换

这就是我们通过训练模型完成换脸的全过程。解码器获取了吉米的脸部信息，然后把信息交给解码器 B，这时候解码器 B 会作出这样的反应："这又是一条干扰信息，这不是约翰的脸,那么我就换成约翰的脸吧。"①

DeepFakes 使用的算法仅通过观察多幅图片就能够据此合成、还原这些图片,这在传统视频处理技术来看是不可思议的,但机器学习技术确实实现了这个功能,这对于视频制作来说的确是一个高效的工具。

二、去底与水印

目前,除了上述要求比较高的识图、修图技术外,也有一些商业化比较实用的抠图、修图 App 和软件应用被开发出来,虽然对比专业 PS 修图效果还有一定差距(例如,当面对画面叠加元素比较多的时候,水印去除还不够智能,往往是形成一种类似 PS 图章自动复制的效果),但对一些要求不高的简单图片处理,比如去白底、简单图像叠加的水印这些技术还是比较有效的。

图 3.27 是利用一款名为 Inpaint 的软件所做的效果图。Inpaint 是由国外 Teorex 公司开发的一款去水印软件,这个软件可以通过图像识别算法,从图片上去除不必要的物体(如照片上的水印、划痕、污渍、标志等),它可以自动地将抹除后的区域补充回来;简单说来,Inpaint 就是一款功能强大的实用的图片去水印软件。

图 3.27 智能去标志、水印技术

从 Inpaint 的宣传视频、官网上的样张以及笔者测试的图片来看,Inpaint 的实际使用效果还是基本令人满意的。但如果要去除的水印周围的环境太复杂,交叉叠加的元素太多的话,去除的效果就不太理想了,这时候还是需要借助 PS 这些专业软件才能达到理想的效果。

三、优化与生成

(一)图形优化

绘画是需要花费大量时间与精力来学习的,很多人都有这样的经历:脑子里有了很好的概念想法,却不知道如何控制手眼的协调和熟练运用线条围合图形的技巧。谷歌在

---

① GAURAV O. Exploring deepFakes [EB/OL]. (2018-03-01) [2021-05-30]. https://www.kdnuggets.com/2018/03/exploring-deepfakes.html.

2017年4月发布了一款名为AutoDraw的智能绘画软件，能够帮助绘画表现力不足的用户迅速完成一幅简笔画，用户只需勾勒一幅草图，软件就可以自动识别，并帮助操作者一步步优化完成作品。

AutoDraw的使用相当简单，例如，我们可以简单几笔画条鱼，软件就会根据所绘大致形状在上方的菜单栏里显示用户可能想要的图形（图3.28）。这些图形都是专业的绘图设计师制作的，用户可以从中选择自己喜欢的样式。而如果用户对自己的画作很满意，则可以关闭自动提示工具独立完成作品。

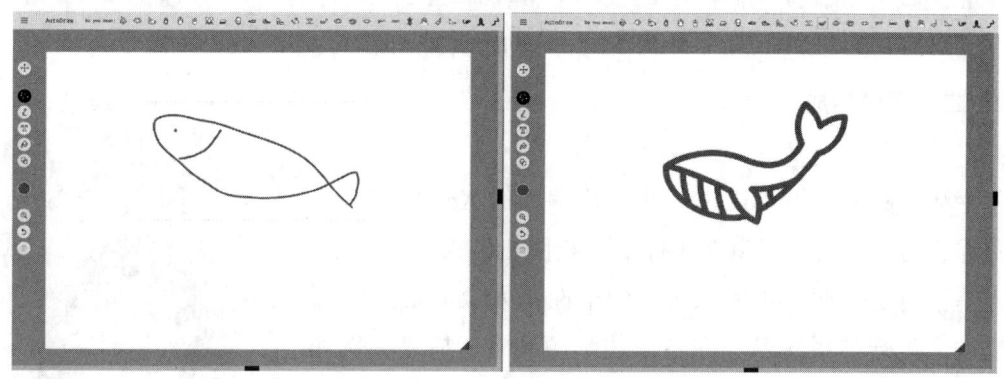

图3.28　AutoDraw简笔画鱼

这一工具的工作原理，主要是通过机器学习技术识别作画的。例如，用户画了一张不是很漂亮逼真的笑脸，系统可自动识别并推送艺术家绘制的相应选项，如果其中有用户的满意选项，用户只需要点击一下该目标项，原本一个不成型的作品就可以一键转化成为技巧娴熟、画面专业的作品了。

除操作简便之外，AutoDraw还是一款完全免费的App，它可以在任一手机、平板电脑和台式机上使用。在AutoDraw之前，谷歌就曾发布过一个名为QuickDraw的实验项目，该项目所应用的技术与AutoDraw一样。QuickDraw是一款迷你游戏，绘画者可以根据一个特定的物体进行绘图，比如眼睛、直升机等，而AI则可以在20秒的时间内对画作进行识别。相较于QuickDraw，AutoDraw更具创造力，绘画者可以任意绘制想画的东西。不过这两个项目都是应用神经网络识别进行绘画涂鸦的，对于图形设计师来说，这两款应用还是比较简陋的，难以胜任专业化的设计要求。例如，图3.29中笔者尝试绘画了一个奔跑的人，而在应用所提供的选项里，所匹配的结果与所绘图形还有着较大的差异。因此，这款应用目前还仅限于针对大众用户，是一款可以轻易上手优化作品、起到提升绘画质量的应用。相信未来随着技术的成熟，类似功能的开发不仅可以让社会审美的层次总体有所提升，也可以为设计师提供更多的灵感和辅助。

图 3.29　AutoDraw 简笔画人

（二）图像生成

1. 动漫生成

生活中我们大概都用过一些图片编辑的 App 应用。以美图秀秀为例，我们可以在里面的"绘图机器人"功能中，输入一张自己的照片生成二次元的个性化人像（图 3.30）。目前的人工智能系统已经在各个艺术领域有所应用，例如创作的节日歌曲、在佳士得拍卖的油画作品，以及制作的彩色标识。CNN 对抗生成网络技术可以借助大数据的机器学习来达到一定程度的艺术与设计能力。国内外现在都有利用 TensorFlow 完成对卡通动漫形象设计的算法，这些借助机器学习与 GAN 生成的作品几乎可以达到以假乱真的水平。2018 年，日本的 Crypko 公司开发出一款可以无限自动创造二次元动漫形象的 AI 绘图程序，其运用 GAN 的技术支持来生成具有专业水准的动漫形象。在机器学习了形象特征之后，它可以让动漫形象进行连贯的移动。这个应用模型不仅可以自动生成动漫角色，还可以了解用户的品味和意图。它以连贯一致的方式实现用户对角色的直觉感受，而且它还可以以平滑的方式在角色转换过程中增加表现元素（图 3.31）。

图 3.30　美图秀秀的绘图机器人功能

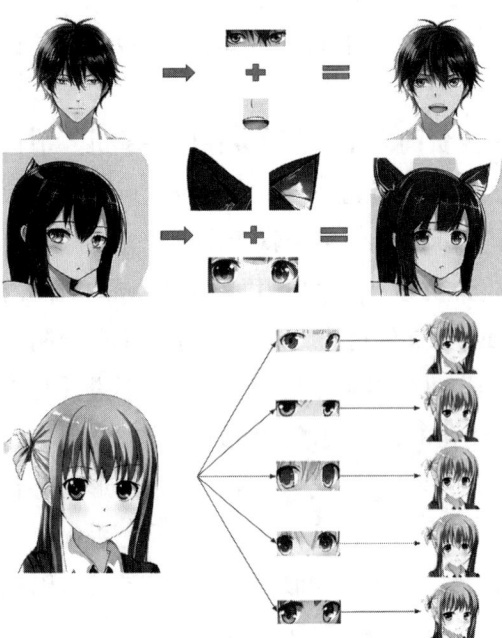

图 3.31　日本 Crypko 公司运用 GAN 生成的个性化动漫形象

2. 抽象艺术作品生成

面具和束缚（2016）是在 TensorFlow 探索组合模式生成网络的系列文章中的第一篇，文章论述了把 CPPN 和 NEAT 算法结合起来可进化生成神经网络的结构，从而能够生成类似于钻石炫目多彩效果的图片。其核心主要是依据像素的地址先计算出每个像素对应的颜色或者强度值，之后通过访问一个像素的网络结构，直接生成整幅图像。这样做的好处就是可以非常方便地生成分辨率极高的图像。

图 3.32　面具和束缚（2016）

3. 创意图像生成

OpenAI 是由诸多硅谷大亨联合建立的人工智能非营利组织。2015 年，埃隆·马斯克（Elon Musk）与其他硅谷科技大亨展开连续对话后，决定共同创建 OpenAI，希望能够预防人工智能的灾难性影响，推动人工智能发挥积极作用。其中的一个学者项目的毕业生霍利·格里姆（Holly Grimm）在 Arxiv.org 上发表的一篇论文中描述了她的工作——利用人工智能的生成能力来操纵图像中的对比度、颜色和其他属性。

格里姆人工智能模型的基础是生成 GAN，这是一个由产生数据的生成器和鉴别器组成的两部分神经网络，鉴别器试图区分生成器的合成样本和真实样本。格里姆以 CycleGAN 作为她的架构选择，CycleGAN 是一种在两个图像分布之间学习转换的方法。训练数据是未成对的，这意味着数据库中的图像之间不需要精确的一对一匹配。

格里姆为了制作模型，输入了一个在开源 ImageNet 数据库上训练过的 ResNet50 算法，并将其与一个在视觉艺术百科全书 WikiArt 的 apple2orange 数据库中经过 500 幅图像训练的 CycleGAN 算法结合起来。这个系统被她称为"艺术构图属性网络"。她在实验中制作照片的同时改变几种不同的构图属性：纹理、形状、颜色、对比度、重复、原色与色彩和谐。经过多次测试，她成功地将以橙色为主的图像转换为以蓝色和青色为主的新图像，并从其他图像中提取出形式、颜色和纹理（图 3.33）。此外，我们还可以运用 GAN 动态生成创意图片，艺术家只需要画出草稿，由 GAN 来填充细节（图 3.34）。

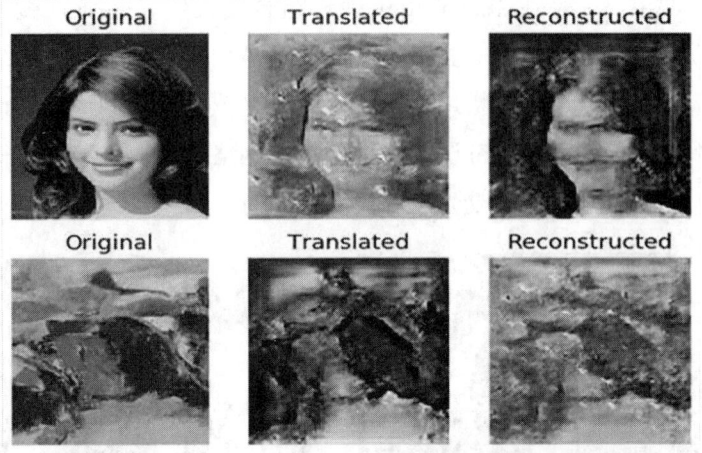

图 3.33 改变图像中的对比度、颜色和其他属性（霍利·格里姆，2018）

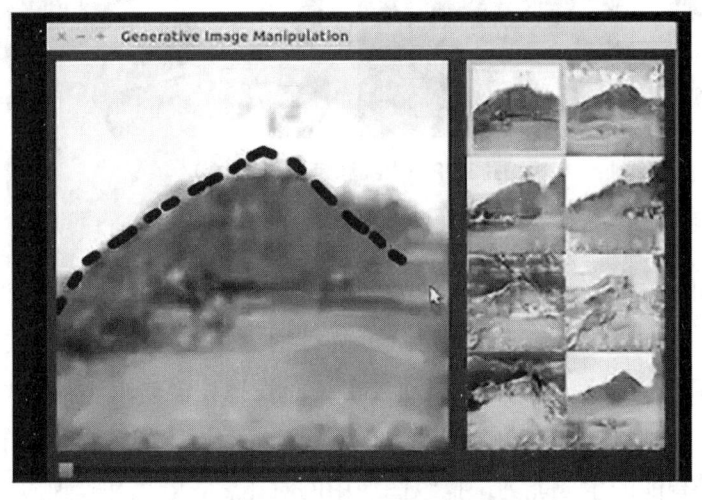

图 3.34 GAN 动态生成创意图片

4. 油画形象生成

德国艺术家马里奥·克林格曼（Mario Klingemann）2018 年在推特上持续发布了一项有趣的神经网络实验。他使用英伟达的 pix2pixHD 算法配合 1900 年之前的画作照片设计了一款写实派人脸生成器，通过观察神经网络如何按照既定算法进行学习，并利用数千幅欧洲艺术家作品对其进行训练，最终取得了一些意想不到的效果，从中我们可以看出人工智能图像生成的基本路径。

马里奥在接受邮件采访时表示，"纵观整个艺术发展史，可以清楚地看到自文化启蒙以来，人们就对艺术沉迷不已。其中的一大重要原因在于，面孔的绘制既简单又可以极为复杂——我们可以画出一张简单可辨的面孔，也可以努力重现每个毛孔的具体细节。最困难的问题是，每个人都是人脸识别方面的专家，我们会注意到表情中的细微变化，并轻松发现极为细微的比例失调问题。这意味着如果绘制或者说生成一张人脸之后，这种轻微变化所引发的影响将很快被人们所发现"。

图 3.35 是马里奥在推特上展示的人类画作与智能生成的对比，对于一般观众而言，他们可能很难区分人类画作与机器生成之间的差别。但仔细观察之下，我们还是可以发现智能生成作品中的一些不完善之处。例如，肖像的左眼与右眼看起来有着明显的不匹配，毕竟色彩人像绘画中造型的细微差异都是很容易被发现的。马里

图 3.35　人类画作和神经网络作品对比

奥本人也表示"我能够轻松判断出这套模型的能力水平，特别是在细节方面，因为任何错误都会引发一些不可思议的内容"。他同时承认，由于该模型的训练素材主要为几百年前的欧洲中年男性及年轻女性画作，因此大部分人物面部都白得过分，而要解决这个问题，可以通过不断丰富数据库里的画作来提高生成质量。

在马里奥看来，训练神经网络的过程亦是一项艺术挑战，换言之，同时要求人类与机器发挥自身的创造性。他解释称，"构建面部生成器就像开发故事生成器一样。每张面孔或者一组面孔都会引发相应的联想、问题甚至是情绪。当然，机器在处理这类任务时往往会带来令人意想不到的结果"。

事实上，通过此轮实验，他发现生成 19 世纪油画风格的肖像要比创造写实派风格的肖像简单得多。他指出，"当我们观看画作时，往往会对那些看起来不太准确的部分更为包容，这是因为我们会考虑这可能是艺术家们有意为之。"毕竟，有很多画作都存在着解剖学原理层面的问题，这会进一步缩小人类作品与机器作品之间的差异。

图 3.36　《戴荆冕的耶稣像》与马里奥的绘画算法版本

以《戴荆冕的耶稣像》为例，这是一幅绘于 1930 年的耶稣画像，并在 2012 年因其奇异的风格而在网络上获得了极大的关注。马里奥创作出了自己的绘画算法版本，有着比原作更为夸张的怪异风格，但同时又融入并营造了一种风趣幽默的意味（图 3.36）。

四、商业的应用

在商业应用领域，阿里巴巴推出的"鹿班"、京东的"羚珑"都已经开始了一些实际商业应用尝试。阿里巴巴的鹿班系统自 2017 年"双 11"期间每秒生成 8,000 张海报之后，目前已经开始尝试进行智能设计收费。

阿里巴巴智能设计实验室依托达摩院机器智能技术，通过对大量网络电商设计数据的学习，对鹿班进行深度学习训练，之后根据用户输入的需求，机器从无到有经过规划、行动多轮大规模计算，生成符合用户需求和专业标准的视觉图像。它基于图像智能生成技术，可以在短时间内完成大量网络面板广告、淘宝旺铺海报设计、钻展图、自定义场景及拓展等模块。例如，在鹿班平台选择常用场景中的"淘宝旺铺海报"，会出现设计类型、上传商品图片、选择尺寸、填写文案等类目。使用者完成每个类目的填写或上传后，鹿班可以据此设计出 7 张不同的效果图。如果用户对出现的 7 张设计图不满意，可以继续点生成，继而再出现 7 张。该功能基本上可以满足使用者的需求。在此基础之上，鹿班还提供了对每张设计稿的微编辑功能。用户可以人工对不同图层进行移动、修改和再设计。

鹿班每秒生成 8,000 张海报生产效率是人类无法比拟的。这个智能生成系统具备了图片自动去底、图片尺寸拓展、版式有规律变化等传统设计的基本功能，用户只需任意输入想达成的风格、尺寸，鹿班就能代替人工完成素材分析、抠图、配色等耗时耗力的设计项目，实时生成多套符合要求的设计，从而满足了一些对美术要求不高的淘宝店主日常宣传需求（图 3.37）。

图 3.37　阿里巴巴的鹿班智能生成系统（2020）

鹿班的智能设计主要包含风格学习、生成网络和评估网络三个部分。

（一）风格学习

对于传统设计而言，一位成熟的设计师需要经过长时间的专业训练，拥有性能出色的软硬件配备、充足的设计素材和良好的设计能力，才可以满足客户的设计需求。与之相比，鹿班智能设计通过大量业内设计作品的机器学习，它可以将图片配色原理、图文搭配规则、视觉组合风格等设计原理全部都进行数据化处理，再由系统根据算法进行调用。

智能设计系统先将大量设计素材的设计数据进行结构化标注，经过一系列的神经网络学习后，输出空间＋视觉的设计框架。在框架设计中，首先通过人工标注的方式，让机器理解该幅设计由哪些元素组成，比如它的商品主体、图形的背景、蒙版，等等。

在这个过程中需要借助人类设计师的经验知识来定义一些设计的手法和风格。手法指的是这些元素为什么可以这么构成。当这些元素构成之后，从美学或者视觉风格的角度看是一个什么感受，让机器知道它是由什么组成的。

接下来需要准备设计的原始文件，比如一系列相关图像和设计方法，输入深度学习网络中。该网络具备一定的记忆功能，可以记住设计步骤中复杂的过程。经过这层神经网络学习之后，会得到一个设计框架。从技术上理解，它是一堆空间特征和视觉特征构成的模型。从设计师的视角来看，它相当于设计师头脑里在做一组设计之前那个大概的框架印象。

在设计框架的同时，元素中心也在批量输入元素（如底图、主产品图、修饰元素等），由元素分类器进行学习，按照视觉特征和类型分类。具体来说，鹿班团队会提前收集一些版权图库，以及自己制造设计元素的方式，输入元素分类器中。这个分类器会把这些元素分布到各个类型里，比如背景、主体、修饰等，也会完成图片库的提取。

（二）生成网络

生成器的主要作用是根据需求从风格学习模块中选择设计原型，并从元素中心选取元素，规划出多个最优生成路径，完成图片设计。

这与设计师的实际工作过程非常相似，比如设计师要设计一条龙，也会在从草图到上机修改的过程中，不断去调整每个点、每条线、每个动态，等等。同时，整个过程也是一个强化学习的过程，生成器会在不断试错中更聪明、更智能。在此之后所输出的多幅设计图，最终会交给评估网络对生成的作品进行评估。

（三）评估网络

评估网络的工作原理是输入大量的设计图片和评分数据，经过训练后，让机器学会判断设计的好坏。鹿班系统的基础来源于设计师的设计模板素材和元素素材，因此会有两个设计师角色每天去训练鹿班：一个负责帮助鹿班完成最新的风格学习，从而使鹿班不断进化，不断掌握更新、更有效率的设计技巧；另一个则是对鹿班设计出来的成果进行评估，告诉鹿班什么样的设计才是最符合设计要求的。设计师的核心职责在于使设计形成数据化。对于人工智能设计系统来说，机器学习的效率可以达到每天百万级，因此，它拥有设计上亿海报样式的能力也就不足为奇了。

目前，类似鹿班、羚珑这些人工智能设计系统面临的一个首要难题就是如何找到该领域专家深入研究该领域的经验知识，构建一套机器可以学习的数据模型。视觉设计专家把设计问题抽象成"风格—手法—模板—元素"这样一套数据模型，即把多年视觉设计经验变成机器可学习的数据。但今天的网络爬虫技术还远不能满足数据标注细化的要求，所有的机器学习都基于大规模结构化标注数据，因为知识版权的原因，当下很多的设计作品数据很难实现在线化，更不用说可用于机器学习的标准化、结构化数据。

在定义好数据模型后，要抓取和标注数据，并对数据库进行分类和管理。在这个过程中，如何处理数据给算法训练的更新频次？用什么数据去验证模型？如何评估模型效果？离线模型与在线数据在产品端如何打通？这一系列的数据问题需要有一套清晰的数据处理设计。而当下缺少大量具有标注的数据的现状，成为人工智能艺术与设计发展的重要阻碍。

此外，由于艺术与设计的主观不确定性，机器设计需求把握和结果评估都存在人类主观意识，比如你无法给机器输入类似"气韵生动"或"高端大气上档次"的指令，对于这个问题我们在前文已经做了相关的分析，这里就不展开深入探讨了。

第四章　人工智能色彩艺术与设计

> **重点内容：** 从色彩的色相、纯度、明度等基本要素和构成原理，分析人工智能艺术与设计色彩设计的识别与生成方式，同时介绍当下比较常用的取色、配色和上色在线工具，了解如何进行智能色彩设计，提升色彩设计效率。

色彩是我们人类视觉感知事物最为直接的元素。当马路上一辆车迎面向我们驶来时，我们首先感知到的是它的颜色，而不是形状、品牌、车型这些较为具体的图形元素。交通信号灯设计为颜色识别而不是形状识别，一方面是出于对全天候信号传播的考虑；另一方面则是因为颜色是最为简洁、直观的视觉传达元素。

色彩根据其混合变化的方式可以分为色光和颜料两个门类。色光采用加法原则，它的三原色包括红、绿、蓝三种颜色，三种色光强度是一个连续谱，每两种原色叠加又可以形成间色，而复色的变化则是无穷尽的。颜料三原色的混合，亦称为减色混合，是光线的减少；两色混合后，光度低于两色各自原来的光度；混合色越多，被吸收的光线越多，就越近于黑。所以，颜料调配次数越多，纯度越差，越失去了它的单纯性和鲜明性。原理上，红、黄、蓝三色混合在一起就变成黑色。红与绿、黄与紫、青与橙，各组颜色的混合都接近浊黑，但实际上只是变成浓浊的深灰色。因此印刷上会在三色以外再加上一个黑色，用红、黄、蓝、黑四色。

色彩的属性包括色相、明度和纯度。虽然世界上的颜色有无数种，但通常我们人眼可以识别的色彩在百万左右。在色彩的识别上，机器分析具有我们人类无可比拟的能力。尤其是从数理角度对色彩的成分比例、色彩搭配比例关系的分析，机器可以快速地做出精确的判断。在色彩艺术与设计上，我们人类存在着个体差异。个别具有天赋的人据说可以感知出上亿的色彩变化，一些印象派大师像梵高、莫奈、毕沙罗、米开朗基罗、鲁本斯等，显然他们对于色彩变化的感知和表达能力要超出常人。在这些绘画大师的作品当中，既有着微妙的色彩变化，又有着高超的表现技巧，他们将艺术天赋与对美的发现以精彩的方式呈现于世人。并且，这种现代化的上色处理，也成功地拉近了和当代年轻人的距离而更具时代感，赢得了更多年轻人的青睐。

我们可以通过总结绘画作品的图形、色彩、构图视觉元素，从中找到规律加以深度学习，甚至进一步据此自动生成绘画作品。例如，2014年10月，ING团队与微软、德尔夫特科技大学（Delft University of Technology）、海牙莫瑞泰斯皇家美术馆（Mauritshuis）以及伦勃朗故居博物馆（Museum Het Rembrandthuis）的专家们共同合作研究的"The Next Rembrandt"计划，就利用人工智能技术分析了油画人像大师伦伯朗的色彩、技法、风格、题材等特点，创作出伦勃朗的下一幅可能的绘画作品，并结合3D打印技术，用真实的油画颜料打印出了一幅三四十岁、头戴帽子、有胡子、面向右方的男子肖像画（图4.1）。

伦勃朗是欧洲17世纪最伟大的画家之一，也是荷兰历史上最伟大的画家，是色彩和光影控制的大师。他的油画通常采用深酱色或浅橄榄棕色为背景，将光线聚焦于画面的主体，犹如一束照亮幽暗舞台的聚光灯（图4.2）。他独到地运用光影明暗，灵活地处理复杂画面中的明暗光线，用光线强化画中的主要部分，也让暗部去弱化和弥散次要因素，使得画面具有强烈的戏剧性色彩效果。对比人工智能参与的作品和伦勃朗原作，普通观众是很难辨别出该作品与挂在美术馆的伦勃朗真迹之间的区别的。

图 4.1 《下一个伦勃朗》（2016）　　　　图 4.2 伦勃朗自画像（1658）

自巫礼以始，科技与艺术从来都是相伴相生的，二者并不是谁取代谁或谁控制谁的问题。事实上，诸如很多科幻小说对未来的预见，艺术一直以来都是科技发展的重要灵感来源。科学与艺术的关系从来都是相辅相成、互相促进的。

我们看到以目前的人工智能技术，完全可以再现过往艺术大师的杰作，虽然目前这种创作也只是局限于风格、技法明显的艺术大师们，而且类似《下一个伦勃朗》这样的所谓人工智能画作还需要人的介入才能取得较为理想的效果，但总体来说，这是一个明确的人工智能在艺术创作上的应用方向。

在这幅作品中，其所展现出的用色技巧、色彩搭配和色值都经过了对伦勃朗几百幅油画作品的数据采集和分析，借助 AI 算法判别出伦勃朗最为常用的绘画方式的技法，可以说是取了伦勃朗之所长，再结合伦勃朗所处时代的绘画总体风格走向和个人的绘画题材取向而创作的身着一袭黑衣、配饰白色围纱、头戴礼帽的经典形象。这个项目除了运用人工智能技术外，还借助 3D 打印和大量的人工辅助手段，我们看到机器学习在复杂视觉形象的生成方面还存在着很大的不足之处。

而在抽象绘画方面，人工智能有着能够以假乱真的本领，类似蒙德里安、康定斯基、米罗等抽象绘画大师创作的作品主要由较为简单明了的几何点、线、面构成，这大大地降低了机器的运算量，通过对某位大师过往作品的常用色彩搭配及其比例进行学习，尤其是像克莱因这种长期使用一种颜色进行抽象绘画的艺术家，机器可以快速地创作出抽象绘画作品。

第一节　智能色彩识别与生成

阿里巴巴人工智能产品鹿班的网络面板广告和海报设计，应用在电商类项目宣传中，的确能大大减少人力资源的投入。同时，机器自动设计并生成面板广告和海报在未来也会更加具有个性化，逐步实现为客户提供更多的设计效果。

在人工智能艺术与设计的诸多环节中，智能配色是难点之一。首先，色彩作为人类视觉感知的第一要素，其对设计品的辨识度和表现力有着非常大的影响，用户往往在第一时间凭配色产生好恶的感受。其次，色彩搭配具有较强的艺术性和一定程度的经验积累，对设计师的审美修养要求较高，是艺术设计中要求较高的一项任务。最后，机器设计如何根据不同语义场景选择色相、明度、纯度的搭配，甚至对同一设计提供具有针对性的几套优选配色方案，是色彩机器学习的难点。以下我们将讨论智能艺术与设计配色的解决方案思路以及其中配色规则的设计过程。

一、色彩识别

我们在画素描时有"三大调子五大面"的说法，这是保证全因素素描的基本原则与方法。同样，我们在用 PS、AI 这些数字软件进行色彩设计时，也有提炼、归纳的概念，对画面层次进行划分有利于清晰地表现主题。

调色板在绘画中起到控制整体色调的关键作用，如在知名的设计网站 Dribble 中，每个上传的设计作品都会被自动提取并生成 aco 调色板（Color Palette）文件。将这些调色板用于面板广告配色或为简洁有效的解决方案：提取样本颜色→匹配调色板→根据调色板上色。

在 Dribble 中我们在提取样本图像代表色后，通过图像代表色与现有调色板库中的色彩比对，找到对应的调色板（彩图 4.1），Dribble 中的调色板会按照色彩的面积依次排序，下一步还可以根据标准色选择相关色系的作品浏览（彩图 4.2）。在使用调色板时，忽略黑、白、灰等无彩色之后，依次由下层至上层上色至面板广告上。

Dribble 中的调色板——虽然经过上述过程得到的配色方案，仅是通过面积进行排序，而未能深入分析颜色的内在关系，但通过机器学习的方式，我们可以在一定程度上掌握这种色彩的内部组织关系。然而，如果我们仅满足于享用机器学习的成果，而不能掌握其中的规律，那么无疑对于我们人类探究艺术发展的内在规律和提升人类自身的审美能力作用不大。所以，我们运用机器学习的目的不仅仅是要找到合适的色彩搭配，更要了解各色彩元素层之间搭配的美学规律。

此外，自 2005 年意大利的马西莫·班兹（Massimo Banzi）推出单片机 Arduino 之后，伴随着这种易于上手的单片机和传感器的普及，色彩识别与采集的传感设备生产与销售成本越来越低，其在设计交互方面的应用越来越丰富多样。如图 4.3 名为《帝王相》的装置将一幅古代清代帝王的工笔画像卷轴悬挂于墙面，其面部留白，投影将五官投射在空白的面部上，五官被拆分成眼、鼻、嘴，从古画中抽取不同的眼、鼻、嘴分别印于三枚骰子的六个面上，三种器官对应于三枚骰子，分别为眼骰、口骰、鼻骰，对其各个面涂以颜色，以使下方凹槽中的颜色传感器读取相应颜色信息。每个器官各有六种可能，共 216 种组合方式；下方设置放置骰子的凹槽，体验者转动骰子，随机为帝王画像决定五官。这个设计中使用 Aduino 结合 Processing，以颜色传感器作为传感识别，每个骰子中，不同的颜色识别对应不同的五官图像。设计者用这个创意反映出历史进程当中的偶然性，意图打破传统封建迷信和偶像崇拜。

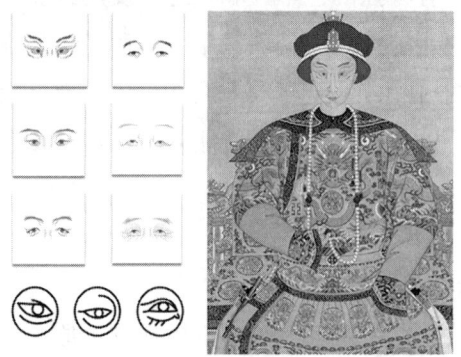

图 4.3 《帝王相》（胡嘉怡、王璐明、厉坤、何熠楠、林博文，2019）

二、色彩生成

人工智能的色彩生成主要由图4.4所示几个环节构成，即风格学习与设定规则→方案生成→方案应用→方案评估。

1. 风格学习：从图像主体图形提取代表色。图像主题色提取可以基于多种算法，如Median Cut、Octree、K-Means等方法进行风格取色完成机器学习。

2. 设定规则：根据代表色、风格自动挑选合适的规则进行机器学习。虽然配色规则具有一定的通用性，但针对不同的色彩依然有优劣之分，不同的配色规则更是产生了不同的配色风格。通过对商品代表色、风格和基于配色规则的结果进行评分与训练，得到不同颜色、风格对应的最佳规则。除了人工训练外，亦可通过面板广告在实际使用中的点击量作为反馈进行训练。

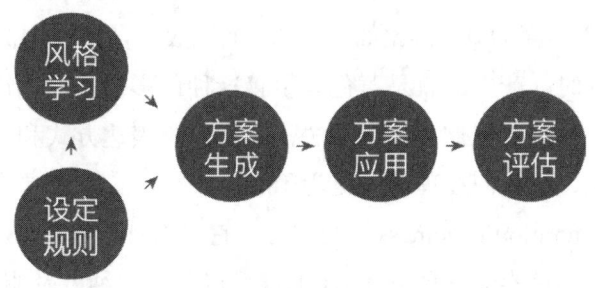

图4.4 智能色彩生成流程

3. 方案生成：方案生成是该系统中的核心部分。建立有效的配色规则并生成合理的配色方案，将直接决定方案的效果。

4. 方案应用：按照配色方案中的颜色与面板广告中元素的对应关系，对面板广告中的元素进行颜色替换，进而完成配色。颜色替换与素材有关，SVG等形式的素材支持色彩的直接替换；如为PNG等格式的素材，则需要采用Canvas遍历像素替换的方式。

5. 方案评估：在方案应用之后，需要人工介入，根据需要选择适合的色彩组合效果进行评估，可以根据生成方案继续调整算法和取色样本的选择，以达到最为理想的设计效果。

配色方案生成是智能配色系统的核心，而规则库为该系统提供了良好的扩展性。其中有两个重点，即颜色模型的选择和配色规则的设定。

（一）颜色模型的选择

在日常的艺术设计及数字用户界面设计中，十六进制色值（Hex，彩图4.3）是我们常用的表示颜色的方法，它其实是RGB模型的一种表达形式。虽然使用Hex非常方便，但RGB模型在设计配色时却并不十分方便。RGB基于色光混合原理设计，用红、绿、蓝三个色光叠加的变化来描述颜色。

RGB 的颜色模式，又称为"加色模式"，三基色是"红""绿""蓝"三种颜色。而对于印刷品这样的颜色模式，又称为"减色模式"，它的三基色是"青""洋红""黄"三种颜色。减色模式又称为"CMYK"模式。由于 RGB 主要用于屏幕显示，而 CMYK 主要用于打印显示，因此 RGB 就像是娇艳欲滴的红叶，而 CMYK 则像是被霜打之后黯然失色的秋叶（彩图 4.4）。

例如，在网页上指定一种颜色，就要使用 RGB 模式来确定，其方法是：分别指定 R/G/B，也就是红/绿/蓝三种基色的强度，通常规定，每一种颜色强度最低为 0，最高为 255，以十六进制数值表示，那么 255 对应于十六进制就是 FF，并把三个数值依次并列起来，以 # 开头。

例如，颜色值"#FF0000"为红色，因为红色的值达到了最高值 FF（即十进制的 255），其余两种颜色强度为 0。再比如"#FFFF00"表示黄色，因为当红色和绿色都为最大值，且蓝色为 0 时，产生的就是黄色。尽管这种色彩描述模式符合视锥细胞的感色原理和显示器的显色原理，但这种采用加法模式的色彩表达方式和我们人类对色彩的直观减法原则感受相反，让我们在理解上更为困难。

HSL 是"Hue Saturation Lightness"的缩写，它与 HSB（B for Brightness）类似，是通过三维坐标系来表达色彩的一种方式。HSL 模型以色相、纯度及明度为分量表示颜色，其明度 L 分量与彩色信息无关，易于辨识分析；H 与 S 分量与人的视觉感知原理相近，因此非常适用于图像理解、模式识别等与视觉感知有关的图像应用（彩图 4.5）。

鉴于 HSL 定义标准（受 W3C 标准支持）以色相、纯度、明度为分量，易于构建配色规则，因此，在配色规则的算法设计中通常以 HSL 为颜色模型。这样任何一个颜色 C 都可以转化为由（H，S，L）三个分量构成的数组，通过分量建立配色规则以应用于其他颜色。

（二）配色原则的设定

通过 HSL 可以使用人类的直觉来描述颜色，并挖掘其中的配色规律，继而形成配色规则。我们看到高更、米罗、伦勃朗这些绘画大师都有着自己鲜明的色彩风格，他们在多年的绘画经验中逐渐形成了自己的配色方法，如同中世纪宗教油画掺入蛋清可以让色彩更加鲜亮，不同地域、时代的画家们都有着各自鲜明的色彩风格。伴随着当今互联网的发达和人工智能技术的发展，这些方法和规律将通过 HSL 模型转化为规则，进而形成可以备用的色彩库，让更多的设计师乃至普通人也可以运用大师的色彩技巧来完成创作。

设计领域可以根据色相轮（彩图 4.6）进行配色，并拥有一系列规律。色相轮是配色的基本工具，通常包含原色（primary colors）、间色（secondary colors）以及复色

（tertiary colors）。原色是红、黄、蓝三色。间色由相邻的原色混合而成：紫＝红＋蓝；绿＝蓝＋黄；橙＝黄＋红。复色是用任何两个间色或三个原色相混合而产生出来的颜色。

常见的配色方案有：单色配色（色相保持不变，改变明度和纯度）；邻色配色（色相轮中彼此相邻的三种色彩搭配，如红色、橙色、黄色形成渐变效果）；补色配色（色相轮上180度相对位置的两种色彩来进行搭配，如红色和绿色，色彩对比效果强烈）；三等分色配色（色相轮上成120度的色彩搭配，如红、黄、蓝，兼具色彩对比平衡）；还有比较特别的成90度、矩形等配色方式。

原色、间色和复色这三类颜色相比较有一个比较明显的特点，那就是在饱和度上呈现递减关系。也就是说，在饱和度上，通常情况下，原色最高，间色次之，复色最低。所以，人们通常把复色称为"某灰色"，如蓝灰色、红灰色、紫灰色等。这个特点给我们的色彩设计提供了明确的规律。这种色彩之间面积和色相、纯度、明度的搭配关系，在传统的色彩技法学习中是通过数学分割，结合各种心理学测试和创作经验累积形成的，而在机器学习的介入下，我们可以更多地依据对于过往备受欢迎的经典案例学习来选出最佳的色彩搭配方案。

谷歌2014年发布的Material Design在当时迅速成为谷歌、百度的搜索热词，在这套智能化的设计系统中，提供了包括图形、文字、版面和色彩的全面设计。其中的色彩设计系统，通过旋转色相轮的角度找到合适的颜色，这也是设计师进行色彩搭配的常用方法。该色板库的作用是可以从图像中提取一组颜色，用于界面元素中，使画面配色更为协调。如彩图4.7音乐软件界面中的面板色、与其相似的控制条色及与其具有高对比度的按钮色，均通过专辑封面动态提取。

这组由色板库提取的颜色分为鲜活（Vibrant）、深色鲜活、浅色鲜活、暗沉（Muted）、深色暗沉、浅色暗沉六种类型。人们通常可以按照规律来为界面设置颜色，如深色暗沉作为面板色，暗沉作为控制条色，鲜活作为按钮色，进而提供合理搭配。同时深色与浅色提供了合理的对比度，可以用于背景和文字。该色板库的JS实现为Vibrant.js，通过分析其源码，我们发现其中对图像颜色进行了一定规则的分类及转换。这证明了通过规则转换颜色并且应用于多种设计或主体图形具有适用性。

表4.1

	调色板	配色原则
映射关系	通过面积占比确定	对各层次元素的关系分析得出
获取来源	网络中的调色板无法直接使用	由设计师制定规则
适用性	调色板不可复用	配色规则可以复用

通过 Vibrant.js 中内置的一条规则，可以得到一组配色方案。如果有多条合理的规则，对每一种商品或 IP 图案则可以生成多种方案，通过建立规则库能够丰富结果的多样性。

基于元素的层次关系而不仅仅是面积关系来制定配色规则，可以使色彩生成结果稳定安全。色彩设计规则的来源除由专家意见设定外，还可以通过层次关系于网络中转化；同时一条规则可以复用在各种商品或主体图形的情况下，较少的配色规则就可以支持大部分类似电商类面板广告的需求。

通过算法学习设计师的设计方法，并由机器自动生成色彩设计（尤其是对设计要求不高、信息简单的电商类面板广告来说），可以减少设计师的低创意、重复性的工作，这已经在大量的商业实践中得到应用。一方面，在具体的生成方式上，我们通过机器自动学习 Dribble、Codrops 之类流行设计网站的配色风格，以扩充配色规则，丰富配色效果，提升智能设计的技术水平；另一方面，智能色彩生成转化了设计师的设计成果，并极大地减少了设计师的参与，同时丰富了配色的表现结果。通过对学习后的规则打分训练，并进行深度学习，可以衡量配色的美观程度，以提高设计结果的可用性，最终再由人类设计师决定是否达到预期效果或者继续进行学习生成。

第二节　智能调色

彩色还原的技术让我们看到了久远年代的色彩，拉近了时空距离。但自然界里的色彩变化万千，计算机中的颜色就有由红、绿、蓝三基色（每一种颜色的变化范围是 0~255）组成的 $256 \times 256 \times 256 = 16,777,216$ 种颜色。而我们正常人通常有三种视锥细胞，分别可以探测红、绿、蓝，能看见约 100 万种不同的颜色。英国科学家在寻找了 25 年之后，终于在 2014 年找到代号为 cDa29、拥有四种视锥细胞的"四色视者"了，即视网膜中拥有额外类型视锥细胞的人类。他们估计这名女性比其他人类能多看见 9,900 万种颜色。

在现实生活中，我们人类根据自己的生活习俗会对颜色的搭配形成某种欣赏品味和取向。Adobe 公司的 Adobe Color CC、Colormind、Khroma 这些在线配色工具都有相类似的提取和配色功能，接下来我们以这几种工具为例，逐一了解它们是如何帮助我们快速地做出符合设计理念的颜色组合的。

一、智能取色

在传统颜料绘画中，艺术家需要长期大量的创作经验积累才能调出合适的颜色和协调的感觉。在设计领域，如果设计师缺少足够的实践经验或者敏锐的色彩感受，就需要认真学习色彩搭配手册里的内容，但这种僵化的学习与设计方法往往难以取得理想的设计效果。智能取色技术是指根据图片内容，自动提取选择合适的颜色，一般用于产品图片周围的背景颜色选择、海报图片搭配等，使产品配色整体效果达到美观协调。

智能取色是基于统计的方式，将图片中出现最多的颜色色值作为整个取色的基调值，也就是将出现最多的颜色作为图片背景色，搭配该图片进行显示。这种方案实现起来相对比较容易，但有时会出现产品中配色过多的问题，而且画面中如果没有明确的根据图形面积、比例、形状的考量，那么搭配出的整体设计风格就会显得比较凌乱。

Khroma 是一种在线颜色工具，通过使用人工智能来解决设计师们所遇到的配色问题。它先让用户选择一定数量所喜欢的颜色，据此来训练具备用户个性的色彩搭配算法，实现强烈的、具有个性风格的配色。运用这个工具，我们可以在几分钟之内完成一个时尚的配色方案。接下来我们具体看一下如何使用 Khroma。

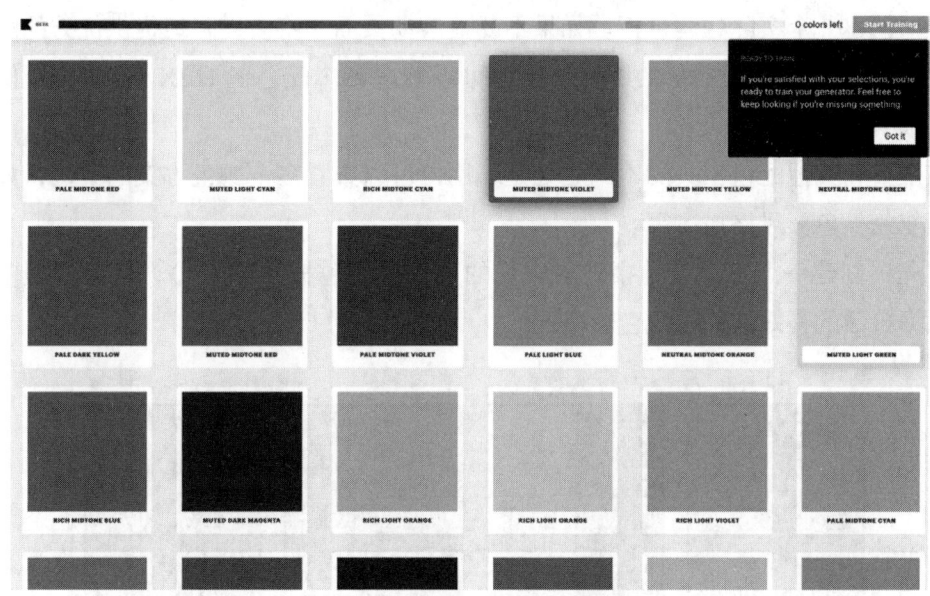

图 4.5　Khroma 自动配色工具

在 Khroma 里进行配色首先要求我们至少选择 50 种喜欢的颜色。对于机器学习而言，数据库里所选择的颜色越多，学习的精确度就会越高，越能产生更多的组合。如果向下滚动页面，颜色会一点一点地随机添加（图 4.5）。在这里，我们选择了 64 种颜色，然后点击右上角的"Start Training"按钮，等待片刻就会生成用户特有的色系（图 4.6）。

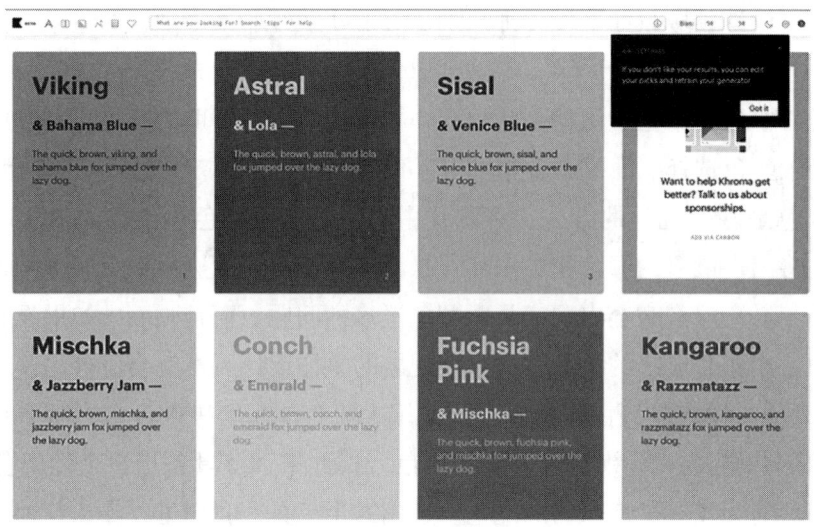

图 4.6　Khroma 学习生成的个性色系

下面创建一个实际的调色板。如果不断地滚动页面，将会无限地提供优秀的配色方案。此外，通过单击右上角的图标，用户可以修改各个配色的 HEX 值和 RGB 值，以及调色板的名字。

该工具和其他配色工具的不同之处是，用户可以查看多个颜色方案的案例，如双色调、渐变色、色彩风格描述等。

首先，创建一个平面设计中比较常见的双色调调色板（图 4.7），选择过程中用户可以根据自己的喜好选择收藏色彩搭配。

图 4.7　双色配色选项

然后是渐变色（图 4.8）。通过点击右上角的图标，这个部分除了选择喜好外，还可以生成能复制的 CSS 代码。

图 4.8 渐变色选项

接着是应用了滤色片的照片（彩图 4.8）。在这里，因为 HTML / CSS 对应的源代码可以复制粘贴，所以在网页上的使用效果也是实用的。

最后是有着较高实用性的四色调调色板（图 4.9）。这几项功能不管是在网页制作领域还是传统平面印刷设计领域，都能很好地提高设计效率，并且因为可以实时在线更新，所以能够始终保持设计的潮流性和新鲜感；既保证了设计的个性化选择表达，也让人们有更多的选择余地；既提升了设计效率，也开拓了设计师的思路。

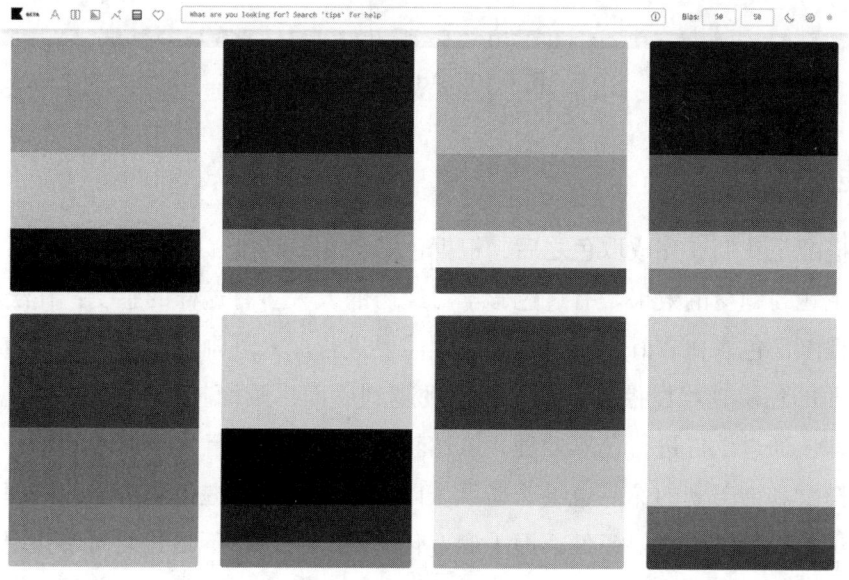

图 4.9 四色配色效果

与 Khroma 功能相类似的智能应用还有 Adobe Color CC，这是专业图形处理公司 Adobe 旗下的在线配色工具，其也提供了非常多样的配色方案。

在探索菜单中，有流行趋势、自己的偏好库等分类，可以方便地检索配色（图 4.10）。用户可以搜索想要的配色，比如搜索特定颜色，就会出现该系列的配色，也可以通过照片来生成配色方案，还可以通过移动应用端的 Adobe Capture CC 来拍照提取颜色，打开相机软件就会检测周围的环境，在手机上方便地生成配色。如果登录 Adobe 的账户，则可以存储自己的个性配色。

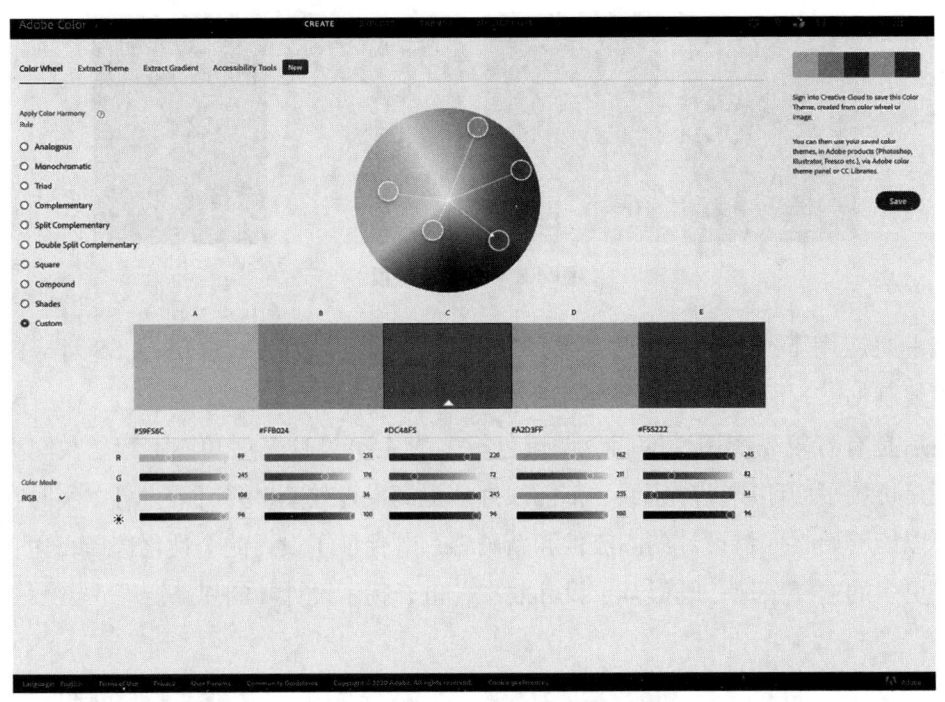

图 4.10 Adobe Color

二、智能配色

色彩搭配是我们在完成取色之后，根据色彩色相、纯度、明度之间的关系，组合出适合画面主题与题材的效果。有过色彩学习经历的人大多有这样的感受：在绘画进程的初期会觉得画面色彩比较好控制，越到后面需要进行深入刻画时，会感受到随着用色的增多，画面的色彩越难以控制，甚至会出现越到后面，画面越显得"脏""乱""花"。而设计师即便通过软件进行色彩处理，虽然软件处理很方便且易于修改调整，但要想设计出色彩搭配和谐美观的作品也绝非易事。以上都反映出掌握色彩搭配的原理和技巧是成为一名优秀设计师的必要条件，但千变万化的配色组合并不是我们简单套用一些书面的理论就可以解决的。我们不否认一名优秀设计师的色彩天赋所发挥的作用，但更多的配色能力是靠实践不断累积出来的，绝非一朝一夕之功。那么，今天的机器学习技术是不是可以在这方面为我们节约一些学习的时间，提高工作效率呢？接下来我们就通过 Colormind 这个案例来了解人工智能在这方面的应用尝试所取得的进展。

Colormind 是一个基于人工智能的学习系统，它可以自动生成中性色调的调色板，或者采用用户输入的色值并智能填充空白，让颜色搭配看起来更加舒适。Colormind 除了可以自动生成颜色匹配值外，还可以从照片、视频和流行艺术中学习，生成适合于这些媒体的具有独特视觉风格的颜色参考。该网站上的数据库会随时更新，帮助设计师们找到与颜色有关的灵感来源。

前文所介绍的原色、间色都是饱和度较高的色彩。如果我们想得到较深的色彩，可以通过在饱和色中加入深色、补色的方式，使其明度下降，成为深色。在绘画中，相比于直接混入黑色来暗化颜色，加入补色的方法所得到的颜色会更加具有透气感。例如，在水彩画中，因为中性色可以凸显画面中饱和色的作用，丰富画面的层次，所以使用中性色较为普遍。而在网页、UI 设计上，使用中性色可以很好地缓和屏幕的频闪与亮度，所以也是一种常用的色彩选择。

广义的中性色是指由红、黄、蓝三原色按照一定比例混合而成的颜色，而狭义的中性色就跟表面的意思一样，指不带有任何色彩偏向的颜色，即这个颜色完全不偏红、不偏黄、不偏蓝，也就是我们通常所说的灰色。

Colormind 网站通过上传图像，智能抓取图像里的中性颜色生成配色方案（彩图 4.9），同时人们还可以实时预览网站配色效果（彩图 4.10）。打开 Colormind 首页会随机生成几组配色方案，点击"Generate"按钮则可以自动生成，同时用户也可以调用自己想要的颜色，操作时首先点击调整图标，选择或输入颜色值，再点击锁定任意数量颜色的色值图标和"Generate"按钮，即可生成多组配色方案了。

用户使用"Website Colors"网站配色选项，则可以一边配色，一边实时预览网站效果。但网站预览所演示的背景色、文字色等都是按固定顺序排列的，因此要根据上文所提到的配色规则适当调整视觉元素次序，才能生成更加优化的视觉效果。

Colormind 有个独有的算法，它可以智能抓取图像上的中性颜色形成五个配色，并且不会抓取一大堆颜色。可以看出，它生成出来的图像色彩已经全部中性化。这些都是比较温和协调的颜色，很适合用于发光屏幕的 UI 设计。国内的阿里巴巴视觉智能开放平台也开通了与 Colormind 相类似的功能，即对输入图片的颜色信息进行分析，输出颜色值（RGB 形式和 HEX 格式）与对应的占比信息（图 4.11）。

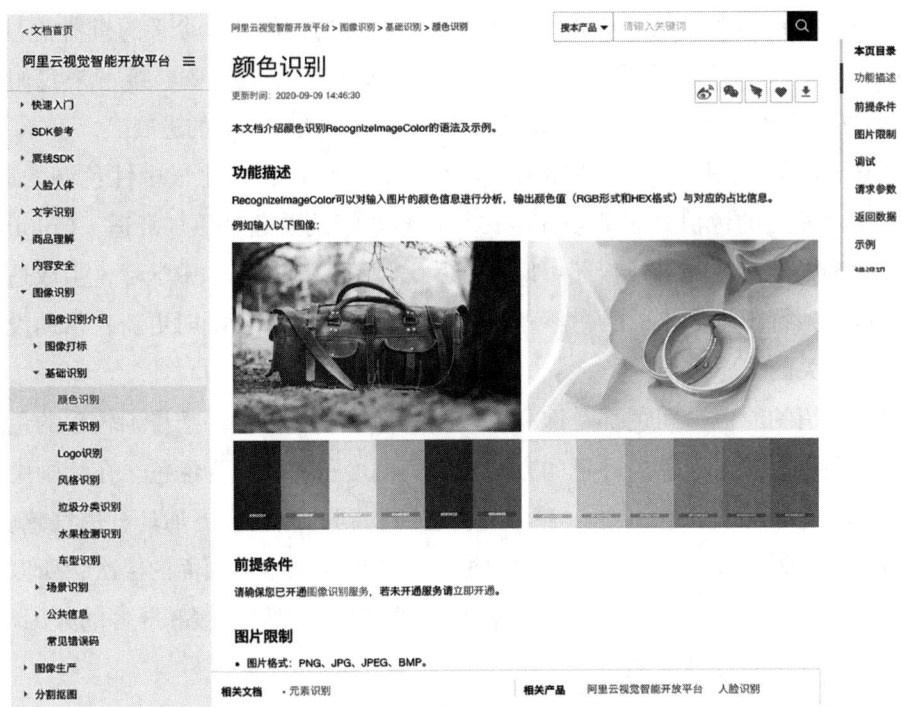

图 4.11　阿里巴巴的智能色彩设计功能

第三节　智能上色

以"一战"为素材的电影《他们已不再变老》是彼得·杰克逊执导的战争题材纪录片（彩图 4.11），于 2018 年 10 月 16 日在伦敦电影节举行世界首映。影片根据史实，对镜头中出现的每位士兵的军衔、制服和每件物品都进行了色彩还原。制作团队考察了从素材中被辨认出来的真实地点，并拍下上千张实景照片以供参考。为了保证画面的鲜活自然，制作团队找来了各种当年的物件、军服，比照调制了 4,000 种颜色，完善了从环境到人物的每一处细节，使得"一战"场景更为真实、震撼，让观众产生了一种穿梭时空的临场感。据介绍，这部电影的上色部分虽然结合了计算机和手工上色技术，但主要还是依靠人工完成的，这也从侧面说明目前的智能上色技术还不能满足专业水准的要求。

同年 12 月，在改革开放 40 周年之际，百度联合新华社发起了"给旧时光上色"活动，利用百度的黑白照片上色技术"焕彩"，还原了老照片本来的色彩，也让记忆中的场景更加鲜活。同时人工智能技术让这些过往专业人士要花很长时间实现的视觉效果，迅速为普通用户掌握和体验。

Adobe 公司很长时间以来在其矢量绘图软件 AI（Illustrator）里就使用了实时描摹

的自动勾边工具，但在自动上色方面则因为色彩处理的复杂性而一直没有相应的工具上线。图形的上色与配色相比难度要增大很多，因为上色不仅仅要考虑配色的面积占比关系，还要综合考虑图形边界、色彩层次、色彩过渡和冷暖等一系列微妙的色彩关系，所以难度也要更大一些。

一、分区上色

目前，类似 Material Design、Petalica Paint 这些应用都可以实现部分绘画上色功能。例如，Petalica Paint 是日本 Preferred Networks 公司于 2017 年开发的一个利用人工智能将黑白线稿自动上色的网络工具，当下在一些要求不高的插画上得以应用。在这个应用里，用户只需要简单的几个步骤就可以将粗糙的黑白线稿变成一幅精美的图画。有了这个应用，似乎每个人都可以给自己的黑白线稿秒涂颜色了，但事实上，因为绘画的手稿往往在线条之间有不经意的空隙，当下的应用还没能很好地解决这个问题，所以造成该应用在上色时经常出现溢色混合的现象。这种现象在技法熟练的人类画师手下可以得到很好的控制，但对于计算机来说，则需要大量的样本学习，或许才可以达到人类画师的控制水平。

Petalica Paint 目前支持 JPG、PNG 和 TIF 等常见的图片格式，用户选定好线稿上传，再选取中意的色彩风格之后，网站就会自动对图片进行处理，然后输出结果（图 4.12）。对比线稿，我们看到根据线条虚实和疏密的变化，色彩也会出现细致和概括的视觉效果，而且能够较好地区分人物和周围环境的关系。

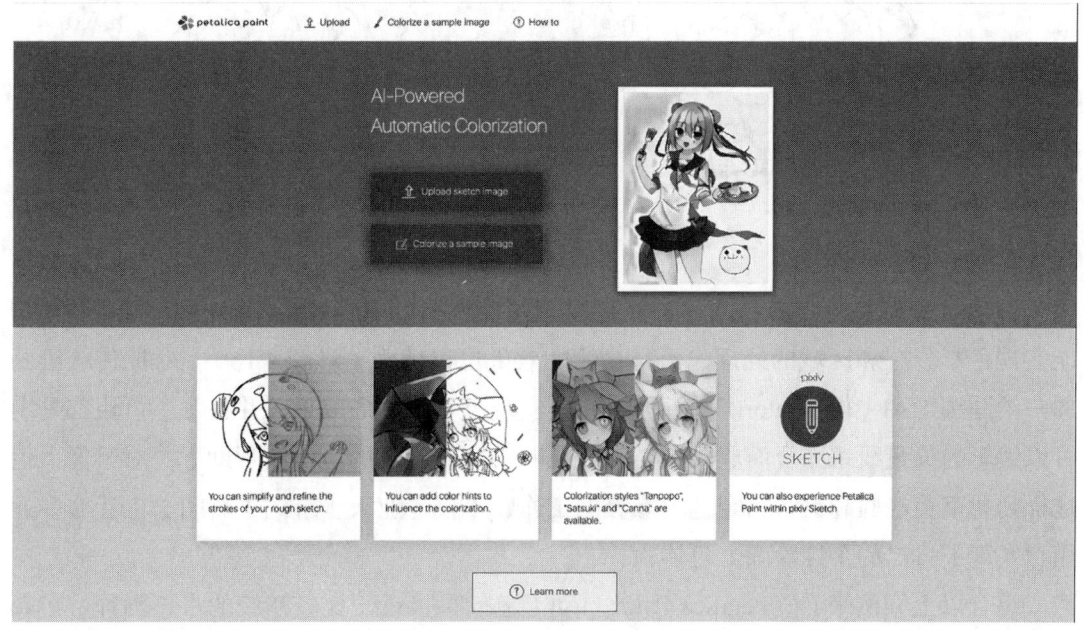

图 4.12　Petalica Paint 自动上色工具

用户还可以根据自己的需要在蒲公英（Tanpopo）、皋月杜鹃（Satsuki）和美人蕉属（Canna）这三种不同的风格中进行选择（彩图4.12），而且这三种不同的风格设定不仅在色彩上有所变化，色彩涂色的面积等因素也会有一定的差异。如彩图4.13的生成效果中，左侧图片的涂色更加接近人类上色的效果，但依然有因为线条的间隙，导致色彩之间有溢色重叠而混合成不协调颜色的情况，说明其区域识别边缘的算法能力还有待提高。但如果我们处理的是一幅风景画的线稿，则可以生成一些出乎意料的视觉效果。

如果用户觉得自动上色的效果不是很理想，还可以在左侧的面板上选择颜色，然后利用画笔工具在线稿中确定区域，网站就会按照选择的颜色重新生成图像（彩图4.14）。

除此之外，该应用还具有线条清晰化的调整功能，可以对线稿进行不同风格和简化的二次编辑，以便更好上色（彩图4.15）。

这些功能的开发可以在很大程度上节约用户给线稿电脑上色的时间，而且这个网站不仅可以给上传的线稿上色，还可以给灰度照片做一定的色彩处理，也会形成一些意想不到的效果（图4.13）。

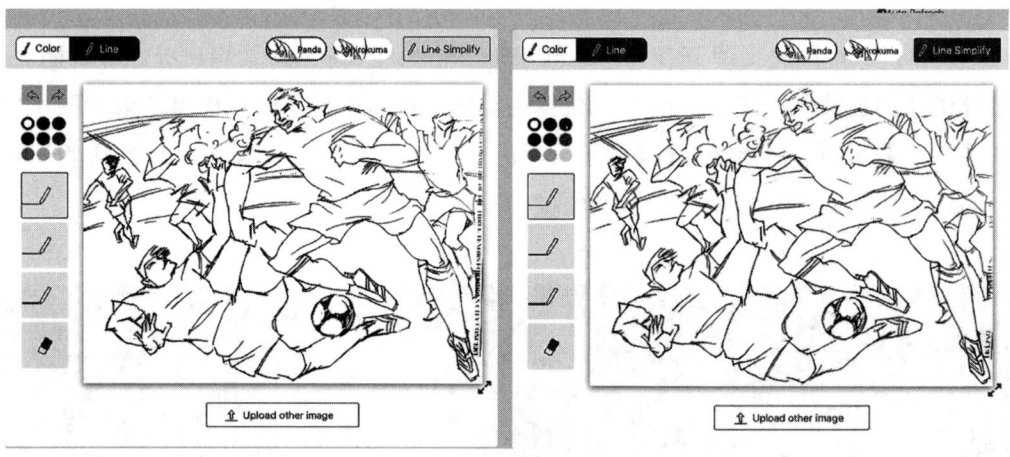

图4.13　对线条的二次编辑功能

如果用户需要一张彩色图片，则可以直接使用AI（Illustrator）软件的实时描摹功能实现色彩分层和区域的处理，而且描绘的效果也很精确（彩图4.16）。对比传统绘画的归纳画法，AI（Illustrator）软件可以轻松实现色彩归纳的效果，并且每个色块都是由可以编辑的矢量线条围合而成；在类似Petalica Paint这样的应用的帮助下，对于像上色这样需要审美经验和具备一定艺术修养的工作，不仅专业人士节约了时间，也让非专业用户实现了自己的个性绘画上色体验。

综合以上案例来看，Petalica Paint自动上色效果接近于比较初级的水彩画师，色彩比较薄，颜色过渡柔和但层次不够丰富。其优势是机器学习的数据库做得不错，比如在彩图 4.17 中，其可以做到自动识别图片的大体色系。对人体各部位的识别也比较准确，例如以上测试可以基本区分出人的肢体和面部来进行上色。Petalica Paint 与传统的算法相比的优势是，它可以进行一定的色彩设计。传统算法主要是独立解决了上色的分区问题（一开始需要封闭图形，目前也允许非封闭图形了，如 ComicStudio 系列软件）和色彩设计的问题。

二、色彩风格迁移

根据目前的智能色彩生成、配色、上色工具的发展趋势来看，人工智能想要完全取代人工上色，短期内还是不太可能实现的。这些工具可以代替人类完成一些简单重复性的上色工作，就像我们画色彩时铺大的色调一样，它们可以使我们的创作工作进一步简化，但当涉及具体而微妙的情感表达色调控制时，还是需要人工介入修正才能完成。我们相信绘画中上色的基础劳作会越来越多地依靠机器来完成，但色彩是绘画里非常感性的一个因素，无论从科学还是情感的角度来看，细腻情感色彩的表达，离不开对于人性的深刻理解。所以色彩风格在画家中的差异是最为直观显著的因素，也是最具人性和情感的因素。尤其对于一幅和语义相关的插画来说，它是艺术与设计的结合，其创作过程包含设计委托方的需求，也包含画师对于文本部分的理解，这需要画师对创作主题、构图、语义关系等进行综合考虑。例如，我们要完成一本书的插图创作，首先需要对书的内容有所了解；其次要对读者群的审美取向有所了解；最后，综合以上情况，要对图形、色彩、文字以及三者之间的语义关系，凭借前期的了解和长期养成的审美修养进行色彩创作。

第五章　人工智能字体艺术与设计

重点内容：探究人工智能字体艺术与设计的原理、原则与方法，以及对文字书写艺术与设计发展的影响。

文字是文化传播的媒介，任何一个民族、国家的文化传承都离不开文字的传播、书写和运用，中国的书法、雕版印刷、活字印刷为我们留下了浩瀚的文本典籍。从传统书写到机器印刷再到数字印刷，为了适应不同时期印刷工艺的需要，人们创造了各种印刷字体。今天的字体设计与应用可以借助机器学习来完成，而字体设计师面对新技术也需要不断提升自己的适应能力，并积极学习最新的技术，才能更好地了解这项技术，了解未来字体设计的发展方向，使字体设计在人工智能时代取得新的进展。

中华优秀传统文化能够传承千年并不断丰富发展，其中一个非常重要的原因就是通过书法的传承，历朝历代的历史文化得以延续。而之后的雕版印刷、活字印刷的发明则进一步完善了字体设计这门学问。上溯雕版印刷的肇始，自然要谈到汉朝佛教在中国的传播，佛家慈悲为怀的思想吸引了基数庞大的佛门信徒，而传经布道需要大量佛经印刷，促进了雕版印刷术的诞生和繁荣。唐咸通九年刻（公元688年）《金刚般若波罗蜜经》（以下简称《金刚经》）就是世界现存最早的有确切题款纪年的雕版印刷品，它见证了中国古代雕版印刷术的辉煌（图5.1）。

这部刻本原藏我国敦煌千佛洞莫高窟石室之中，在1907年被当时供职于英国印度政府的匈牙利人斯坦因发现掠去，现藏于英国伦敦大英博物馆。

《金刚经》雕版刻印的文字部分采用唐代的主流字体楷书，保持了唐人写经的风格，字体结构方正，笔画平直，浑朴厚重，端庄典雅，作为印刷字体，既美观悦目又易于识别阅读。唐初的褚遂良和之后颜柳欧赵的楷书作品均被奉为习字的模范。宋代是中国雕版印

图5.1 唐懿宗咸通九年（公元868年）王玠刻本《金刚经》

刷事业普遍发展的时代，全国各地都有刻书、印书活动。宋人崇尚欧阳询、颜真卿、柳公权的字体，文化与审美影响到版刻事业，宋刻本字体带有欧、颜、柳神味。北宋早期盛行欧体，后期逐渐倾向颜体和柳体，但各地区刻书又有分别：川本颜体居多，间架开阔，字形丰满；建本柳体居多，笔画刚劲，字硬如骨；浙本则多欧体，纤细秀雅，字形略瘦；江西刻本既有柳体，又有欧体。

如图5.2宋版《隋书·礼仪志》，北宋沈括在《梦溪笔谈》中记载了庆历年间（1041—1048）毕昇发明的泥活字印刷术，是活字的开端。后来又发展出了锡活字、木活字、铜活字、铅活字、泥活字等。目前存世的活字，基本都是宋体字。明代在刻印文字的过程中，为了提高刻版效率，形成了笔画高度概括、规范的"宋体字"。最初是在复刻临安书棚本时将笔画加以直线化。嘉靖三十二年（1553）刊刻的《墨子》中宋体的基础已经成型。宋体字在明朝时传入日本，因而日本称之为"明体"或"明朝体"。到了清代，宋体字进一步发展，康熙中期以后逐渐形成清代的风格。最明显的特征在于此时的宋体字字形比明末清初更方正。清末民初从传统印刷发展为现代机器印刷，为了适应印刷工艺的需要，产生了印刷用汉字字体。横轻直重、横细直粗、四角整齐的宋体字，被铸造成铅字，成为标准的印刷体，现代印刷界把它称为"老宋体"；同时又铸造了以南宋字体为标准的"长宋体""聚珍仿宋体"等。民国时期，在出版家陆费逵主持下，以丁辅之创制的"聚珍仿宋"铅活字排印、中华书局编辑出版《二十四史》《四部备要》等图书。

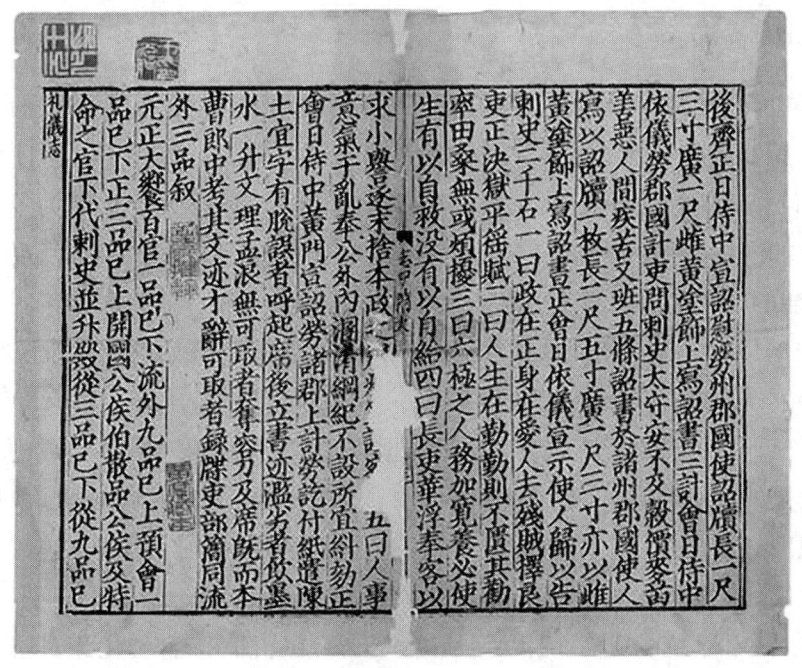

图5.2 宋版《隋书·礼仪志》

进入数字时代，日本率先设计了应用于数字媒体的汉字字体"明朝体"，后来传入韩国及我国台湾。我国台湾的文鼎字库、中国龙字库，香港的蒙纳字库，以及内地的方正字库、汉仪字库、华文字库、华康字库、文悦字库等先后开发了数百款汉字字体。

如今中外开发的汉字字体数不胜数，通常可分成三种类型：第一类是基本字体，如宋体、黑体、楷体、仿宋体等；第二类是基本字体的变体，如宋三体、秀丽体、报宋体、等线体、圆头体等；第三类是艺术体，如隶书体、魏碑体、琥珀体、综艺体、舒同体、行楷体等。传统字体、字库的人力成本非常高。如果全靠人类设计师来完成，一套标准字库从设计到做成需要一年多的时间。人工智能时代，人工智能字体设计将帮助设计师解决大量重复性工作的问题，提升效率，人机比降到50%左右甚至更低。

第一节 计算机字体设计基础知识

计算机有着不同于传统书写、雕版和金属活字印刷的传播媒介和显示原理，无论是书写、雕版还是铅活字印刷和观看都离不开纸张，而计算机字体的显示与观看则是通过0和1的编码方式，经由发光二极管到液晶显示屏的过程，所以进行计算机字体设计的过程和技巧也有别于传统字体设计。

一、Unicode 标准

在计算机设备的最底层，处理的都是二进制的数据，对应物理电路的开（用1代表）和关（用0代表）两种状态，人们需要将文字存储在计算机中，但计算机只能存储0和1。计算机要处理各类字符，就必须用一串0和1来表示它们。为了不致混乱和便于理解，如同口语和书写语言一样，我们需要有一个统一的都可以理解的语言系统。Unicode 标准的作用大概相当于世界语之于世界各国的语言，它可以让不同计算机和应用之间的数据传输畅通无阻。而在计算机系统里，我们一开始就统一设定了一个语言标准。

通常情况下，计算机所能识别的离散数据，实质上就是由0和1组成的二进制数据信息。离散化处理就是将文字、图片以及音频等信息转换为二进制数据，以便于计算机系统进行识别判断。如对于音频信息来说，为了便于系统识别，需要将连续变化的音频信息离散化处理，转换为二进制的数据类型，让系统可以进行处理和分析。

Unicode（又称统一码、万国码、单一码）是国际标准化组织（International Organization for Standardization，简称为 ISO）制定的可以容纳世界上所有文字和符号的字符编码方案。Unicode 的名字源于 universal、uniform、unique，它是计算机科学领域里的一项业界标准，包括字符集、编码方案等。Unicode 是为了解决传统的字符编码方案的局限而产生的，它为每种语言中的每个字符设定了统一并且唯一的二进制编码，规定具体哪一串二进制数代表哪个字符。1988 年，美国施乐和苹果公司的几个程序员在开发国际化程序时，为了解决各个国家和地区不同编码方式的困扰，以满足跨语言、跨平台进行文本转换、处理的要求，就此研发出一套支持全世界的字符集，并最终于 1991 年 10 月发布了 Unicode 1.0 标准。在 Unicode 标准下，代表某个字符的一串二进制数称为这个字符的"码位"，给一个字符指定一串二进制数的行为就叫作"编码"，ISO 的一个下属机构和 Unicode Consortium（统一码协会）负责这个标准的制定工作。

集合了全世界所有字符的 Unicode 是一本很厚的字典，里面的字符采用分区定义的方式。每个区可以存放 65 536 个（2^16）字符，称为一个平面（plane）。目前，一共有 2^5 个平面，也就是说，整个 Unicode 字符集的大小现在是 2^21。最前面的 65,536 个字符位，称为基本多文种平面（Basic Multilingual Plane，简称 BMP），或称作第 0 平面、0 号平面，所有最常见的字符都放在这个平面，这是 Unicode 最先定义和公布的一个平面（图 5.3）。剩下的字符都放在辅助平面（简称 SMP）。

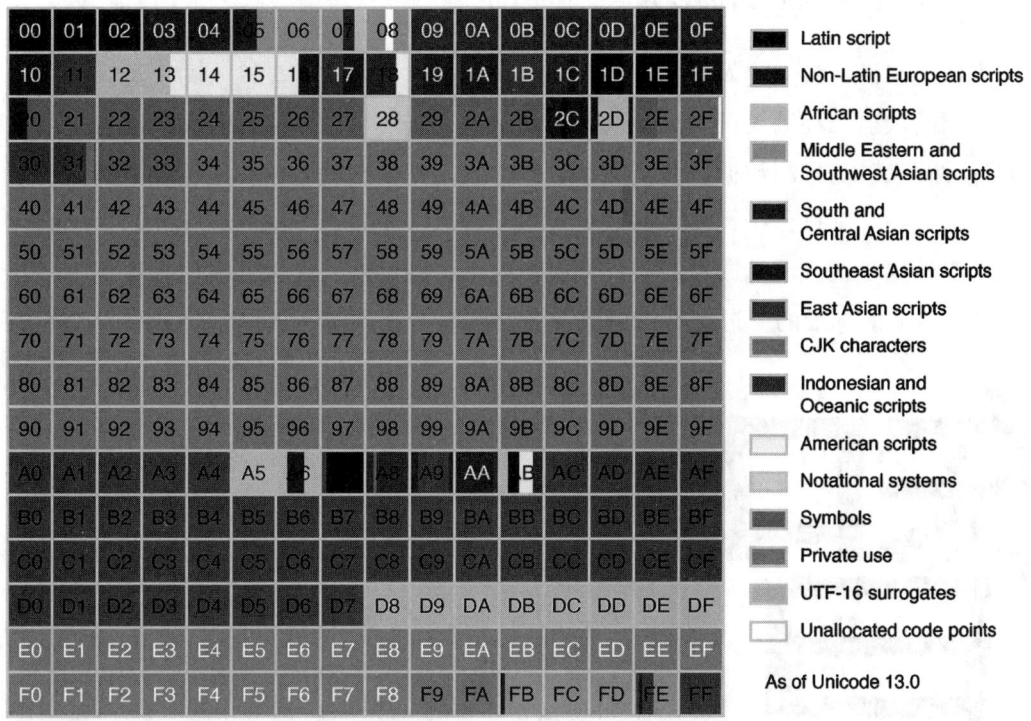

图 5.3　Unicode 基本多文种平面（BMP）

二、计算机显示汉字的过程

计算机显示汉字的过程大致如下：

（1）计算机读到一串数据，首先判断是否为文本数据；

（2）若是文本数据，则根据读到的数据调用相应字体文件中储存的字形；

（3）经过一系列渲染操作，字体文件中以数据形式储存的字形被显示到屏幕上，起到传递信息的作用。

以 Windows10 系统为例，它的系统字体文件一般保存在 C 盘 Windows/Fonts 路径下，在显示字符时，系统就会调用这里不同的字体文件。这里需要说明的一点是，简单情况下，在字体文件中储存的仅是字形和调用这个字形所需的二进制数据，不必与 Unicode 标准发生直接关联。换句话说，在实际操作中，字体文件中的二进制数据和对应字形可以不符合 Unicode 标准的规定，如果是这样的话，上述显示过程仍可以进行，只不过屏幕上显示的字形会和其他设备不同，很有可能造成混乱或者误解，甚至是系统错误。这就如同中文"那个"同英语词"Negro（黑人）"有着相近的发音，如果在美国称呼一个黑人"Negro"，那么很有可能就要面对一个盛怒的黑人。

三、输入法在显示过程中的作用

从本质上来说，各类输入法软件的作用其实就是建立一个键盘输入的字母序列同显示字符之间的映射。在输入汉字时，从本质上来说，其实可以粗略理解为由键盘通过输入法软件"存入"二进制数据，若是文本数据，则根据读到的数据调用相应字体文件中储存的字形。在实际操作中，输入法软件可以"存入"不符合 Unicode 标准的二进制数据，结果当然也是造成混乱或者错误；一般情况下，即由输入法软件在输入过程中"存入"符合 Unicode 标准的二进制数据的情况下，设备具体所显示的基本字形，仍然要由字体文件所决定。换句话说，如果字体文件中的二进制数据和对应字形不符合 Unicode 标准的规定，仍无法使用这个字体来"正确"显示字符；如果字体文件中根本没有和这串二进制数据对应的字形，那就只能显示为空白。

现实中有时我们会遇到无法显示字体的情况，比如身份证上的地名、人名专用字计算机就显示不了。我们可以从以下字体显示问题来分析输入法在显示中所起到的作用：

（1）Unicode 标准没有收录的汉字。汉字文献浩如

图 5.4　AI 软件中显示的一个汉字的各种控制节点

烟海，在文献产生、传抄、演变的漫长过程中，大量的汉字随之产生，字形也随之千变万化，势必有一部分相对通行字较罕用的汉字无法被 Unicode 标准的制定者所了解并被收录标准中。这种情况在我们日常键盘输入时较为常见，即便是手写输入也因这种生僻字没有被转换为 Unicode 码而导致无法识别。

（2）使用的设备、软件或者字体文件没有更新至最新版的 Unicode 标准。一般情况下，从标准的制定、发布到标准在实际中被广泛应用都要经历一段并不短的普及期。因为各大厂商首先要对新标准进行初步了解，然后还要对系统或软件进行更新以支持新标准，以及字体文件的制作等都需要花费时间。除了时间上的限制之外，由于应用场景不同，不同的设备、系统或者软件支持的标准范围也会有所不同；对大量设备进行更新所产生的经济成本也可能造成对最新版 Unicode 标准跟进的延迟。

（3）因个体认知和技术能力的限制，造成无法输入。对于一般人来说，输入手段基本就是各类输入法，比如拼音、五笔、郑码等输入法，但是一般的输入法对罕用字的支持都很差。造成这种现象的原因是多方面的，先不在这里赘述，后文中还会提及。总之，这就给普通人输入生僻字造成了麻烦。

总体来说，汉字的计算机编码的工作比较复杂，且细节多、流程持续时间很长。逐字设计适合于视觉识别系统中的标准字和名称设计，对于整体字库则必须借助软件完成。目前字库中的字体都是设定好的样式，假若我们借助机器学习技术设定字体优化法则，则可以让字体根据信息传播语境和时代审美需求的变化不断更新，不断完善设计。

四、字体设计软件工具

传统的字体设计采用了纸面画设计稿的方式，这一方式随着计算机字体设计软件的普及慢慢淡出了主流设计视野，但它依然是字体设计的一个基础环节。字体设计通常先设计手写字稿，然后再把手稿扫描上机处理。现在比较常用的字体设计软件有 FontForge、FontLab Studio、AsiaFont Studio、TypeTool、FontForge、Microsoft Font Validator、Dutch Type Library 系列、方正新女娲补字等不一而足。在这其中，FontForge 是一款功能强大且开源的字体编辑工具，我们以它为例分析计算机字体设计的流程。

FontForge 是以向量方式来进行字体编辑设计的，它可以根据用户的要求设计编辑 postscript、truetype、opentype、cid-keyed、multi-master、cff、svg 及点阵（bdf）字型。

在 FontForge 开始设计字体之前，用户首先需要在矢量软件如 AI 里面做好字，并保存为易于打开的低版本 eps 格式。然后在 FontForge 里选择汉字信息交换 GB2312 编码格式（图5.5），并根据拼音排序找到"智"这个字，双击导入 eps 文件（图5.6）。一路点击确定之后把文字全选，再选用工具栏工具进行调整，调整效果可以在界面和字符表里同步看到（图5.7）。全部设计好之后便可以保存导出相应的字体格式文件供使用了。这种方式比较适合企业视觉形象系统中的成套字体设计,以免因文字设计的细微差异而引发知识产权争议。

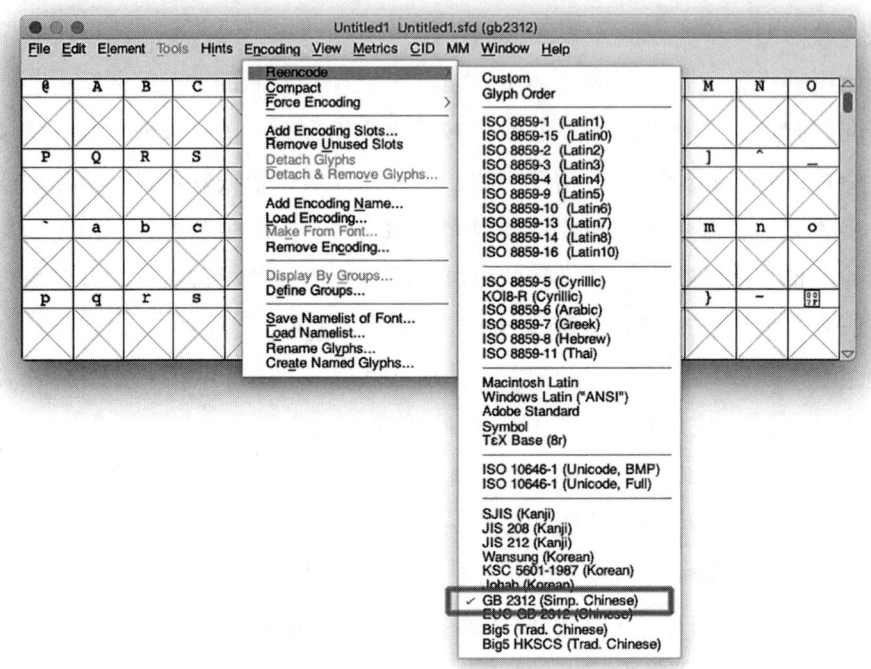

图 5.5　在 FontForge 里选择汉字信息交换 GB2312 编码格式

图 5.6　根据拼音排序找到对应汉字

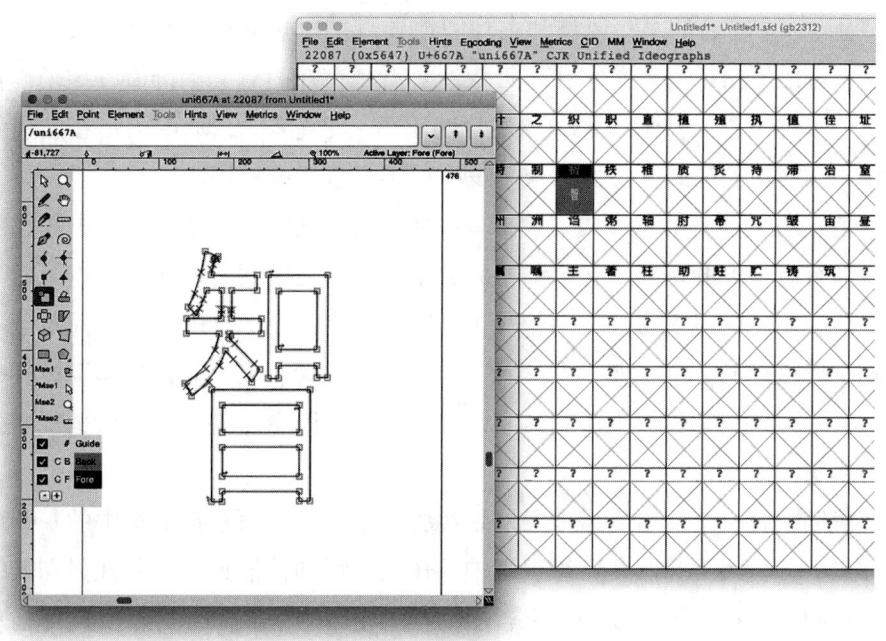

图 5.7　调整效果

第二节　字符识别与生成技术

广义来看，字符也属于图像的一种。图形识别是深度学习最早尝试的应用领域，图形的检测和分类是图形识别的核心问题，而反向传播神经网络（back propagation neural network）、支持向量机（support vector machine）和卷积神经网络（convolutional neural network）则是解决图像识别的常用算法模型，这些算法模型都在图形识别领域中有着广泛的应用和研究的价值。这些深度学习的相关技术目前在语言生成、语音识别、文本的分类处理、图像识别等领域都已经开始了广泛的应用，尤其是在字符的机器识别能力上取得了相当的进展。

一、字符识别技术

文字材料可以呈现为手写体文字和印刷文字，其中，手写体文字是早期文化流传的重要载体，这由古人对于书法的推崇与造诣便可见一斑。即便在我们今天的字体教学中，动手写字和设计字体依然是一个常用的手段。随着印刷术和打印机器的出现，手写体文字的发展受到了很大的冲击。印刷与打印文字相对规范，多次重复印刷或打印文字可以始终保持一致；而手写体文字每次书写都会有所差别（这是其有别于印刷文字的一个重要特征），书写者的书写风格和书写习惯会直接影响书写的质量。从书法流传至今经久不衰，可以看出手写体文字在今天依然具有其存在的意义和价值，孩子们在学习过程中，老师依然会不厌其烦地强调"好记性比不上烂笔头"，动手书写在加强记忆和激发大脑相关功能区的活跃度方面，依然发挥着不可替代的作用。

无论是方块文字还是字母文字，手写体和印刷体之间在文字结构、书写连贯性和风格等方面都有着很大的差异。文字结构尤其是汉字书法的间架结构，如连笔、飞白、潦草等的复杂变化，使得手写体文字相较于印刷文字在识别上难度更大。而对于一些笔画书写样式比较接近的文字，如"人、入""辩、辨""天、夭"等，其识别过程的难度则更大。而且手写体文字相较于印刷文字，其书写风格因个体差异，也会呈现多变、无规律可循的状态。

下面我们结合一个反向传播神经网络实验，来看在手写字符识别中的一些应用和优化改进方式，分析人工智能在字符识别中的作用。反向传播具有学习性强和非线性映射的能力，但同时也存在收敛较慢、隐含层结构确定困难等缺点。许多反向传播对手写字体的识别研究旨在提高识别精度而忽略了网络的稳定性，即识别的字体即便存在噪声干扰也能有效识别的能力。

手写字体会因不同人的书写习惯而有着明显的差异性。实验要进行图像二值化（Image Binarization，即将图像上的像素点的灰度值设置为 0 或 255，也就是将图像呈现黑白效果的过程）和中心化处理以弱化其中的差异性，尽可能保留字体之间的相同特征。图像的二值化处理是图像分析中的常用手段之一，在图像信息的压缩和提取等方面有着十分重要的作用。其目的是经过 RGB 色彩空间与黑白色彩空间的转换，可以更好地实现图像分割和识别功能。

实验结合遗传算法（Genetic Algorithm，一种通过模拟自然进化过程搜索最优解的方法）与反向传播神经网络，优化反向传播神经网络的内置参数，使得神经网络在训练数据相对较小的情况下也能快速达到收敛状态。优化反向传播神经网络的内部结构，找到一个恰当的隐含层神经元个数，使得反向传播神经网络同时具有高效的识别，同时通过实验分析不同噪声下的隐含层结构与识别准确率的关系，证明网络抗干扰能力和识别准确率都与网络的拓扑结构有一定的联系。

二、字符生成

从字符和字体使用的方便程度来看，标准的黑体、宋体、楷体等字体是最为通用的选择，但是这几种字体因为太过常用而缺乏个性与识别度。微博、微信和 QQ 等社交媒体的普及，使得人们尤其是年轻人更希望使用具有个性色彩的字体。同时，越来越多的书法爱好者希望能在计算机、手机等电子移动设备上使用自己个性化的手写体，以使交流更有温度和识别度，达到见字如面的效果。

从文字字符所占的计算存储空间来看，拉丁字母、数字、标点符号等组成的西文字符集较小，可以容易地实现计算机存储与编码。而汉字结构复杂，数量庞大，常用的 GB2312 字符集包含 6,763 个简体中文汉字。目前，国内的字体设计和制作技术不够先进，现有的中文字库制作方法大多依赖于人工经验和设计，自动化程度很低，一般先由书法家书写或字体设计师制作几百到几千个基准字，包含目标字库所有汉字出现的全部笔画和部件，并将这些字形的边缘轮廓用曲线和直线来存储。然后，字体制作人员将基准字的笔画和部件进行加工修改，生成完整的字库。最后，每个汉字字形还要经过精细的调整。大量的人工字形调整与设计造成字库制作技术的自动化程度不高，制作周期长，效率低下。

近些年来，很多研究学者通过复用汉字笔画或者部件来合成汉字，但是这些方法需要事先进行笔画或部件的提取，并需要人工干预保证提取结果的正确性，对于个性化字库的快速制作并不可行。

当下随着深度学习的发展，深度神经网络已开始被应用于中文汉字的生成。

北京大学计算机科学技术研究所连宙辉老师参加 2016 年 SIGGRAPH Asia 会议时，发表了关于如何通过风格学习自动生成大规模手写字体的算法。这个算法只需要手写精心选择的大约 700 字（甚至可以少到 266 字）并扫描输入，就可以结合一个骨架参考字体（文章用的是楷体），生成符合 GB18030–2000 要求的 27 533 个字的高质量手写字体。这个生成技术已经做了图灵测试，即将自动生成的汉字与采集的原风格手写汉字放在一起，给 69 位受过良好教育的中国人辨认，正确率为 51.25%。[①]

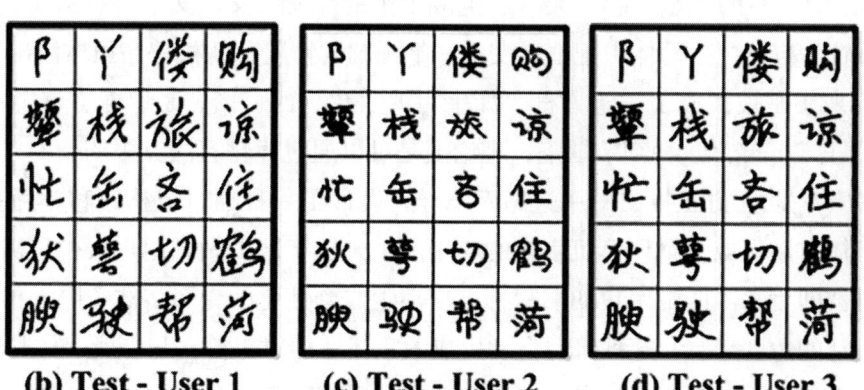

图 5.8　根据手写字生成的手写体

图 5.8 的每一组字是一个人的手写体，其中，人写的和机器生成的混合在一起，视

---

① 连宙辉. Automatic generation of large-scale handwriting fonts via style learning. SIGGRAPH Asia, 2016.

觉上看起来已经很难区分机器生成与手写字体了。尤其是第一个例子，本身结构写得比较自由奔放，而合成出来的字都在结构上得到了优化，看起来更加具有均衡的视觉感受。

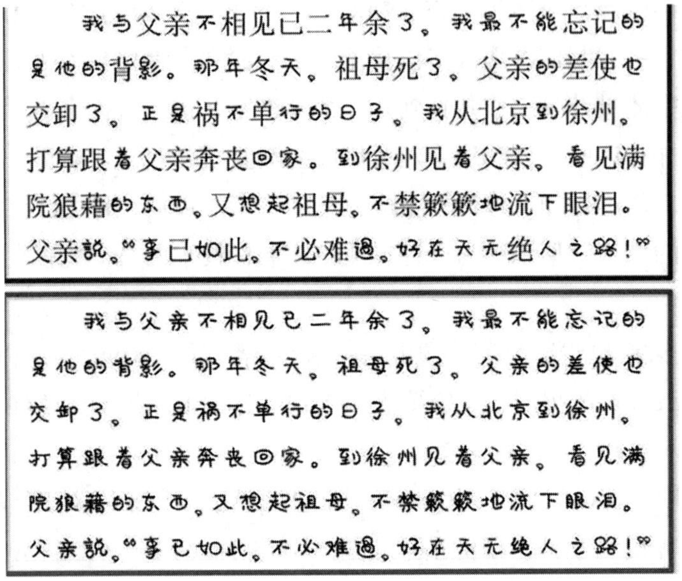

图 5.9　结合有限手写示例文字生成的手写文字

汉字最难的间架结构问题在这个案例中解决了，但在一些书写细节方面，我们还是可以发现机器生成和人类手写的差异。例如，顿点与捺，正楷需要捺的地方在手写体中有很多会变为顿点或者直的棍子，而机器生成出来的字体就会有一些比较奇怪的捺了。比如图 5.9 中手写的"是、起、天"和生成出来的"使、交、父、丧、从"比较起来，手写的就较为自然。手写体中把框框变为一笔画圆的情况，解析程序虽然没出问题，但是生成出来还是被拆成了三笔方框，如手写的"想、西、影、是、看、着"和生成的"泪、相、算"。当然这种细节缺陷，理论上是可以通过优化算法克服的。

2017 年，北大方正推出的手迹造字 App，设计了一种通过风格迁移学习技术，把手写的字体自动生成大量计算机字体的应用。手迹造字可以做到用户最少只需手写 100 个字，机器即可学习匹配用户的书写特点自动生成个性化的专属字体（图 5.10）。虽然从细节设计的角度来看，这种机器自动生成的字体还相对粗糙，与专业字体师完成的设计比较起来有差距，但相比于自己写完几千个常用字和英文数字符号所花费的时间与精力，这个算法仅通过 100 个汉字就完成了整体设计，效率还是非常可观的。设计师如果对生成的 6,886 个字不满意，还可以在此基础上进行重新书写替换（图 5.11）。如果用户不习惯屏幕手写，还可以选择上传纸稿来生成个性化字体。字库生成后可直接下载 TTF 字体包进行安装使用，从而提升了设计效率。

图 5.10　方正手迹造字 App

图 5.11　手迹造字字体微调功能

2018 年期间的微信朋友圈推出了一个 H5 页面《雍正赐你新年符》（图 5.12）。进去后，随意点击屏幕上出现的白色闪烁圆点，就会出现各不相同的新年符，仿雍正字迹。这并不是设计师的作品，而是阿里巴巴升级进化出的新一代 AI 字体设计师。而在这"养成"的过程中，AI 字体设计师生成了人类设计师并未设计过的字体，并通过自学仿造出雍正真迹。

在人工智能字体设计时，阿里巴巴的设计师运用了改良版对抗生成网络技术，让机器字体设计实现自学并进化。该技术由生成器和判别器构成。这两样东西可理解为一对永远在互相挑刺的朋友。生成器总是试图生成更像真实数据的结果，以便于骗过判别器；而判别器的目的在于正确分辨哪些是真实的数据，也就是所谓的"对抗"。

一开始，生成器生成的图像质量往往较差，而判别器则可以轻松地分辨真假。在随后的训练过程中，随着判别器标准的提升，生成器生成的图像越来越容易迷惑判别器的判断标准，判别器也会根据生成器新生成的作品不断学习提升判别能力。

直至生成器与判别器双方都达到"造假"与"打假"能力的极致，生成器再也无法提高自己

图 5.12　雍正赐你新年符（2018）

的生成图像质量,判别器再也无法提高自己的鉴别能力,随即达到一种平衡。改良版GAN能够更好地处理字体的细节信息以及中文的多样性,从而满足字库生成任务的特殊需求,就此人工智能的设计能力训练就算完成了。

深度学习网络对于计算能力的软硬件都有着较高的要求,而目前服务于智能字体设计的对抗生成网络的计算复杂程度远超单一的深度神经模型。依托于阿里 PAI 团队研发提供的 PAI-TensorFlow 深度学习训练系统,智能设计升级进化的时间显著缩短,使得智能技术在字体生成领域的应用落地成为现实。

三、人工智能凸显字体设计创意的重要性——以电商字体为例

图 5.13　阿里汉仪智能黑体设计

人工智能踏足字体设计领域,将帮助设计师解决大量重复性工作的问题,提升效率,让设计回归创意,创造出更多的社会价值。2018 年年初,汉仪字库联手阿里巴巴打造了第一款人工智能字体产品——阿里汉仪智能黑体(Beta 版)。这款阿里汉仪智能黑体,字形由汉仪字库的字体设计师黄珍元主创设计,由阿里计算平台事业部 PAI 产品线 DeepLearning 团队与阿里人机自然交互实验室协作完成。

作为汉仪字库与阿里合作的第一款电商字体的代表,阿里汉仪智能黑体具有强烈的对话性特征。它基于黑体的横竖基本特征,加大横竖粗细比例,字面饱满填充整个内框,让字体更加醒目,视觉冲击力极强,能够很好地与用户对话,非常适用于电商类广告设计(图 5.13 至图 5.16)。

图 5.14　阿里汉仪智能黑体笔画结构

图 5.15　阿里汉仪智能黑体笔画走势

图 5.16 阿里汉仪智能黑体使用实例

（一）电商字体的人工智能设计特征

电商字体，顾名思义是基于电商平台展示开发的字体，是服务于电商平台场景下的设计展示所需要的字体，例如广告 banner 等。

电商字体的通用性极强，适用于绝大多数品类的商品。智能黑体区别于常规黑体，刚中带柔，笔画的走势上融入了手写的方式，整体方正但又不失趣味，度量把握适中。

电商字体的使用受限于自身的传达介质——屏幕显示，字体使用大小也受限于广告设计的尺寸，因此这类字体的生成有别于传统字库的精细程度，力求既满足电商设计的辨识度及美观程度，同时又能保证人机协作快速生成字体的效率。

除了具备强烈的对话性、通用性之外，电商字体也可以高效地解决电商类平台的用字需求问题（由于其自身独特的属性，电商字体的开发将会瞄准高频小字符集的需求）。同时电商字体也不再拘泥于传统的黑、宋、仿、楷分类模式，让产品分类更加多样化、个性化，以求在可见的推广标准下达到更加丰富的展示效果。

（二）智能黑体的生成方法

阿里汉仪智能黑体由阿里计算平台事业部 PAI 产品线 DeepLearning 团队与阿里人机自然交互实验室以及汉仪字库设计师协作完成。这款字体的生成是人机协同工作的成果，机器学习，人工干预，循环往复，直到最终生成达标字库（图 5.17）。而在这个人机协同工作的过程中，设计师的工作是极其重要并且无法替代的，包括前期字形创意提供以及生成过程中对于机器的训练。

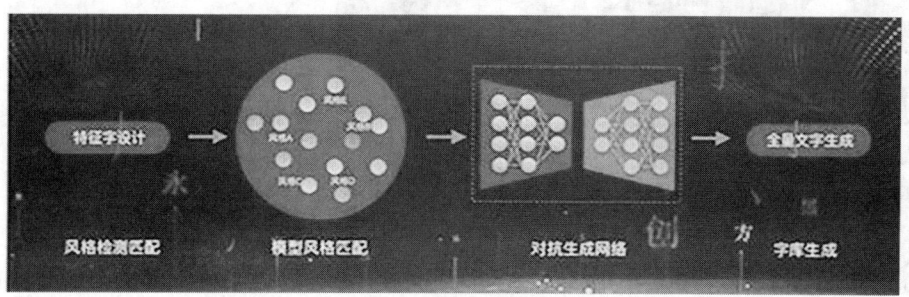

图 5.17 阿里汉仪智能黑体对抗生成流程

第三节 人工智能对书写艺术的影响

人工智能目前已经不仅在下围棋这样以逻辑和计算取胜的领域获得成功，更在新闻稿、小说甚至诗集创作等方面有所作为。关于人工智能可不可以完成书法艺术，我们已经陆续看到一些机械臂书写的案例，但按照设定好的程序书写并不能够代表人工智能就可以进行书法创作。因为在中国传统书画当中，自南朝谢赫在《古画品录》里提出"谢赫六法"之后，气韵就是排在作品评判第一位的标准。

一、人工智能促进书写创新的脚步加快

中国文艺评论家协会副主席兼秘书长庞井君认为，机器会不会取代我们今天艺术家的所有艺术创作，断然地是或否的回答都为时尚早。其潜在意思是，人工智能艺术取代一部分艺术创作是有可能的，这一部分到底是多少？谁又有可能被率先取代呢？就目前来看，写诗、作曲对于人工智能已非难事，而随着3D打印和雕刻机械的智能化，雕塑即将面临被机器取代的风险，紧接着可能就是书法了。

可以预见，未来只要有章法可循，人工智能就可以通过机器学习取代绝大部分书法创作。从目前的机器手臂书写中我们可以看出，对于笔、字形和提按转折这些技巧，机器学习起来很轻松，机器不能像人一样流利书写的瓶颈就是，在书写过程中，笔毛形状的变化和笔的干湿、顿挫的微妙变化，而这些恰恰是区分书法神韵的关键。但我们有理由相信，随着机器学习和算法水平的不断提高，书法在书写工具和变化技法上的难题将会被逐渐攻克，而到那时，机器写出一笔好字将不是什么难事，重要的是写出神韵和懂得欣赏，这是人类掌握书写的真谛所在。

2017年，阿里巴巴机械臂展示了写春联的效果。机械臂的人工智能控制系统首先会和体验者进行一轮视频对话，借此了解对方的性别、心情以及新年愿望，并结合此前机器学习的上万条春联，写出了一幅最适合体验者的春联（图5.18）。例如，当体验者说出"找个女朋友"这样的新年愿望时，机器给出的春联居然是："天涯何处无芳草，吃个火锅比较好，口碑走

图 5.18　阿里巴巴机械臂写春联（2017）

起";还有人拿到了"貌赛西溪吴彦祖,才及阿里风清扬,最佳男主"这样诙谐幽默的春联。

如今我们过春节基本上都是购买印刷好的春联,这样的春联虽然外观工整、工艺精湛,但缺少了传统书法现场书写的神韵和个性。而阿里巴巴机械臂在现场每写三个字还会有蘸墨和刮墨的过程。虽然机器冰冷也不具人形,但这不疾不徐的方式倒是颇有几分传统书写的神韵。加之之前基于面部识别技术分析体验者的性别、年龄、表情等,语音交互技术了解与分析体验者的新年愿望,综合生成写出具有个性化的对联,倒是透着一丝人性在其中。由此可见,基于人文关怀,综合利用好现有的人工智能技术,是人机协同发展中重要的一环。

二、人类书写彰显表演性

人工智能即使能流利地书写,书写过程除了一开始会吸引人的好奇心外,多数时候应该是很无趣的,这和人类书写完全不一样。很多人书写前都要焚香、沐浴、更衣、净手等做一些很有仪式感的活动,有时候还要在众人围观下进行书写,赢得喝彩,收获满足。

未来的书写发展很可能就像井上有一的书写一样,让书写更具人性气息。金庸笔下的书生朱子柳,将书法融入武功,既能上台比武克敌,又能舞得赏心悦目,还能在敌人身上留下墨迹,真是一举三得。

书法从作品上可能已经很难分得清究竟是人写的,还是机器写的,唯一可以确定的就是现场见证,真到了那时候,如同井上有一的表演性书法就显得更具价值(图 5.19 和图 5.20),现场感、仪式感或许将成为界定一个书法家水平高低的重要标准。

图 5.19 《花》水墨纸本(井上有一,1967)

图 5.20 井上有一的表演性书法

三、人工智能促进文字书写教育的发展

　　自古以来，中国的汉字和以汉字为载体的中国书法是中华民族文化的重要表征，中国书法所散发的艺术魅力是人类文明的文化瑰宝。当下，随着中国国家软实力和国际地位的不断提升，汉语和汉字在国际范围内广受关注。从2011年起，为推进中国九年义务制书法教育，传承中华民族优秀文化，国家教育部门和相关部委便连续出台了一系列相关政策，对中小学生书法学习教育做出了明确的规定和要求。而在这个政策的执行过程中，书法教育师资匮乏成为一个突出的问题。同时社会上各种编程、机器人的科技兴趣学习班如雨后春笋般蓬勃发展，过往传统形式的琴、棋、书、画兴趣班逐渐被这些新鲜而又充满未来感、科技感的学习班所取代，不少家长和孩子倾向于追逐潮流与新鲜，冷落了以书法、绘画研习为代表的传统文化课外兴趣班。

　　当下，国内外一些公司已经开始利用人工智能的优势，探索文字书写艺术发展的可能性。例如，北大方正电子有限公司自主研发的人工智能书法教育产品"方正书法"，它针对中小学书法教与学推出了系统化互动课程，推出了软笔解决方案、硬笔解决方案、书法教室整体解决方案等应用与服务。具体来讲，就是利用手机、平板电脑以及计算机等孩子们感兴趣的科技媒介进行书法教学，为青少年书法教育开拓新的教学模式，让教学更加生动，让学习更加有趣、高效。

　　这种方式，对于社会平衡发展是很有益处的。例如，对于身处偏远地区的孩子和书法爱好者，他们可以通过虚拟书法老师的在线视频进行实时在线学习，这可以让学习者的学习时间更加自由，激发学习者自主学习书法的兴趣。而且在人工智能的帮助下，即便是非书法专业出身的教师，只要了解一定的书法知识也可以完成授课，这有效解决了专业书法教师数量不足的难题，也满足了更多学习者的需求，尤其是可以解决偏远贫困地区师资匮乏的问题。

　　随着人工智能技术日新月异的发展，基础性教育工作也有了新的驱动力。不仅如此，科技创新使得教育资源配置更加趋于合理高效。未来还有很多新东西需要探索，人工智能字体设计的推广普及仍需假以时日。结合字体设计的人工智能技术，推进中华优秀传统字体的创造性转化、创新性发展，赋予中华优秀传统文字崭新的时代内涵，已越来越为大家所认同。人工智能技术在字体设计与书法上的应用，激活了传统文化的生命力，对于推进艺术与设计方式革新、促进中国乃至人类书写的发展有着积极的推动作用，或许我们可以大胆地设想利用机器学习技术再现王羲之和颜、柳、欧、赵这些书法大师的神迹。

第六章 人工智能艺术与设计中的语义关系

> **重点内容：** 人工智能艺术与设计中各种视觉元素的能指符号，会根据组合形式中文化习俗、知识框架等各种因素的变化，形成不同的语义匹配关系。基于语义特征的场景理解是图像语义分析研究需要解决的核心问题，解决这个问题最重要的方法就是图像语义标注，这也是本章要介绍的主要内容。

第一节 人工智能中的语义分析技术

语义分析（Semantic Analysis）是人工智能（Artificial Intelligence）的一个研究分支，是自然语言处理技术的几个核心任务之一，其中涉及语言学、符号学、计算机科学以及认知语言等多个学科的交叉研究。

语义分析从英文翻译而来，由美国心理学家奥斯古德（Charles E. Osgood）与其同事共同创立。在语言学中，一段文本通常由词、句子和段落构成，根据理解对象的语言单位不同，语义分析又可进一步分解为词汇级语义分析、句子级语义分析以及篇章级语义分析。语义分析是将句法结构（从短语、从句、句子和段落的级别到整个写作级别，到其与语言无关的含义）相关联的过程。针对特定语言和文化背景，运用各种方法学习与理解一段文本所表示的语义内容，任何对语言的理解都可以归为语义分析的范畴。一般来说，词汇级语义分析关注的是如何获取或区别单词的语义，句子级语义分析试图分析整个句子所表达的语义，而篇章语义分析旨在研究自然语言文本的内在结构并理解文本单元（可以是句子从句或段落）间的语义关系。简单地讲，语义分析的目标就是通过建立有效的模型和系统，实现在各个语言单位（包括词汇、句子和篇章等）的自动语义分析，从而实现理解整个文本表达的真实语义。

在艺术与设计尤其是与创意相关的部分，我们可以借助语义分析法来分析视觉元素是如何与人的联觉和联想建立关系的。例如，当人们看到橘色、红色、粉色时，常常会产生温暖的感觉，而当看到蓝色、黑色时，则会产生寒冷的联想。暖色系的色彩常常会让人们产生光明、温暖、愉悦的联想，而冷色系总是和寒冷、阴暗、晦涩的感觉结合在一起。而且即便在不同民族、文化中，人们也会存在这种相同或相似的联觉或联想，这表明在一些和我们的自然生存环境相关的视觉联想中，其中的许多语义关系是相通的。根据这一特点，就可以借助大数据来量化分析相关含义的表达程度，研究人们对不同事物或概念的意义的不同理解，对某一问题的不同态度，或根据被试前后两次在语文区分量表上反应的变化，研究被试态度的改变。

一、语义分析技术

（一）词语级语义分析

词汇层面上的语义分析主要体现在如何理解某个词语的含义，具体包含两个方面：词义消歧和词义表示。

1. 词义消歧

词汇的歧义性是自然语言的固有特征。词义消歧即根据一个多义词在文本中出现的上下文环境来确定其词义，它作为各项自然语言处理的基础步骤和必经阶段被提出来。词义消歧包含两个必要的步骤：（1）在词典中描述词语的意义；（2）在语言材料中进行词义自动消歧。比如我们说"棒"这个词，词典的一个词义是棍子的一种；另外的意思就是我们经常在口语中表达的"很好"的意思。对于下面两个句子：

孙悟空的金箍棒。

孙悟空的金箍，棒！

词义消歧的任务是自动将第一个棒归为"棍子的一种"，而因标点符号的变化将第二个棒归为孙悟空被金箍约束这个事情"很好"的意思。从上面的例子中我们发现，词义消歧主要面临两个关键问题：（1）词典的构建；（2）语境的影响。

2. 词义表示

对于词义表示，早期的做法是将某个词义表示为从该词义在同义词网络中出现的位置，到该网络根节点之间的路径信息。训练模型的变量，一般有分类变量（定量特征）与连续变量（定性特征）两种形式。以年收入增长率为例，如果取值为 0~1 之间的任意数，则此时变量为连续变量。如果把增长率进行分段处理，表示成如下形式：[0, 0.3]，[0.3, 0.6]，[0.6,1]，那么此时变量为分类变量。对于分类变量，建模时要进行转换，通常直接转换为数字。比如将 [0, 0.3]，[0.3, 0.6]，[0.6, 1] 表示为 0，1，2。

词义表示的另一个思路是将其数字化。最直观，也是到目前为止最常用的词义表示方法是 one-hot 表示方法。one-hot 编码的定义是用 N 位状态寄存器来对 N 个状态进行编码。比如 [0, 0.3]，[0.3, 0.6]，[0.6, 1]，有 3 个分类值，因此 N 为 3，对应的 one-hot

编码可以表示为 100，010，001。这种方法把每个词表示为一个很长的向量。这个向量的维度是词表大小，其中绝大多数元素为 0，只有一个维度的值为 1，这个维度就代表了当前的词。这种表示方法存在一个重要的问题是任意两个词之间都是孤立的。造成的结果是：光从两个向量看不出两个词是否有关系，即使这两个词是同义词，例如"单车"和"自行车"，"北京"和"北京市"。

随着机器学习算法的发展，目前更流行的词义表示方式是词嵌入（Word Embedding，又称词向量）。其基本想法是：通过训练将某种语言中的每一个词映射成一个固定维数的向量，将所有这些向量放在一起形成一个词向量空间，而每一向量则可视为该空间中的一个点，在这个空间上引入"距离"，则可以根据词与词之间的距离来判断它们在词法、语义上的相似性。

（二）句子级语义分析

句子级的语义分析试图根据句子的句法结构和句子中词的词义等信息，推导出能够反映这个句子意义的某种形式化表示。根据句子级语义分析程度的深浅，又可以将其进一步划分为浅层语义分析和深层语义分析。

1. 浅层语义分析

语义角色标注（Semantic Role Labeling，简称 SRL）是一种浅层的语义分析。给定一个句子，SRL 的任务是找出句子中谓词的相应语义角色成分，包括核心语义角色（如施事者、受事者等）和附属语义角色（如地点、时间、方式、原因等）。

目前 SRL 的实现通常都是基于句法分析结果，即对于某个给定的句子，首先得到其句法分析结果，然后基于该句法分析结果，再实现 SRL。

2. 深层语义分析

深层语义分析不再以谓词为中心，而是将整个句子转化为某种形式化表示，例如：谓词逻辑表达式和基于依存的组合式语义表达式等。以下给出了 GEOquery 数据库中的一个中英文句子对，以及对应的一阶谓词逻辑语义表达式[①]：

  中文：列出在科罗拉多州所有的河流
  英文：Name all the rivers in Colorado
  语义表达式：answer(river(loc_2(stateid('colorado'))))

虽然各种形式化表示方法采用的理论依据不一样，但其组成通常包括关系谓词（如上例中的 loc_2、river 等）、实体（如 colorado）等。语义分析通常需要知识库的支持，在该知识库中，预先定义了一系列的实体、属性以及实体之间的关系。

---

① 杨凯程. 神州泰岳人工智能认知十[J]. 软件和集成电路，2017（5）.

(三)篇章级语义分析

篇章是指由一系列连续的子句、句子或语段构成的语言整体单位。在一个篇章中,子句、句子或语段间具有一定的层次结构和语义关系,篇章结构分析旨在分析出其中的层次结构和语义关系。具体来说,给定一段文本,其任务是自动识别出该文本中的所有篇章结构,其中每个篇章结构由连接词、两个相应的论元以及篇章关系类别构成。篇章结构可进一步分为显式和隐式,显式篇章关系指连接词存在于文本中,而隐式篇章关系指连接词不存在于文本中,但可以根据上下文语境推导出合适的连接词。对于显式篇章关系,连接词为判断篇章关系类别提供了重要依据,关系识别准确率较高;而对于隐式篇章关系,由于连接词未知,关系类别判定较为困难,也是篇章分析中的一个重要研究内容和难点。

二、语义关系的深度学习技术

在深度学习技术中,循环神经网络(Recurrent Neural Networks,RNNs)被证明在自然语言处理中是最有效的,下面将介绍循环神经网络。

RNNs 的目的是使用序列来处理数据。在传统的神经网络模型中,是从输入层到隐含层再到输出层,层与层之间是全连接的,每层之间的节点是无连接的。但是这种普通的神经网络对于很多问题却无能为力。例如,你要预测句子的下一个单词是什么,一般需要用到前面的单词,因为一个句子中的前后单词并不是独立的。RNNs 之所以被称为循环神经网络,是因为一个序列当前的输出与前面的输出也有关。具体的表现形式为网络会对前面的信息进行记忆并应用于当前输出的计算中,即隐藏层之间的节点不再无连接而是有连接的,并且隐藏层的输入不仅包括输入层的输出还包括上一时刻隐藏层的输出。理论上,RNNs 能够对任何长度的序列数据进行处理。但是在实践中,为了降低复杂性,往往假设当前的状态只与前面的几个状态相关。

RNNs 已经在实践中被证明对 NLP 是非常成功的,如词向量表达、语句合法性检查、词性标注等。在 RNNs 中,目前使用最广泛、最成功的模型便是长短时记忆神经网络(LongShort-Term Memory,LSTMs.),该模型可以解决传统 RNNs 所具有的长期依赖性问题。RNNs 可以应用于语言模型与文本生成、文本分类、机器翻译等自然语言处理任务中。

第二节 语义分析在场景理解中的应用

图像语义分析是指通过计算机编程让计算机自动解释图像的内容,也就是实现计算机对图像场景的理解,这一直以来都是人工智能和计算机视觉领域面临的巨大挑战。最近这方面的研究进展催生了机器人感知、监控与环境监测、基于内容的图像搜索和社交媒体摘要中的诸多应用。图像内容主要包含视觉内容和高层语义。视觉内容是指图像的颜色、纹理、形状等底层特征,而高层语义指图像中包含的信息,如主题、目标、场景等信息,通常采用文字描述,传统的方法一般采用半自动或手动输入的方式提取语义特征,但是人工标注的方法费时费力,在当前大数据时代已经很难适用。

图像场景的理解是层次化的,根据对图像理解层次的不同,可将场景大致分为低层、中层和高层三个层次。低层为底层特征层,包括图像的颜色、纹理、形状等低级视觉特征,是传统的图像分类与检索技术中关注的内容;中层是在底层特征提取的基础上通过建模推导得出的中间级语义特征,中层语义建模方法包括语义对象方法、语义属性方法和局部语义概念表示方法,其核心是通过图像分割方法和目标识别技术分割并识别出图像中具有实际含义的对象;高层是对图像进行更高层次的抽象得到的场景语义概念,这些场景语义概念建立在前两个层次之上。总之,在场景理解的三个层次中,上一层以下一层为基础,并且上一层比下一层更抽象、更高级。因此,高层语义概念与低层特征密切相关,高层语义概念是由底层视觉特征经中层语义特征推导所得的。

底层特征和高层语义之间的"语义鸿沟"是图像场景理解面临的主要障碍,其根本原因在于图像中目标本身所固有的多义性。例如,一幅图像中包含多个目标,不同的目标或目标组合可能承载了不同的语义。人们不仅通过图像的视觉特征来判读图像中蕴含的信息,还会通过一些语义概念描述来完成对图像内容的理解,如图像所描述的目标、事件以及表达的情感等含义。对不同的用户而言,即使具有相同目标及背景的同一幅图像,因其感兴趣而注意的内容不同,不同用户对图像场景的语义理解也不尽相同。这种图像的含义就是图像的高层语义特征,它包含了人对图像内容的理解,这种理解是无法直接从图像的视觉特征获取的,还需要根据人类的知识经验来识别。

图像语义分析是以图像为对象,以知识为手段,研究图像中何处有何目标、目标场景之间的相互关系、图像是何场景以及如何应用场景。基于语义特征的图像场景理解就是要使计算机具有人类的智慧,用语义描述出图像场景所蕴含的内容。与人类观察图像时结合大量日常生活中积累的经验类似,计算机理解图像的过程就是一个利用先验知识推理图像语义的过程。

一、语义关联

场景中不同目标的出现往往是相互关联的,目标之间的语义关系包括相邻目标的相对位置、尺度以及场景全局关系,充分理解这些关系可以进一步解释场景内容。如大海容易与天空混淆,白雪容易与云朵混淆,在没有高层语义关联的情况下,想要识别这类单一的纯景物是非常困难的;如果有场景的类别知识,那么就能对出现在场景中的景物类型及其出现的位置加以约束，从而提高识别的精度。

场景中目标之间以及目标与周围场景之间存在插入、支持、概率、位置、相对大小等五类关系。插入关系是指目标受周围背景的影响；支持关系是指目标依赖于表面支持；概率关系是指目标倾向于在某些语境中出现，而在其他语境中不出现；位置关系是指目标很可能在一个场景中出现，并且其出现的位置通常都是固定的；相对大小关系是指目标相对于其他目标的大小有限性。这些关系从整体上描述场景中的语义关联。总的来说，语义关联分为空间关系和场景关系两种。

（一）空间关系特征

图像内容实际上是由一些视觉对象构成的，当图像含有多个目标时，目标间的空间关系成为比较图像间相似性的重要因素。空间关系的定义是图像中分割出来的多个目标之间的相互空间位置或相对方向关系，具体可分为连接或邻接关系、交叠或重叠关系、包含或包容关系等。空间关系是比时间特征更高一层的特征，它和形状特征组成了图像中目标的完整特征描述。

空间关系体现了位置关系类型。在一个场景中至少存在两种空间约束：一种是场景中目标之间的共生关系，如检测结果中汽车出现的概率较高，则意味着马路出现的可能性也较大；另一种是场景中目标间的空间位置关系，如天空出现在图像的上方，海水出现在图像的下方等。尽管相对场景约束而言，空间的约束性较弱，但空间关系特征的使用仍能加强图像内容描述的区分能力，在某些情况下，足以减少冲突引起的景物检测间的歧义，并排除景物检测中不大可能出现的空间位置候选。空间关系特征常对图像或目标的旋转、反转、尺度等变化比较敏感。在实际应用中，仅仅利用空间信息表达往往是不够的，不能准确地描述场景信息。除了使用空间特征外，还需要其他特征来配合。

目前，提取图像空间关系特征主要有两种方法。第一种方法：首先对图像进行自动分割，划分出图像中所包含的目标或颜色区域；然后根据这些区域提取图像特征，建立索引。第二种方法：将图像按照某个划分规则均匀地分割为大小相等的若干子块，其中九宫格是一种最典型的划分规则，然后对每个图像子块提取特征，建立索引。

（二）场景关系特征

场景关系体现了插入、支持、概率和相对大小等关系。深度是场景关系中的重要信息，场景中的各种目标与深度密切相关，这些目标作为深度的提示可以分为平面、运动遮挡和立体三大类。

平面图像深度信息从 2D 图像中获取，包含相对大小、到地平线的距离、焦点遮挡、阴影、相对亮度、大气影响和颜色等，其中，相对大小、到地平线的距离和遮挡属于远景信息，能有效地计算深度信息。寻找场景中目标之间的深度排序关系是图像中目标关系的研究重点，尤其对目标识别等特别重要。

二、图像语义标注

图像语义标注方法根据标注的完成方式可以分为三种：人工标注、自动标注和半自动标注。

（一）人工标注

人工标注是多数图像数据库进行图像语义标注最为常用的一种方法。我们在浏览器搜索过程中，通常采用关键词描述的方式对图像的内容或图像进行分类。采用人工方式进行图像语义标注的优势是识别和描述准确，但是工作量繁重、枯燥，具有歧义的图像描述结果会有一定差异，判断规则不易统一，这些问题决定了人工标注不适用于海量图像数据的描述和标注。

（二）自动标注

自动图像标注又称为图像的自动注释，通过确立底层视觉特征与高层语义的相关性，自动实现图像主要内容的语义注释。该过程涉及机器学习图像处理、人工智能和信息检索等多个领域的内容，在计算机视觉和人工智能艺术与设计领域有着很强的应用价值。随着机器学习和搜索技术的迅速发展，图像、视频等信息呈爆炸式增长。在这种情形下，自动标注就可以用来完成人类无法完成的任务，这是当下图像语义分析与理解的研究热点。其核心思想是利用已标注的图像集自动学习语义概念与视觉特征空间的潜在关联或者映射关系，来预测未知的图像标注，本质上是根据图像本身的信息对其进行分类，具体包括图像特征提取、组建标注图像训练集、建立语义标注模型、利用标注模型实现自动标注等过程。自动标注方法的主要步骤是：首先，构成一个用简单的特征关键词标注的训练图像集，用非结构化的文本描述图像的内容；然后，应用图像分析技术从一个待标注图像中提取相同的特征信息，比较标注模型中的每个关键词，根据该图像蕴含每个关键词的概率来最终确定标注结果。

图像自动标注的关键技术是如何建立标注模型，以实现分配视觉感知、准确描述图像内容。随着机器学习理论的不断发展，包括相关模型、分类器模型等不同的学习模型已经被广泛地应用于图像自动标注研究领域。现有的图像自动标注算法根据特征提取和表示方式的不同，可以划分为基于全局特征和基于分割区域的自动图像标注方法。在基于分割区域的自动图像标注算法中，按照学习算法的不同又可细分为基于分类的标注算法、基于概率关联模型的标注算法和基于图像模型的标注算法。

解决图像语义自动标注问题可以描述为：设定一个已标注图像集合 S，每幅图像都有一组关键词作为图像标注的标识符，表示图像内容；给出一个待标注图像 X，找出最符合图像 X 语义的 N 个关键词。如图 6.1 的图像识别为：天空、云、树木、植被、山，这 5 个关键词为图像语义自动标注结果。

图 6.1 图像语义自动标注示例

根据使用的方法和技术的不同，图像语义自动标注模型可以分为统计方法和机器学习两大类。根据计算关键词概率方式的不同，统计方法又分为生成式和判别式，其中翻译模型、潜在语义分析模型、隐狄利克雷分配模型和相关模型属于生成式模型，而支持向量机、贝叶斯和高斯混合模型属于判别式模型。机器学习方法主要包含属于归纳的聚类、关联和示例模型，属于示教的相关反馈模型和属于类比的网络建设模型。

（三）半自动标注

所谓半自动标注图像语义，指用户以输入关键词的方式来查询想要找的图像，系统根据语义的方式搜索得到结果，用户再根据系统搜索结果遴选与自己预想要求符合度高的结果反馈给系统。系统对反馈得到的图像再做基于内容的搜索，并将结果图像与其对应的标注做相应的调整。通过这样一个"搜索→用户评价→反馈"的循环过程，数据库中图像标注的覆盖率和准确率都将会逐步地得到提高，它比基于语义的搜索效率更高，比基于内容的搜索准确度有所提升。

三、高层语义特征

目前，已有许多学者对图像高层语义特征进行了广泛的研究。谢赫萨拉姆（Sheikholeslami）等人提出的一种 SemQuery 算法[1]，使用不同性质的图像特征进行语义聚类，这些图像特征包含颜色、形状等各种底层特征，由底层特征子聚类分别构成每个语义聚类，组成自顶向下的图像语义层次聚类结构。Fung 等人提出了学习图像块语义

---

[1] SHEIKHOLESLAMI G, CHANG W, ZHANG A. Semantic clustering and querying on heterogeneous features for visual data. In: Proc. of the ACM Multimedia. Bristol: ACM Press, 1998：3-12.

的方法，将图像的语义分为两个层次：原始语义和场景语义。前者从图像块的视觉特征得到，后者则从原始语义推出，并将图像的语义类别看成一种"词语"，从而可以使用文本检索算法实现图像相似性匹配。Vaiaya等人提出了一种能够有效进行检索的图像内容描述层次结构，它是一种可行的由图像底层基本特征映射到高层语义分类特征的数据描述方法，其实现过程采用了基于贝叶斯概率公式的方法。Lakdashti等人提出利用PCA方法来消除用户在检索过程中提供的正反馈样本在各特征空间中的分布特性的噪声，实现了对特征空间的降维，最终达到在降低检索精度的前提下提高执行速度，降低存储复杂度。Iqbal等人提出了"概念分组"的定义，并利用贝叶斯方法设计了图像检索系统CIRES，该系统能检索"植物""天空""建筑""桥"等结构性图像语义，具有较好的检索效果。①

场景中不同目标的出现往往是相互关联的，目标之间的语义关系包括了相邻目标的相对位置、尺度以及场景全局关系，充分理解这些关系可以进一步解释场景内容。如大海容易与天空混淆，白雪容易与云朵混淆，在没有高层语义关联的情况下，识别这类单一的纯景物是非常困难的；如果有场景的类别知识，那么就能对出现在场景中的景物类型及其出现的位置加以约束，从而提高识别的精度。

第三节　语义分析在广告与版面设计中的应用

一、在广告中的应用

被誉为美国百货商店之父的约翰·沃纳梅克（John Wanamaker）有一句广为人知的名言："我知道广告费里面有一半的钱被浪费了，但我不知道它去哪里了。"这反映了现代广告初期的不可确定性，但在今天大数据支持的人工智能算法下，这种情况已经得到了根本性的改观。这其中很重要的一点就是关键词在海量信息中搜索寻找信息的相关性，进而实现广告的精准投放方面所发挥的巨大作用。

（一）大数据带来的精准投放

今天，谷歌至少有1/3到2/5的工程师每天的工作就是处理数据。谷歌的关键词广告服务AdWords对广告商而言就是可以清晰预测广告效果的媒体平台，谷歌、百度这些搜索引擎已经成为大型高效的广告公司。它们之所以能够做到广告设计的精准投放，

---

① IQBAL Q. AGGARWAL JK. CIRES. A system for content-based retrieval in digital image libraries. In Proc. of the Invited Session on Content Based Image Retrieval: Techniques and Applications, Int'l Conf. on Control, Automation, Robotics and Vision (ICARCV 2002). Singapore. IEEE Computer Society, 2002：205-210.

是因为它们从一开始就积累了大量的用户关键词和用户喜好数据。谷歌与百度充分利用了数据信息里的相关性，它们在搜索结果页投放广告时，通过分析广告与搜索结果是否相关来判断该广告本身的质量，以及历史上用户点击这个广告的比例。这就可以让广告主放弃那些点击率比较低的点击页面，进而达到节约广告费的目的。通过这种方式，有限的广告页面就留给了可能被有效点击的广告，收入也有所增加。更重要的是，给用户的体验要比到处投放广告的网站好很多。这里需要强调的一点是，谷歌的广告系统每次播放什么广告，不受任何利益驱使，完全是利用数据、挖掘相关性的结果。

2003年谷歌推出了感知网页内容安插广告的AdSense服务，以与那些在网页中随机投放广告的产品竞争。按照传统广告的逻辑，似乎在一个与照相机有关的网页版面中投放照相机的广告，效果应该最好。这其实就是用到了相关性的特点，但是大部分时间，相关性并不是那么直接，不能直接观察出来。根据大量数据的统计结果，我们发现这样一些广告和内容的搭配效果非常好，很多和我们的想象大不相同。例如，在电影租赁和收看视频的网站上，放零食的广告；在女装网站上，放男装的广告；在咖啡评论和销售网站上，放信用卡和房贷的广告，等等。

这些搭配，如果没有大量的数据统计作为基础，一般人是想不到的。当然，如果仔细分析有些看似不太相关的搭配，还是能够找到合理的解释，比如电影租赁和视频播放网站与零食广告的搭配，符合人在看视频时喜欢吃零食的习惯。但是，有些搭配会让人完全摸不到头脑，比如把咖啡和信用卡或者房贷联系起来。[1]不管是能够找到原因的，还是一时间想不出原因的，只要利用了这些相关性，广告效果就会更好。当然，在利用相关性时，我们希望是那种可信度比较高的，即数学上所谓的强相关性，而不是仅凭直觉经验就把一些貌似相关的东西建立关联。

（二）在场景识别广告中的应用

今天的视频播放之前或者视频中间，经常会有广告插播出现，这是当下广告投放的一种重要形式。出于对插播广告的逆反心理，不让观者获得在广告中插播电视剧的观看体验，借助智能技术识别视频内容与广告的相关性就可以大大降低观者内心的抵触情绪。当下对于场景识别和分类的大多数方法都需要依赖大量的数据库和训练时间。为了解决这个问题，我们采用了迁移学习的方法，提出了一种可以应用于广告智能推荐的模型，并在视觉任务中以高精度和小数据库获得了巨大的成功。在该方案中，我们从Taskonomy（一项量化不同视觉任务之间的关联并利用这些关联来最优化学习策略的研究）中选择分类场景作为我们的源任务模型，经过进程冻结和训练后，它具有相对较高的准确性。我们的模型不仅适用于室内场景，还适用于经常出现在视频中并具有广告价

---

[1] 吴军.智能时代［M］.北京：中信出版社，2016：268.

值的多个室外场景。

在视频广告推荐中,场景识别和分类具有很高的应用价值,它通过识别视频中的场景,为用户推荐相应的产品,使广告的推荐自动化、智能化,以满足用户的需求。尽管深度卷积网络在图像或场景识别和分类方面取得了巨大的成功,但在监督式深度学习和自我监督式学习中,场景识别的准确性和鲁棒性取决于大量带注释的训练数据。而且,训练网络通常花费很长时间,手动注释也太复杂。现在一种流行的方法是借助迁移学习,其目的是将现有的相关任务转移到目标任务,微调或冻结其他视觉任务的预训练模型或其他领域的图像分类任务模型,以解决训练时间长的问题。场景识别中缺少注释数据。与从零开始学习相比,我们仅使用 1/10 的数据即可获得相对较好的识别精度,这也可以有效地防止数据过度拟合。网络的前几层提取对大多数任务有用的通用特征(例如边缘检测、颜色检测等),接下来的几层提取与目标任务真正相关的特征,因此仅训练后几层就可以达到良好的识别精度。

1. 弱监督卷积神经网络(CNN)

阿兰德杰洛维奇(Arandjelovic)开发了一种 CNN 架构,该架构可以以端到端的方式直接针对位置识别任务进行训练,并且基于新的弱监督排名损失来进行训练。在场景中对对象进行精确注释非常昂贵,基于弱注释(例如图像级注释)的 CNN 模型可以有效解决此问题,并且此过程仅需要少量的手动注释工作。比伦(Bilen)等人将弱监督问题解释为提案计划问题,该提案通过比较所有提案类别得到更正确的排序。

2. 无监督学习

梅赫迪·诺鲁兹(Mehdi Noroozi)和保罗·法瓦罗(Paolo Favaro)将图像分为拼图碎片,并建立了 CNN,可以将其训练为解决拼图难题的借口任务,不需要人工标记。能够模拟图像中像素的联合分布的一种有效方法是将其投射为条件分布的乘积,这种方法已在自回归模型(例如 NADE 和完全可见的神经网络)中采用。雷德福(Radford)等人介绍了深度卷积生成对抗网络(DCGAN),该网络具有一定的体系结构约束,并证明它们是无监督学习的强大候选者。

3. 自主学习

多尔施(Doersch)和齐瑟曼(Zisserman)使用自我监督任务对模型进行预训练,然后将生成的模型迁移到相关任务以进行微调。从他们的观察中得出的启示表明,使用相同数量的训练图像,以自我运动作为监督学习的特征与以类别标签作为视觉任务监督的学习特征相比更具有优势。

4. 迁移学习

2009 年,辛诺·潘林(Sinno Panlin)和香港科技大学的杨强(Yang Qiang)教授共同发表了关于迁移学习的论文,他们将迁移学习按转移源和转移目标进行了划分,给出了数学定义,并讨论了迁移学习与其他相关机器学习技术之间的关系。他们在文章中提出了一种新的图像分类迁移学习方法来联合微调深度神经网络:源数据和目标数据。

葛卫峰和俞益洲提出了一种被称为选择性联合微调的深度迁移学习程序,该程序用于在训练数据不足的情况下提高深度学习任务的性能。

视觉顶级会议 CVPR 2018 收录的最佳论文《任务分类法:解构任务迁移学习》(*Taskonomy: Disentangling Task Transfer Learning*),论述了不同视觉任务的相关性。以传统方式,每个任务都需要从头开始学习,但是它忽略了任务之间的可量化关联,这也导致需要大量带注释的数据。相反,迁移学习正好解决了这个问题。该文还提出了几种可用于迁移学习的源模型。

其架构如图 6.2 所示,其中包括两部分,一部分是没有完整连接层的预训练模型,另一部分是由两个完整连接层和添加到预训练后面的函数 softmax 层组成的模块。首先,我们应该预先处理照片,包括读出文件夹中的照片并统一规格(224*224,因为整个连接层需要固定的输入大小)。经过一系列处理(包括将数据库划分为训练集、测试集、验证集和获取标签),我们加载名为 class_place[①] 的训练前模型,导入模型权重,删除最后两个完整的连接层,并冻结所有图层权重。通过训练获得自定义完整连接层的权重(通过最小化训练数据库上的损失函数来优化权重),此方法保留了一般的图像特征并捕获了室内场景中的特定局部特征,最终的特征表示为在前馈传播中提取。我们在网络末端添加了两个自定义的完整连接层和一个 max 软件,用于类别预测。

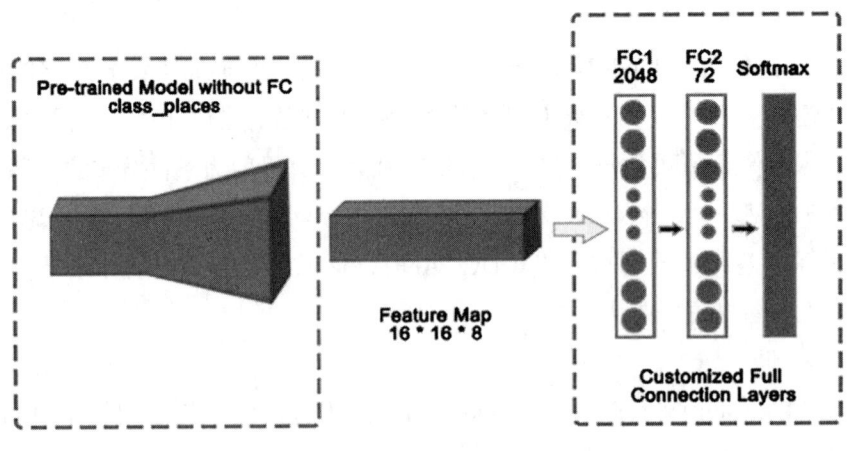

图 6.2 改进的 class_places 模型

---

① ZAMIR A, SAX A, SHEN W, et al. Taskonomy: disentangling task transfer learning [C] // Proceedings of 2018 IEEE/CVF Conference on Computer Vision and Pattern Recognition (CVPR), Salt Lake City: IEEE, 2018.

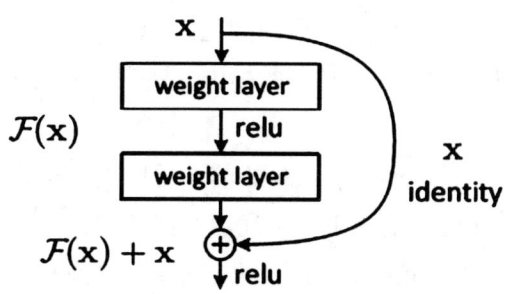

图 6.3 残差学习：构建基础模块

表 6.1 没有 FC 层的预训练模型的结构（class_places 是从 Res_net_50_16*16 迁移的）

Layer Name				
Conv1	Conv2	Conv3	Conv4	Conv5
7×7, 64, stride 2	3×3 max pool, stride 2 $\begin{bmatrix}1\times1,64\\3\times3,64\\1\times1,256\end{bmatrix}\times3$	$\begin{bmatrix}1\times1,128\\3\times3,128\\1\times1,512\end{bmatrix}\times4$	$\begin{bmatrix}1\times1,256\\3\times3,256\\1\times1,1024\end{bmatrix}\times6$	$\begin{bmatrix}1\times1,512\\3\times3,512\\1\times1,2048\end{bmatrix}\times3$

在该实验中，我们使用 Taskonomy Taskbank 提供的 class_places 模型作为预训练模型，如图 6.3 和表 6.1 所示。由于我们实验的数据库与 Taskonomy 的数据库不同，因此 Taskonomy 主要用于室内场景识别。我们希望最终模型能够实现对室内和少数室外场景的识别，调查发现，广告适合大多数室内场景和少数室外场景，因此我们需要修改此模型。我们删除了预训练模型的所有 FC 层，并将其余的 class_places 视为固定特征提取器。至于 Taskonomy 中的 class_places 模型，它使用 Res_net_50_16*16 [21]。

我们定义了两个完整的连接层，输出的节点数分别为 1*1*2048 和 1*1*63。通过将最后一个卷积层的 16*16*8 特征图馈入完整连接层，我们可以以前馈方式直接从第一 FC 层计算 2048 维激活向量。

$$\begin{bmatrix}a_1\\a_2\\\vdots\\a_{2048}\end{bmatrix}=\begin{bmatrix}w_{11}&w_{12}&\cdots&w_{18}\\w_{21}&w_{22}&\cdots&w_{28}\\\vdots&\vdots&\ddots&\vdots\\a_{20481}&a_{20482}&\cdots&a_{20488}\end{bmatrix}*\begin{bmatrix}x_1\\x_2\\\vdots\\x_8\end{bmatrix}+\begin{bmatrix}b_1\\b_2\\\vdots\\b_{2048}\end{bmatrix} \quad (1)$$

第二 FC 层的输出是 72 维激活向量，其作用方式与第一层相同。最后，我们使用 72 维输入通过函数 softmax 层获得场景预测。

在函数 softmax 损失上，我们定义场景识别损失 $L\theta$ 来训练我们的模型

$$p_j=\frac{e^{a_j}}{\sum_{k=1}^{T}e^{a_k}} \quad L_\theta=-\sum_{j=1}^{T}y_i\log p_j \quad (2)$$

最初的函数 softmax 损失非常优雅，简洁且有效，已广泛用于分类问题，因此我们将其用作损失函数。其中，pj 是函数 softmax 层之后属于第 class 类的概率，aj 是类别

向量中的 j 值，T 是类别数，yi 是 $[1 \times T]$ 的向量，地面真理是 1，休息是 0。从该公式可以看出，错误预测的损失大于正确预测的损失，错误预测的损失大于轻微错误预测的损失。

在该实验中，我们冻结了 class_places 的前 n 层以提取丰富的通用特征（输入大小为 224*224），并基于前 n 层的输出来学习浅层神经网络。我们在模型的末尾定义了两个完全连接的层和一个函数 softmax。我们的模型针对 5,000 个时期进行了训练，批次大小为 50，初始学习率为 0.0001。我们使用学习率余弦退火（Cosine Annealing）来调整学习率，从而提高性能并减少训练时间。我们使用 MIT 室内 67 数据库和 5 类室外场景（来自太阳，视频经常出现在院子、街道、公园、山脉、海岸中）作为我们的数据库（图 6.4）。该数据库包含 16,619 幅图片（具有基本事实），其中包括 72 个场景类别，数据库中 80% 的图片用作训练集，10% 用作验证集，10% 作为测试集。我们在一个具有 12GB 内存的 Titan X GPU 上运行所有实验。

图 6.4　数据库中场景类别的一些示例

我们设计了一系列实验来展示如何优化我们的实验结果。我们观察到损失的变化，而不是准确性。尽管准确性是评估指标，但人们会发现在某些情况下，准确性是突然的（例如，在数千次迭代中，准确性保持为 0，然后突然变为 1）。学习率的调整是非常重要的部分，它代表了神经网络中信息积累的速度。理想情况下，培训将以很高的学习率开始，并逐渐降低速度，直到损失不会发散为止。

在图 6.5 中，这些曲线显示了在训练阶段中，迭代次数与具有不同学习率的损失之间的关系。我们看到，当我们将学习率设置为 0.001 时，尽管损失迅速下降，但不能使损失最小化，并且会使训练变得非常不稳定。相反，当学习率为 0.00001 时，损耗将缓慢下降。最终，我们希望获得一种可以大大降低网络损耗的学习速率，因此我们将学习率设置为 0.0001。

最后，我们得到了一个改进的 class_places 模型（包括预训练模型、两个完整的连接层和一个函数 softmax）。该模型的工作过程如图 6.6 所示。对于输入图像，它经过一系列预处理，然后变为统一的规格（224*224），通过改进的 class_places 模型提取出统一的图像，我们得到 Top5 预测结果，可帮助我们生成明智的广告推荐。

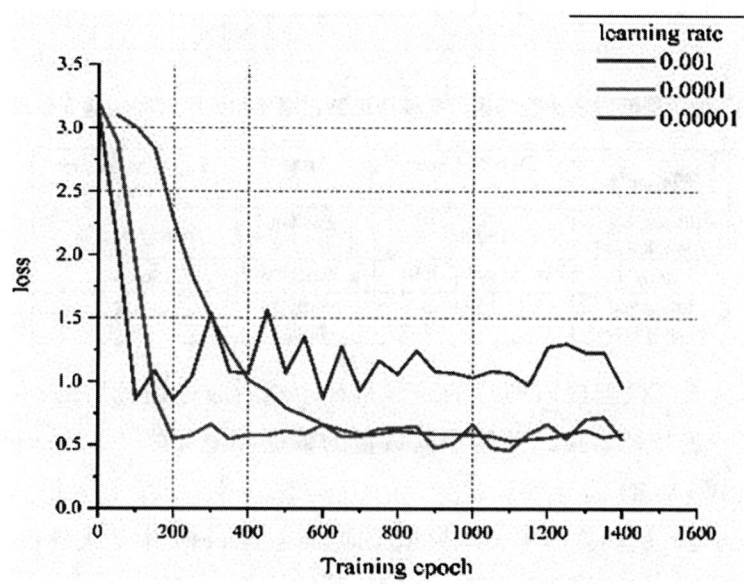

图 6.5 具有三种不同学习率的训练损失曲线

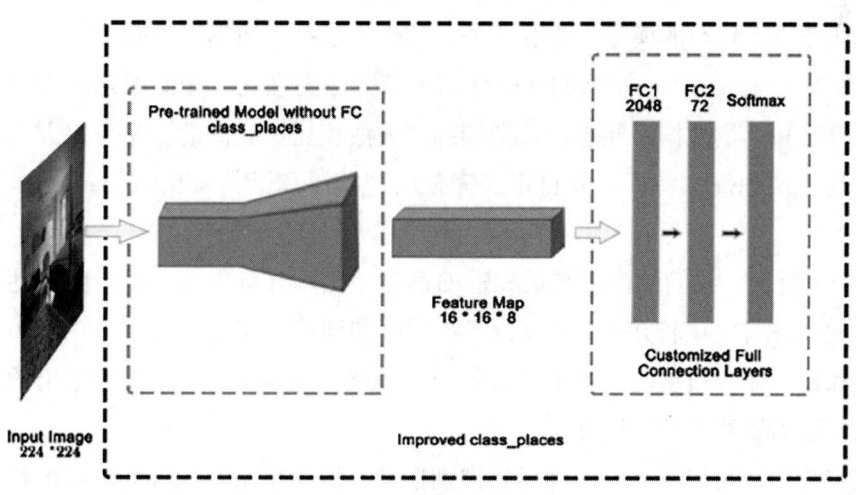

图 6.6 模型的工作过程

从左到右:（1）输入图像；（2）改进的 class_places；（3）预期的结果；（4）广告推荐

我们通过两种方式将我们的模型与其他模型进行比较:（1）表 6.2 中显示了具有四种不同的预训练模型的场景的分类性能;（2）我们将最佳准确性、时间和数据库大小与各种最先进的方法进行了比较,如表 6.3 所示。

表 6.2　使用不同的预训练任务比较场景分类模型的准确性

Pre-Trained Model	Top-5 Accuracy (%)
Inception-v3	80.0%
resnet_50_16×16[24]	84.1%
VGG[25]	79.7%
class_places	90.2%

表 6.3　使用最新方法比较场景分类模型训练数据库和训练时间的前 5 位准确性

Methods	Data Set Size	Time	Top-5 Accuracy (%)
Places365_AlexNet[26]	18000K	more than 1 hour	nearly 95.2%
MCNN	more than 2500k	a long time	96.6%
Improved class_places	16.6k	nearly 1 hour	90.2%

我们使用预训练模型提取图片的一般特征,然后通过训练后的神经网络在接下来的层中提取特定特征。我们使用相同数量的数据和纪元来传输 Inception-v3 模型,resnet_50_16*16 和 VGG。

值得注意的是,从相关的预训练模型(即 class_places)中学到的目标模型在场景识别和分类方面更准确(90.2%)。VGG 网络的结果不如其他网络好。合理的解释是,网络体系结构权重的数量很大,并且模型与目标任务相差太大。使用迁移学习时,应采用与目标任务差距较小的模型作为源任务,这样可以有效地提高准确性。

不出所料,表 6.3 所示模型的准确性与最新方法的准确性相差无几。与大多数使用复杂学习策略和大量数据库并进行长期训练的方法相比,我们的方法可以方便地从预训练模型的卷积层中提取特征,并自定义完整的连接层和函数 softmax laryer 作为我们的方法分类器。

如表 6.3 所示,我们的模型与最先进的模型相比具有竞争力。尽管准确性较低(直接将我们的方法与之比较并不公平),但数据库和训练时间却少得多。在该实验中,源任务模型和目标任务模型之间几乎没有差异。因此,仅训练了靠近模型输出的几层神经网络,我们不需要从头开始训练。

在该实验中,我们提出了一种场景识别模型,该模型用于广告的智能推荐,以减轻注释数据的缺乏和需要长期的培训。我们使用迁移学习从 class_places 中获取我们的模型,通过该模型提取常规图像特征,然后冻结前 n 层。当时间和注释数据有限时,我们的模型可以从场景识别任务中受益。

多任务传输学习可以学习和显示更多不同的功能,从而提取更多有用的信息并大大提高场景识别的准确性。我们将在以后的研究和工作中尝试这种方法。

二、在书籍封面设计中的应用

封面设计和海报设计有些相似，都是在一个固定二维空间内布局图形、色彩、文字之间的位置关系，但二者又有着媒体应用上的区别。海报设计因其主要在户外空间发布的特点，所以，一要尺寸够大，这才利于远距离观看；二要简洁醒目，利于在步行、驾驶等情况下迅速获得信息。而书籍封面设计，一是尺寸小，二是通常需要强调其文学气息，版面元素更加丰富，如副标题、短文案等。书籍设计师需要了解一本书的写作脉络、主要内容、思想内涵以及作者相关创作背景等，获取大量一手资料与直观感受，才能整理设计思路来开展下一步的工作。

目前国内专门针对书籍设计的人工智能平台还比较少，现有平台中，可画（https：//www.canva.cn）、图帮主（https：//www.tubangzhu.com）可以部分实现书籍封面设计的功能。在该模块中，有不同的设计模板样式供用户选择。选择模板后，用户可以在其中编辑文字、形状、素材、背景等。平台利用人工智能技术根据设定对用户上传的资料进行编排，生成带有水印的书籍封面（去除水印需要付费）。用户预览满意后，可以付费进行去水印及下单印刷等业务。图 6.7 为可画平台的书籍封面模块生成的《黑白画意》书籍封面。

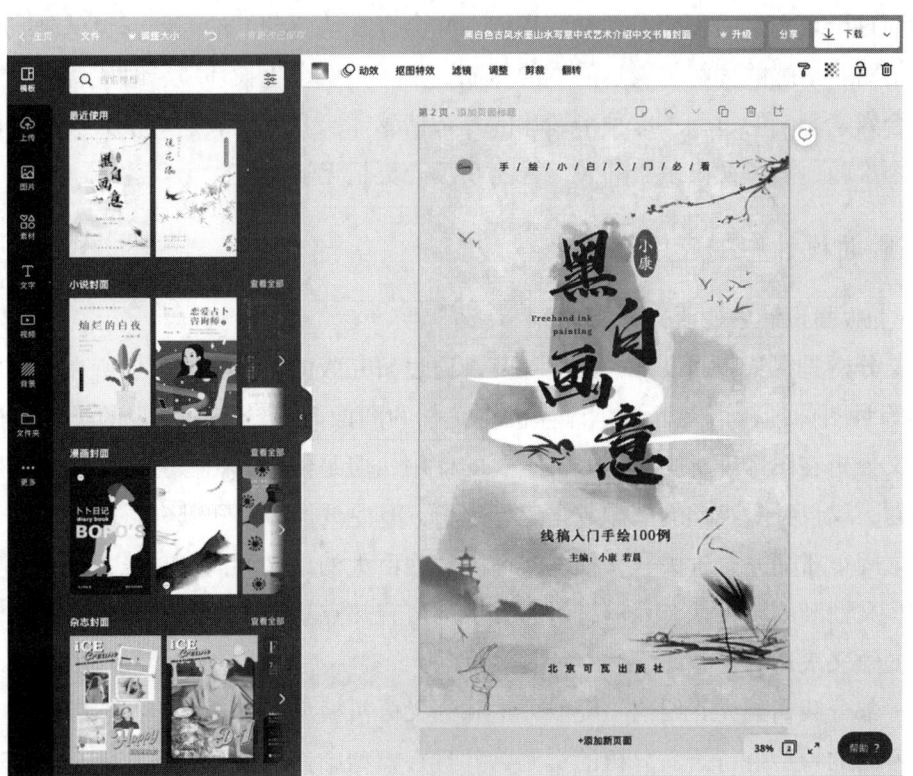

图 6.7 "可画"网站书籍封面设计效果

对比鹿班的海报设计和可画的使用过程及设计结果可以看出，鹿班较之可画更加智能。鹿班只需用户提供基本信息，便能够迅速生产出成百上千种设计方案。可画则只能结合现有模板库里的样式进行文字与图片的替换，其功能看起来更像是一款设计软件，但在图形、文字及色彩处理的功能设计上，又不如 Indesign、AI（illustrator）这些软件专业。对比来看，鹿班系统采用了更为复杂的数据库和算法设计，才使得其接近真正意义上的机器自动编排设计。

综合来看，人工智能可以在短时间内高效地生成大量的设计方案，这是机器的优势。首先，从设计的整体性来看，面对书籍设计这样强调设计整体性的复杂设计问题，诸如可画、图帮主这类应用可以生成一些对启发设计思路有所帮助的作品，也可以完成一些简单的视觉元素设计构成变化，但无论是画面美感、关联度还是创造性各个方面，人工智能还很难达到人类创作的平均水平。

其次，在装帧设计中，要达到理想的设计效果，包括纸张开本、印刷工艺、后期加工、成本等都需要设计师精心考虑和设计。这样一个综合的过程，对于一位成熟的设计师来说是完全可以把控的，而要全部交给机器来自动完成，则关联到统筹管理等方面的种种因素，就目前的自动化控制水平来说还很难做到。

最后也是最重要的，如何学习掌握人类情感是人工智能面临的难题。不仅对于机器，即便对于现实生活中的人来说，我们一样会存在情感理解的问题，也就是我们通常所说的情商。情感的理解与表达能力的养成，是一个融合生长环境、时代背景、知识结构等综合因素影响的过程。这种个性化的复杂情感体验和审美表达对于人类设计师来说都是一个难题，对于初出茅庐的人工智能在目前更是无解的。

三、在版面设计中的应用

（一）版面设计中的语义分析

语义分析是视觉版面设计的关键环节，通过研究版面中包含的目标所在位置之间的关联性等对图像进行语义解释，计算机将完整的图像内容转换成直观的类文本语言表达。语义分析在图像理解中有着非常重要的作用，但是传统的图像分析方法大都回避了语义问题，仅仅针对纯粹的图像数据进行分析。其主要原因是：其一，图像的视觉表达和语义之间很难建立合理关联，描述实体间产生巨大的语义鸿沟；其二，语义本身具有表达的多义性和不确定性。目前，语义分析的研究热点集中于通过有效模型和方法来实现图像的语义表达。

这一部分我们首先介绍语义提取方法和语义分析模型的实现流程，然后具体介绍采用两种不同的模型进行语义分析的实例，并且在模型中都融合了上下文信息以提高语义分析的准确度。鹿班系统自 2017 年开始通过深度学习来量产面板广告，设计师将自身的经验知识总结出一些设计手法和风格，再将这些手法归纳出一套设计框架，让机器通过自我学习和调整框架，演绎出更多的设计风格，上亿的面板广告通过素材进入机器学习框架后，依据算法重组而成。

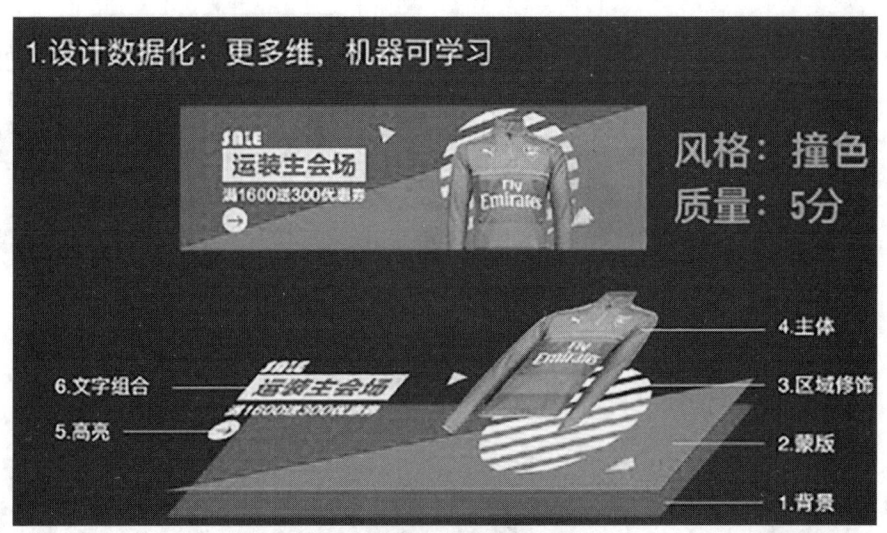

图 6.8　可计算的自动排版框架

当今媒体的内容之多是前所未有的，人们每时每刻都在创造和分享着海量信息，特别是内容繁杂的图像和文字信息，其中，图文混排的内容模式已经成为主流。而在内容创作过程中，如何针对图形、色彩和文字信息比较多的画面进行有效组织设计，是吸引用户注意力的关键环节。这个问题无论是对于商业印刷、在线期刊还是用户生成的内容表达来说，都极为重要。图文内容的排版涉及大量的专业知识，包括视觉传达、信息艺术设计、色彩与美学、平面规划、几何构图等。以往的图文排版设计工作不仅需要具有丰富专业知识的设计师，而且还要耗费大量的人工。如何让计算机根据图文内容自动进行排版是一个非常困难的问题。

从 2013 年年底开始，微软亚洲研究院的研究员与清华大学美术学院的艺术设计专家，在这个科学与艺术相融合的领域开展了深入的合作。他们把设计学中的审美原则与可计算的图像特征相结合，让人工智能接手了繁杂专业的图文排版设计工作，提出了一个可计算的自动排版框架模型（图 6.8）。[①] 该模型通过对一系列关键问题的优化（例如，嵌入照片中的文字的视觉权重、视觉空间的配重、心理学中的色彩和谐因子、信息在视觉认知和语义理解上的重要性等），把视觉呈现、文字语义、设计原则、认知理解等领域专家的先验知识，自然地集成到同一个多媒体计算框架之内（图 6.9），并且开创了

---

① 微软亚洲研究院. ACM TOMM 2017 最佳论文：让 AI 接手繁杂专业的图文排版设计工作 [EB/OL].（2017-08-10）[2021-08-30]. http://zhuanlan.zhihu.com/28561485.

"视觉文本版面自动设计"这一新的研究方向。

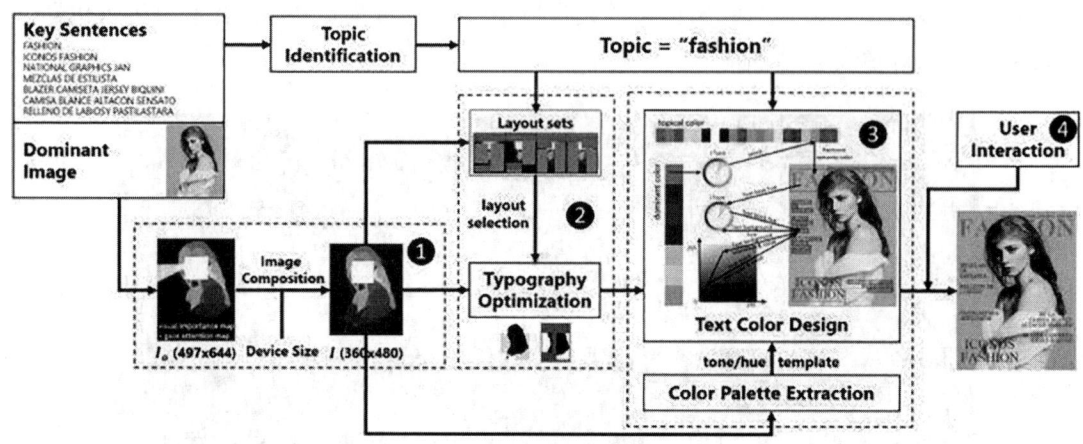

图 6.9　版式编排算法框架

图 6.10　利用算法自动产生的图文排版效果

注：原始输入是一张纯图片（即没有任何文字）和一段纯文本（如主标题和副标题等），输出是图文混排的结果（文字嵌入图片之中）

这项研究将通用的美学感知进行了体系的数学表达，构建了一套和主题相关的图文排版设计模板库，并提出了一套可计算的图文合成框架模型，既融合了宏观层面自上而下的美学感知，又包含了微观层面自下而上的图文特征。该研究融合人脸、文字检测以及视觉显著性检测算法，率先提出了视觉注意力检测算法，构成了整幅图像的重要性图和注意力图；在针对文字布局的算法中，该研究将文字块的形状和图像中的重要性图的交互过程量化为一个能量最优化问题。

在文本空间布局后，通过对图像前后景显著颜色的分析，在色彩和谐最优化框架中，保持色彩整体和谐，并最大化文字和背景色彩的差异，以使得最后的图文混排既能在全局尊重原图的色彩和谐性,又能在局部保证文字的可阅读性。全局色彩的和谐计算采用了著名的"Color Harmonization"中提出的心理学色彩模型,并结合了这篇论文中提出的图像前后景主题色在不同主题下的模型偏好,从而找到最适合的全局主题色。针对局部的视觉对比度最大化,该研究提出了最远色调角黄金取样法,即找到文本覆盖背景下图像的显著颜色映射到 tone 和 hue 空间,在二维色调空间(tone,hue)求最远点,并取显著颜色点到最远点的黄金分割点。通过整个框架(图 6.11),能完成整个图文设计在美学感知监督下的自动化。

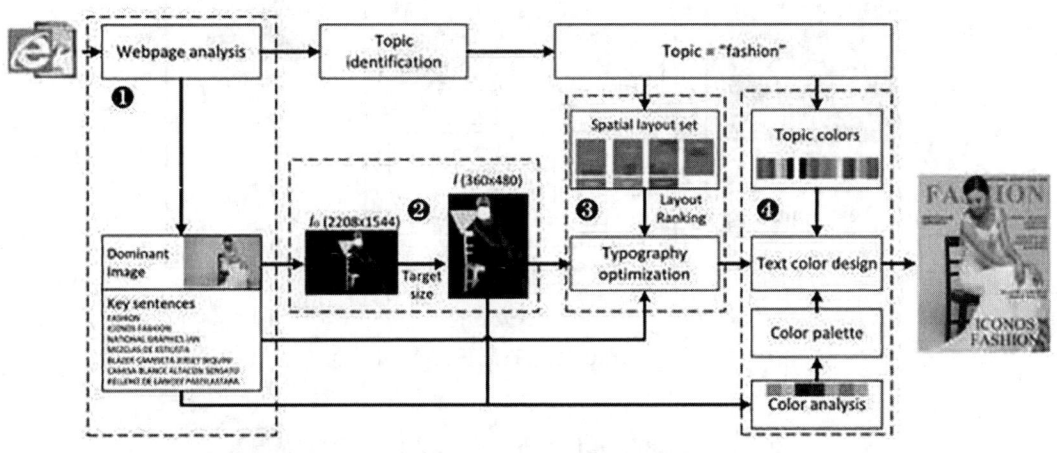

图 6.11　系统框图

该研究提出的系统允许用户上传具体主题的视觉背景图像以及一些文本语句。系统在第二阶段对原始图像进行了处理,通过结合显著值、脸部、文本以及目光注意力图以获取视觉感知图,进而重新调整图像的大小,使之符合目标布局尺寸,并根据视觉感知图保留重要的区域。重新调整过的图像就能用来排列空间分布的布局模板。当图像调整后,已有的语句、空间布局以及文本就通过第三阶段中的能源优化工艺重叠在背景图像上了。在第四阶段的文本着色上,首先分析经过剪裁的图像的调色板,同时根据主题属性挑选主题色彩。应用特定色相/色调模型、调色板、语义色彩以及内容特点,就可以通过保持局部色彩和谐以及局部可读性对文本进行重新着色。

在图 6.12 中,(a)带有目光注意力的视觉重要性图;(b)从前 5 个模板中挑选出的模板;(c)输入文本;(d)排印程序的细节,这里能源定义为 E(L),通过迭代控制字体高度,在局部优化解决方案中会被最小化;(e)受到自下向上的图像特点和自上向下的空间布局限制的排印结果。通过以上算法最终实现优化的排版效果如图 6.13 所示。

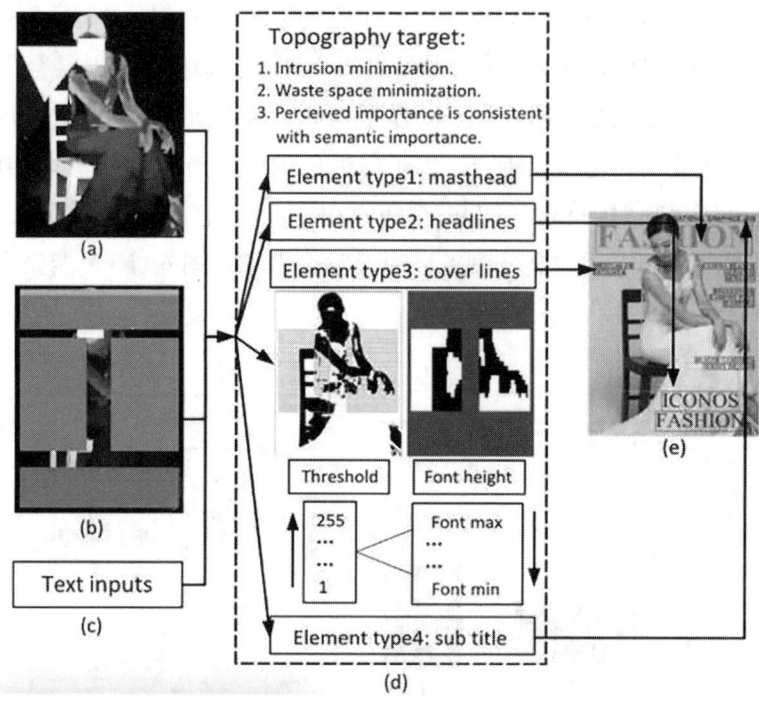

图 6.12 布局算法

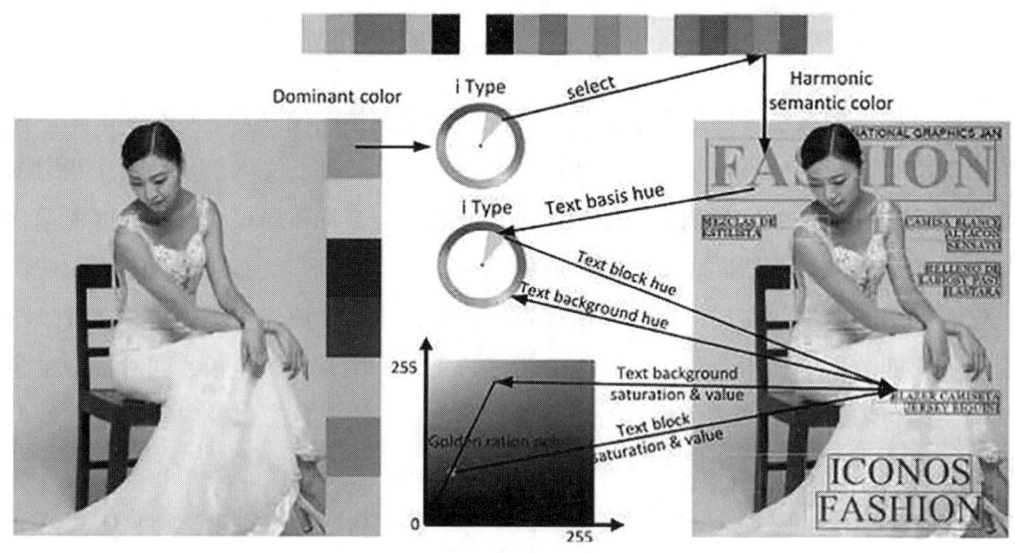

图 6.13 色彩分析与优化的示意图

（二）自动排版

北京理工大学光电学院的李佳男等作者在 2019 ICLR 大会上提交了一项名为 layoutGAN 的有关自由排版的研究成果，该成果提出了一种利用数据学习布局排版的新方法。即通过随机输入一组参数，layoutGAN 会输出一组微调后的参数以及一张线框图，然后与真实数据的参数与线框图构成 GAN 的对抗训练，最后经过训练，实现输出的参数与线框图接近真实数据。

先前数据驱动的布局排版学习主要有两种方式：一种使用 CNN 结构学习已标注的线框图，输入输出都是线框图；另一种使用多层全连接结构，学习元素的几何参数（位置、大小），输入输出都是一组几何参数。layoutGAN 将两种方式结合，通过一个可微分的几何参数到线框图的渲染公式，实现输入是一组几何参数，输出是一组新几何参数与对应的线框图。这样一来，GAN 的判别器可以对新几何参数与线框图都做真假识别，进一步提高了布局的真实性。

与 DCGAN 或者直接训练几何参数的 relation-based 方法相比，layoutGAN（图 6.14 中的 wireframe rendering）引入线框图做图像判断后，生成的数据更真实。如图 6.14 所示，DCGAN 和 relation-based 方法都出现了帽子戴在脸上的瑕疵，而 layoutGAN 则将帽子稳稳地戴在头上。

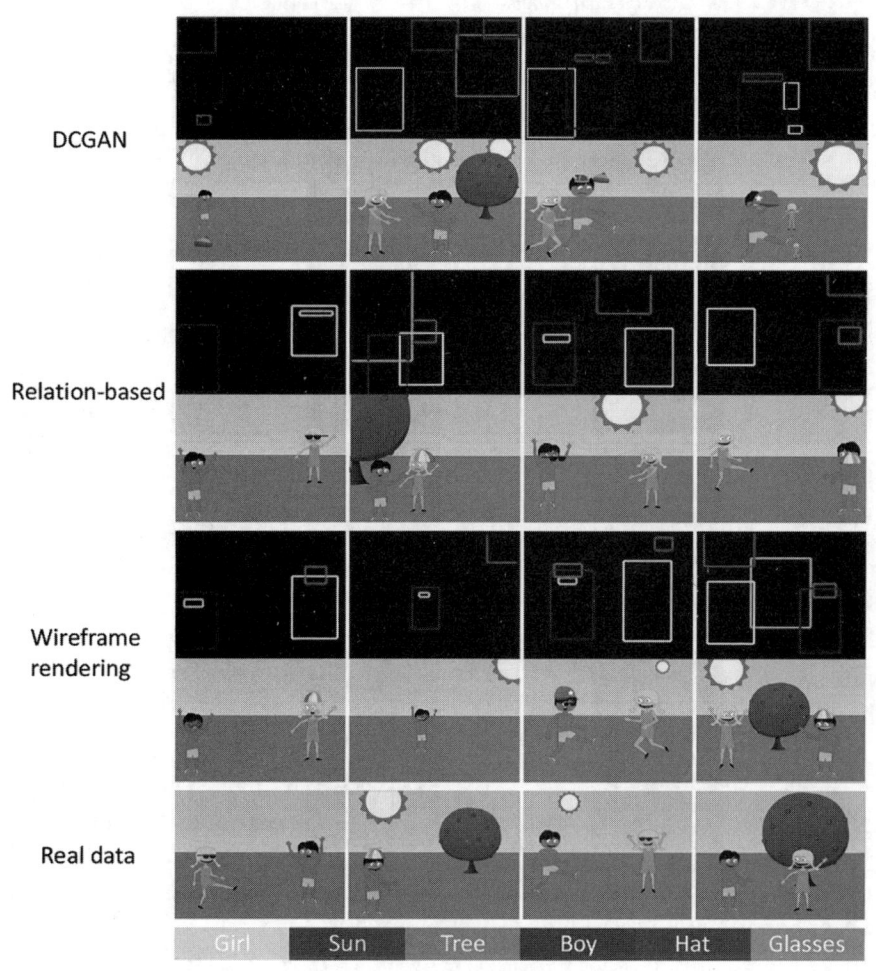

图 6.14　抽象卡通场景生成

在 MNIST 手写数字数据库中，引入线框图后，生成的效果也比纯几何参数训练相对要好一些（图 6.15）。

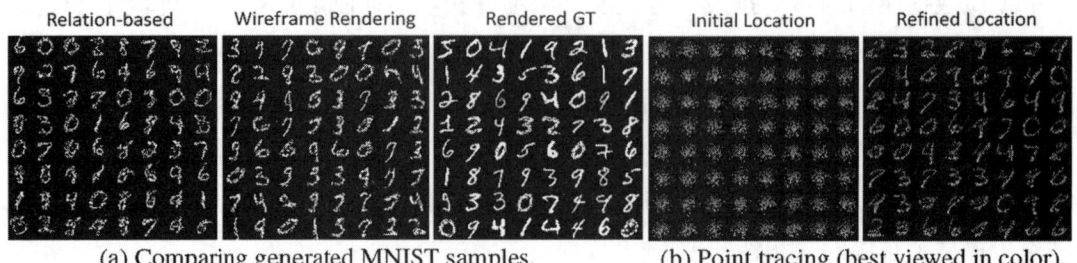

图 6.15　MNIST 手写数字数据库生成效果

从学习手机 App 真实版面设计的效果来看，layoutGAN 自动排版在元素对齐方面仍有欠缺（图 6.16）。

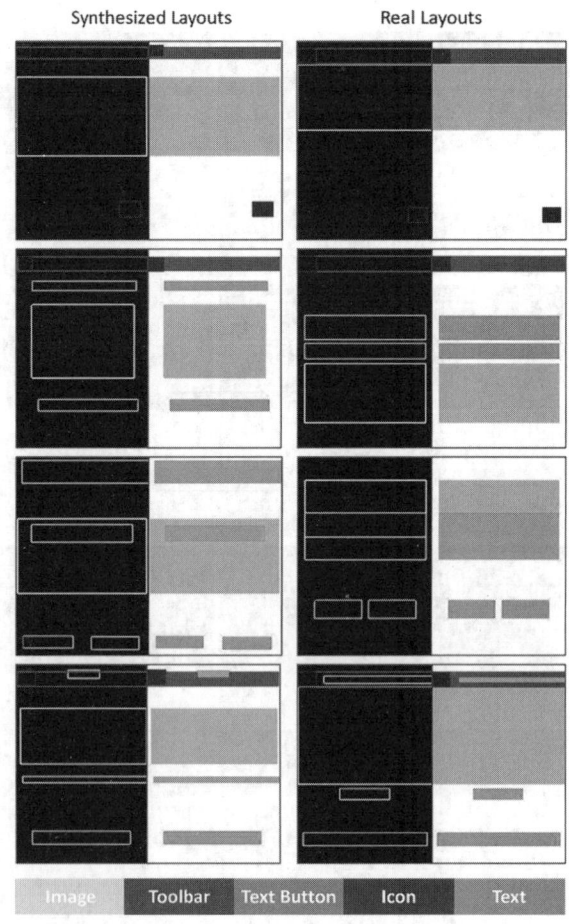

图 6.16　手机版面自动排版设计

这种把几何参数与图像结合在一起使用的方法并不常见，其设计思路如图 6.17 所示。上方为生成过程，下方为判别网络，具体流程为：随机输入元素类别和几何参数→带注意力层的多层全连接网络→输出调整后的元素类别和几何参数→多层感知判别器识别真假→通过几何公式把参数转化为线框图→用 CNN 判别器识别线框图真假。这个过程通过解析几何的方法把几何参数转化为了图像，把几何参数的精准性、CNN 善于捕捉空间关系的特点融合在一起，优化提升了排版效果。

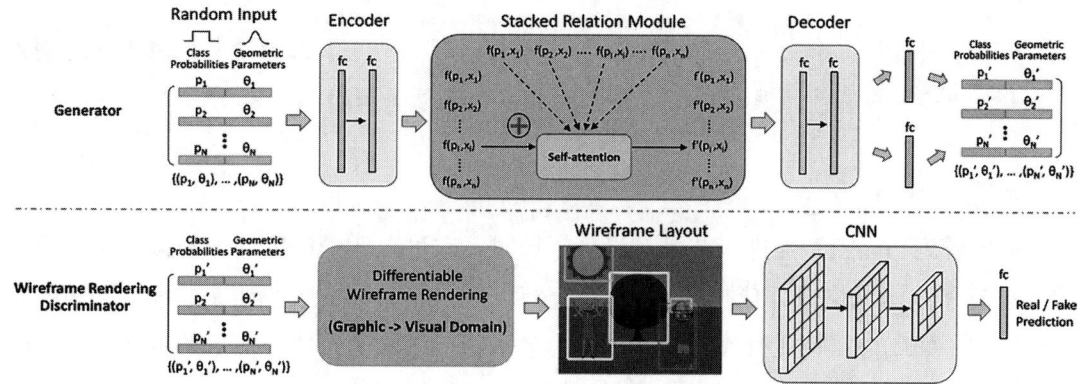

图 6.17　自动排版设计思路

第七章　人工智能艺术与设计的未来

> **重点内容：** 本章就智能时代背景下，艺术的价值、艺术家的定义、艺术的创造性、未来艺术与设计的图景、人机器化和机器人化等一系列问题展开讨论。

我们看到当人工智能进入艺术与设计领域时，它可以凭借深度学习模拟过往大师的创作技巧和艺术风格，并依据我们未能完全认知的机器学习继续创造作品、发展新的风格样式。如此，在智能时代背景下，何为艺术家、艺术的价值、艺术的定义、创造性这些问题，都需要我们进行再度思考和认知。其在相关领域的应用与创新取得的成就已经让我们意识到，人工智能的现在和未来都将持续对我们的生活、生产方式产生巨大影响，也让我们从这个新的角度对过往的事物再次审视。

我们有理由相信，未来机器可以替代人类完成很多事情，尤其是那些简单枯燥的重复性劳作。这种取代的积极作用是将人从简单枯燥的劳动中解放出来，就如同当年工业革命对传统手工作坊的生产造成了巨大冲击，最初人们担心失去工作和生活的保障，但事实证明，虽然在19世纪工业革命的初期，大批量机器生产的模式让传统手工作坊遭受了重创，然而随着时间的推移，新的生产方式不仅丰富了产品种类，提升了工作效率，而且新工厂的开设也为人们带来了新的工作机会。传统手工艺品的市场实用需求虽日益没落，但也因为其日渐稀有而更具艺术价值和欣赏性，传统手工艺品也逐步由原来的生活日用品变成了工艺美术品。当然，无论是早期工业革命的批量化生产还是今天的机器学习，这其中总有一些人的特质是机器无法替代和超越的，这些特质包括人的创造性和神秘而独特的天赋，而且这些特质在整个人类发明创造与艺术创作中发挥了重要作用。

第一节　人工智能语境下艺术相关定义的变化

人工智能介入艺术创作，首先需要我们对艺术的价值与定义进行重新的思考和认识。我们通常把艺术分为"为艺术而艺术"和"为生活而艺术"，"为艺术而艺术"强调的是审美的纯粹性，"为生活而艺术"则包含对社会现实生活和审美需求的双重考虑。如果我们按照人类官能信息接受的方式来判断艺术的纯粹性（如绘画仅借助视觉完成创作表达，我们可以称之为纯视觉艺术；音乐仅借助听觉完成创作表达，我们可以称之为纯听觉艺术），艺术的纯粹与否是一种基于创作初衷、目的和接收方式等标准形成的判断；而如果我们把艺术的价值作为一种判断标准，前面的判断就又会是另一番景象。因为对于一件艺术品的价值判断，离不开人文、时代、市场等因素的共同作用。纯粹的艺术不一定更具有价值，通俗来看，甚至有些庸俗的作品却可能在艺术史中占据重要地位。而从人的内心感受出发，只有当人们欣赏艺术品时达成审美共鸣，而没有将创作者的身份、时代背景、在艺术史中的位置等信息放在考虑范围之内，该艺术品才是真正具有价值的艺术作品，至少对于产生共鸣的欣赏者来说是如此。但如果是艺术品投资的话，那么对于购买者而言，他就只看中了这件作品的交换价值，而该艺术品此时的审美价值就被其交换价值所碾压了。对于艺术品研究者或者有共鸣的欣赏者而言，艺术品的价值与重要性并不会因谁拥有这件艺术品而改变，它是创作者、欣赏者和社会文明的价值凝合。

因此，如果我们把人工智能看作一种艺术创作的辅助工具，其整个"艺术"创作的过程没有人的自由意志的注入，那么也就不可能产生具有人性的艺术，尽管如此，这并不影响它帮助人们形成审美体验。我们认为只有以人的自由意志作为起点的作品，才能够称作艺术。但这其中也存在一个悖论，如古希腊哲学家普罗泰戈拉（Protagoras）所言"人是万物的尺度"，即我们对于万事万物的认知都要依赖于人类认知本体，那么机器是人设计生产的，所以人的意识从一开始就是参与其中的，因此，我们也无法从源头否定人工智能艺术的人性和艺术性。

在人工智能迅速发展的当下，有的艺术家对于机器进行艺术与设计创作持否定态度，也有的艺术家采取积极、开放的态度面对这种技术变革。这种态度的差异，根本原因在于我们到底将人工智能视作一种创作工具，还是像人一样的独立思考主体。如同我们按照进化论来定义人类一样，如今处于弱人工智能阶段的机器智能还不具备独立意识，那么我们还不能够将其创作的作品与人类艺术家创作的作品相提并论，但我们同样不可否认即便是人类艺术家，也脱离不开其所处的社会阶段和时代背景，脱离不了人的社会性限制，因此，我们如何判定人工智能所"创作"的作品到底是不是艺术品，根本取决于我们对人、机器和艺术的界定基准与参照系。

仅从艺术品题材、方式、技法的选择性来看，人类艺术家在创作作品的过程中，享有独立的最终决策权，而人工智能作为工具，可以做到更高度的模拟、更高的效率和更少的劳力，来辅助艺术家为其作品呈现更多的可能性。在这样的艺术创作过程中，枯燥的重复性技术劳动部分被人工智能替代了，但是被定义为人类艺术的那部分创作过程，则不会将艺术创造与人工智能技术生成画上等号。人工智能可以更好地辅助艺术家进行创作，艺术家可以借助人工智能技术生成自己想要的艺术效果，就如同《下一个伦勃朗》的项目一样，倘若我们觉得人工智能生成的作品还不够完善，还可以借助画笔等各种工具在其"作品"之上继续完善，最终达到我们想要的艺术效果。在既往大师们的经典作品网络大数据日益丰富的情况下，我们借助神经网络技术可以实现对艺术创作相关数据分类贴标签，而这个学习的过程可以得出更有效率的、不同于人类看问题的角度的结果。在现阶段，这个过程体现了人工智能的工具性，也为艺术家有更多的精力和自由充分发挥创造性提供了机遇。

一、价值基础的动摇

诗和远方从来都是人类对于"诗意的栖居"的向往，也是人类艺术生活的精神所在。微软人工智能程序"小冰"创作的诗歌集《阳光失了玻璃窗》于2017年正式出版。这个人工智能程序花费100个小时，"学习"了自20世纪20年代以来的519位中国现代诗人的所有作品，并进行了多达1万次迭代。一开始小冰写出的诗句毫不通顺，现在已经形成了"独特的风格、偏好和行文技巧"①。在2018年的《中国好声音》舞台上，清华学子为大家展示了如何通过人工智能输入歌曲名以及想要赋予创作内容的关键词，几秒之内人工智能便创作了一首全新的歌曲；如果对作品还有不满意的地方，人工智能可以快速地重写多个版本，而创作者需要做的就是在众多备选歌词中挑选自己最为满意的内容。

其实早在1980年，加州大学圣克鲁兹分校的音乐学教授大卫·柯普（David Cope）就开始设想一种可以辅助作曲的工具。他花了7年时间写出人工智能音乐作曲系统EMI（Experiments in Musical Intelligence，图7.1），其工作原理是模式匹配，程序将音乐片段分割成更小的片段并进行分析，找出相似的声音并进行分类。柯普把巴赫的作品放进EMI程序中运行，EMI据此分析运算出巴赫音乐的特点并写出具有巴赫风格的音乐。EMI在一天之内就谱写出5,000首巴赫风格的赞美

图7.1 大卫·柯普和他的人工智能音乐作曲系统（EMI）

---

① 周韶宏. 微软的人工智能小冰学会作诗了，我们试了一下［EB/OL］.（2017-05-16）［2021-09-13］. http://www.qdaily.com/articles/40870.html.

诗。柯普挑选出几首，安排在圣克鲁兹的一个音乐节上演奏。结果听众反应非常热烈，并表示这些音乐如何打动他们的心灵引发了共鸣；而当一些听众知道这是一个程序所为时，既表示震惊也感觉人类的自尊受到伤害。在1997年于斯坦福大学举办的一场讲座中，俄勒冈大学教授威妮弗雷德·克纳（Winifred Kerner）为现场观众弹奏了三首钢琴曲：一首是巴赫的作品；一首是EMI模仿巴赫风格创作的作品；另一首是她的丈夫史蒂夫·拉森（Steve Larson，同为俄勒冈大学教授）创作的。在听过演奏之后，让人感到窘迫的是：很多观众都把拉森的作品当作EMI的作品，而把EMI的作品当作巴赫的作品。对此拉森感到非常难以置信，他对《纽约时报》记者说道："巴赫是我最喜欢的作曲家之一……观众能被计算机程序欺骗，着实让我感到惊讶。"①

巴黎索尼计算机科学实验室在2016年12月发表了一篇关于一种名为DeepBach的人工智能模型可以创作出巴赫一样的复调众赞歌，并能达到假以乱真效果的论文。他们训练这套人工智能系统使用了352首巴赫的乐曲，它们被转换成不同的音符，最终共形成2,503件作品。之后对1,600名听众（其中1/4以上是专业音乐家和音乐系学生）的测试表明：有超过一半的人以为是巴赫本人的作品。②

从以上的音乐创作案例我们可以看出，通常被我们视作最能表达和感动人类情感的音乐，貌似已经被人工智能找到了突破的路径，机器在这里看起来不再是那么冷冰冰的了。但究其本质，以上案例其实都是缺乏人类自我意识的算法运作，它们创作的音乐还缺少社会层面的底蕴，看起来是缺少灵魂的创作。不可否认，正如同从猿到人的进化一样，自1965年英特尔（Intel）创始人之一戈登·摩尔（Gordon Moore）提出了摩尔定律以来，计算机在硬件方面的进化步伐按照这个定律从未停息，而且进入21世纪以来，神经网络和算法的突破已经让机器看起来越来越具有创造性了。

诸如《下一个伦勃朗》的参观者在欣赏这幅画作时，如果不事先告知，他们很难发现该作品与挂在美术馆的伦勃朗真迹相比有何差异。技术、科技的发展大跨步地向前迈进，毫无疑问推动了社会各个层面包括艺术与设计领域的革命性变化。而科技与艺术并不是谁取代谁或谁控制谁的问题，实际上，艺术也一直在为科技提供着重要服务。二者的关系可以说是相辅相成、互相促进的。只不过在人工智能异军突起的情形下，高效的机器"创作"、算法迭代带来的形式创新，让以往一位艺术家几个月、几年才能完成的作品，人工智能几秒钟就能够生成形式上真假难辨的效果，艺术会不会因此变得越来越廉价？人工智能创作出来的所谓"艺术品"，具不具备艺术的灵魂？我们该如何定义它？

---

① FRIDA G.The quest to teach AI to write pop songs［EB/OL］.(2018-04-19)［2021-09-13］.https://gizmodo.com/the-quest-to-teach-ai-to-write-pop-songs-1824157220.
② DOM G.Human or AI: Can you tell who composed this music?［EB/OL］.(2016-12-16)［2021-09-13］.https://futurism.com/human-or-ai-can-you-tell-who-composed-this-music.

艺术存在的意义和价值之一就是对人类意识的自由表达，以及对生命和世界的独特体验。在艺术进入当代之后，其价值与意义已不再仅仅体现为经典与永恒，而是作为一种社会沟通方式存在；当它成为一种作用于空间而非时间的产物时，我们需要在新的时代背景下，重新解读艺术的定义和功能。换言之，智能技术引发的第四次工业革命的价值将不仅限于技术层面的变革，人机协同发展的态势更将深刻地改变人类命运和世界文明。

二、艺术家概念的再定义

艺术家博伊斯说："人人都是艺术家。"我们换个角度理解其实也意味着，艺术即是我们的生活，生活造就了艺术。具备神秘天赋的艺术家只是艺术表达的媒介，艺术家可以消亡迭代，但真正的艺术则是永恒不灭的。在今天全球物质生活较以往极大丰富的情形下，且不从艺术概念泛化的角度来看，大众审美修养的普遍提升，正在使得"人人都是艺术家"逐步成为现实。

2015年6月17日，谷歌把人工智能生成图片的技术Inceptionism开源化，发布了"深度梦境（Deep Dream）"项目。它以人工神经网络为基础进行图片识别和处理，可以将世界上最著名的画作变换成奇趣美丽的抽象化作品（图7.2）。Inceptionism原本是用来将图片分类的人工智能技术，在输入一张图片之后，选择某一层神经网络进行重复处理和变形，就能获得一幅貌似非常具有超现实主义风格的"画作"。2016年3月1日，谷歌用机器创作的作品在旧金山举办了为期2天的展览，29幅画作全部被卖出，一共为Gray Area艺术基金会筹集了97,605万美元。这些画作一部分是谷歌内部员工创作的，另一部分是由其他人员利用"深度梦境"在业余时间创作完成的。

图7.2 谷歌的"深度梦境"作品

可以预见，至少在诸如超现实主义、抽象主义这类艺术作品的创作过程中，人工智能、工程师都将成为艺术创作的主体，艺术家的专有身份会越来越弱化，一旦人工智能也可以像人一样进行创作，艺术创作就将不再专属于那一部分具有艺术创作天赋的人。人工智能让艺术创作变得越来越普及，也越来越容易，创作者不需要拥有美术、音乐或写作的专业背景，甚至也不需要掌握人工智能的知识，只要学会操作软件，输入想要的艺术作品的要素，比如颜色、线条等，甚至是个人喜欢的艺术家作品的风格，动一动手指点击一下鼠标、互动一下屏幕，中意的作品很快就会源源不断地呈现在面前。

据此我们可以说，智能技术让艺术创作不再为专业人士所专属，也不再只是艺术家的专利，普通人也可以创作出像模像样的艺术作品。任何人借助人工智能技术、软件、设备，都有机会把艺术创作当作职业。尽管今天的艺术家还是一个让人羡慕的职业，艺术家代表了专业、教育背景、文化知识，甚至是生活态度和财富，不过，这些标签在未来或许不再专属于那些受过专业训练的人，而是人人都能够运用科技进行艺术创作，人人都能成为"艺术家"，艺术家与普通人的界限越来越模糊，从技术层面真正实现了"人人都是艺术家"。

1950年，阿兰·图灵在他的论文《计算机与智能》中讲述了有关机器创造性的问题。他在文中提到机器不能产生让人惊叹的观点，应归咎于哲学家和数学家特别受制于一个偏见——要首先设定机器是没有创造性的。他指出这其实是一个假设，然而当这个假定的事实被呈现在人们面前时，人们就会依据这个假定产生相关的推导。在许多情况下，这是一个非常有用的假设，但人们又很容易忘记它是假的。据此看来，机器是否具有创造性的问题取决于我们是只看一件绘画作品能否打动我们，还是说在看这幅作品之前要看一看它的标签。

按照直觉美学的理论，艺术是先验而独立于社会的存在。我们可以说艺术家是遵循直觉逻辑的，这是一个直观感性的过程。但就现实来看，如同艺术市场和画商对艺术家的要求一样，艺术家的创作过程仍然会有风格、题材、技法等各种理性思考的现实约束。因此，如同AlphaGo下出人类棋手未有的棋步一样，机器具有艺术创造性并非毫无可能，其中的规则约束和"机器能否创新"的问题源自对于什么是"创新"的概念界定，以及摆脱对于传统机器所具有的傲慢与偏见。

伊恩·古德费洛（Ian Goodfellow）创造的生成性对抗网络GAN，最初就是一种功能上类似于PS、AI（Illustrator）的技术工具。伊恩是一位科学家，他显然没有把GAN当作艺术品来创作；但如果有艺术家使用了这种创新技术和工具来创作艺术品，就如同我们使用油画棒或者照相机一样，我们大可不必署上这些发明者的名字，但向最初的创造者致以敬意则是恰如其分的。

而在《埃德蒙·贝拉米肖像》这幅作品中，最初的算法设计者罗宾（Robbie）策划了训练数据库,训练了模型,并把它放到了 GitHub 上。法国的艺术团体 Obvious 直接使用这个模型,让它根据随机特征向量生成一些图像,最后从中选出他们想要的艺术品。因此在这幅作品当中,最初的科学家显然发挥了巨大的作用,但这并不影响人们将之称作艺术品。在这个过程中,我们看到虽然科学家和艺术家们在一幅艺术作品中的贡献不同,甚至科学家的贡献更大,但这并没有影响他们各自的传统身份认定。这幅画到底是技术的产物,还是艺术的结晶,说到底并不那么容易界定,这如同我们要搞清楚达文西所获得的艺术地位到底是他的绘画技巧起到的作用大,还是他的题材选择的眼光与绘画境界作用更大一样。这其中有一个不可忽略的因素,就是这项工作是在艺术背景而不是在科学的背景下创造出来的。因此,如同我们对待摄影技术的发展历程一样,我们今天完全没有必要争论科技专利的所属权,与溯源这件作品的创造工具和算法。

在佳士得拍卖了《埃德蒙·贝拉米肖像》的智能生成作品之后,机器是否为艺术家这一问题就引起了业界与公众的关注,似乎机器成为艺术家已经作为事实正在被媒体和策展人所默认。即机器可以成为艺术家,甚至可以取代艺术家在社会中的作用,就像它们将逐步取代所有其他行业的工作一样。然而,让我们从艺术史的角度来客观梳理一下人工智能在今天所取得的成就,我们看到人工智能艺术与设计虽然令人耳目一新,但其依然是在计算机艺术这个大的框架之下的技术进步。如果我们仅从量变的角度来看,人工智能不过是一种新的计算机应用程序类型,似乎这样一个新兴事物并不能上升到质变的角度去讨论。但不可否认,就在 AlphaGo 战胜李世石之前,将围棋视作艺术的职业棋手们还非常相信计算机不可能占领围棋这个棋类游戏的制高点。但现实很残酷,人工智能碾压式的胜利证明:同传统的计算机应用程序相比,人工智能最主要的功能是其具备了"自我学习"能力,这是一种质的变化。从 AlphaGo 到 AlphaZero,机器从每天上百万人类棋谱的学习到摆脱人类棋谱的自我学习,我们看到计算机硬件计算速度的提升和算法的优化,已经让机器胜任了一些我们之前认为只有人类才能完成的任务,也刷新了我们对于计算机软硬件技术革新的认知。

第二节　人工智能与艺术和设计的关系调整

如果要正视人工智能与艺术和设计的关系,我们还是需要首先剖析什么是人工智能,何为艺术,以及何为设计。研究前者的是科学,探讨后者的是艺术。目前的人工智能还是处于所谓的"弱人工智能(Weak AI)"阶段,即主要专注于在特定领域的应用方案研究。2017 年,美国机器人公司 Hanson Robotics 研发的人形机器人索菲亚,被邀请到美国知名的《今夜脱口秀》节目中,"她"和主持人对话自如,并且玩起了石头、剪刀、布的游戏。索菲亚这个外观精致逼真的机器人看起来十分智能，之后她又频频在媒体上曝光，并发表诸如"我将会毁灭人类"等耸人听闻的"言论"，因此而成为网红机器人。但之后不久，就有科学家指出索菲亚所谓的一些访谈不过是按照事先设定好的套路进行的，以达到更好的节目效果来获取舆论关注。法国籍计算机科学家杨立昆（Yann LeCun）就在自己的推特上批评道："索菲亚之于 AI，就像魔术之于真正的魔法。也许我们应该把这称为'对 AI 的货物崇拜'、'AI 界的波将金村（英语：Potemkinvillage，德语：PotemkinschesDorf。意为"弄虚作假、装潢门面"）'或者是'AI 版的《绿野仙踪》'。"①

虽然目前人工智能的技术水平还处于较弱的阶段，但人工智能的高速发展和人工智能诸多领域取得的成绩，已经预示了人工智能的兴起，对于传统艺术与设计领域的冲击不可避免。这如同摄影术的出现曾经对写实绘画产生巨大冲击一样，但它同时也造就了强调表现的印象派和抽象艺术的形成。人工智能技术在艺术与设计领域的应用，将使我们从绘画、排版之类的技巧性劳动中解放出来，让我们有更多的时间去品味生活和提升艺术修养，有更多的时间去体验生活，去从更高层面、更多角度深入思考艺术问题。

人工智能的起点是理性的，而我们人类则既有孔子入世的理性还有老子逍遥世外的精神追求。艺术创作最显著的特点就是人类情感的符号化表达，我们可以通过人工智能来展示自己的创意，表达自己的感情，把人工智能作为一种媒介和平台，或者把人工智能作为实现创意想法的工具，这也是现在的人工智能艺术与设计发展的主要方向。实际上，当今社会的发展，各个学科领域的交叉合作越来越多，而在这其中，科技是各个领域创新的技术担当，今天艺术与设计的发展不可避免地还是要和科学紧密交织在一起的。

一、新的艺术市场的兴起

埃德蒙·贝拉米的肖像画在拍卖行以 43.25 万美元被拍卖了之后，人们似乎看到了一个新的艺术门类和商机的到来。人工智能在艺术与设计方面的应用如雨后春笋般破土而出。这幅画背后是一个叫作 Obvious 的法国艺术组织，它由三位法国年轻人组成：雨果·卡塞勒斯·杜佩（Hugo Caselles-Dupré）、高蒂尔·韦尼尔（Gauthier Vernier）和皮埃尔·福特雷尔（Pierre Fautrel）。其中，雨果是深度学习领域的博士候选人，研究方向是机器人强化学习；皮埃尔则有艺术背景。三位年轻人喜欢探索科技和新事物的结合：既然如此，为什么不尝试把人工智能跟艺术结合呢？

其实，Obvious 不仅仅"画"了这一张被佳士得拍卖的画，还"画"了整个家族的

---

① https://twitter.com/y; ecun/status/949029930976862209.

照片。Obvious 将该系列命名为"贝拉米之家（La famille de Belamy）"（图 7.3）。之所以取"贝拉米"（Belamy）这个姓氏，是因为拆开来正是"Bel Ami"，即法语"朋友"的意思，而 GAN 技术的发明人伊恩·古德费洛的姓"Good Fellow"就是好朋友的意思，Obvious 以这样的方式向 GAN 的发明人致敬。

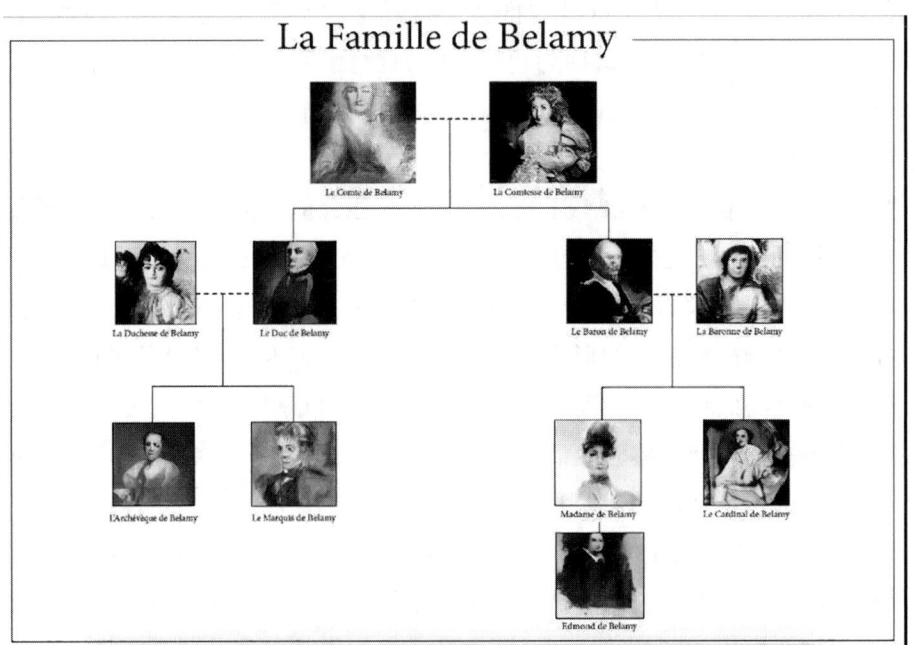

图 7.3 "贝拉米之家"系列肖像画

埃德蒙·贝拉米的肖像画不仅在到底是不是艺术品这一问题上掀起波澜，更因为拍卖行的暗箱操作而在艺术品市场上引起了较大的争议。就在埃德蒙·贝拉米的肖像画被拍出的几周前，一个先前的生成版本实际上以 10,000 美元的价格被卖给了一位私人收藏家。这种对已售出作品的重新拍卖的丑闻，既让人质疑艺术的纯粹，也同时表明当下人工智能艺术品的价格和数量，还不足以形成一个真正的艺术流派或者市场投资热潮。目前来看，人工智能绘画作品的拍卖还主要是一个宣传的噱头，佳士得借此次人工智能艺术作品的拍卖获得了巨大的公关价值，这让他们为开拓一个新的艺术拍卖类别打下了基础。

2019 年 2 月，切尔西美术馆曾开办过由罗格斯大学的计算机科学教授艾哈迈德·艾尔加马尔（Ahmed Elgammal）创作的无脸肖像跨时代展（Faceless Portraits Transcending Time show，图 7.4）。正如美术馆老板菲利普·赫勒·古根海姆（Philippe Hoerle Guggenheim）直言，该美术馆主要是想通过这一类艺术展标榜自己身处前卫派的前沿。这个画廊以机器生成艺术为特色，多少让一些人感到费解：为什么不支持人类艺术家的创作，而热衷于看起来与充满感情的艺术背道而驰的冰冷机器的所谓"作品"？考虑到

人工智能艺术与设计的未来 第七章

人们对机器人取代人类工作的担忧，一些观众可能会认为人工智能将取代视觉艺术家甚至所有人。古根海姆对这一类批评倒是持开放态度，毕竟无论这个争论的结果如何，这一展会和博物馆因此提升了关注度才是他们乐于看到的。

总体看来，人工智能艺术目前在艺术品市场上所占的比例还是非常有限的。人工智能艺术在当下看来很大程度上更像是一种资本追逐的内部游戏，非常有限的创作主体与作品因其新奇的特征而引发了了大量的审美和艺术批评。但从艺术发展的角度来看，这倒也并不一定是坏事，毕竟

图 7.4　无脸肖像 #7（Ahmed Elgammal，纽约，2019）

强调观念性的当代艺术也曾经意味着区别于大众审美的小众市场，新兴的人工智能艺术似乎正在以更加纯粹的、去物质化的表达方式实现着对艺术的颠覆。

二、成为新艺术流派的潜力

世界各地的许多博物馆和画廊，已经或正在着手策划与举办人工智能艺术作品展览，而如果不标注清楚，人们甚至无法辨别哪些艺术画作为机器的产物。国外一个名为 9 GANS 的画廊，正在专注于经营人工智能画作。所谓 9 GANS，是一个以类似画廊的方式展示 9 件艺术品的应用程序/网站。它与传统画廊的区别就在于它使用人工智能每小时生成 9 张新图像并删除旧图像（图 7.5），并且据此引发了一系列围绕着计算机艺术创作的哲学问题的争论。

图 7.5　9GANS 画廊的智能生成作品（2020）

目前看来，虽然人工智能艺术确实展示了高效的创作能力，生成了花样繁多、层出不穷的作品，但从人类艺术史的发展脉络来看，由于缺乏人的自我意识特征，当下的人工智能艺术还只是如同油画、国画一样的因使

用工具不同而存在的艺术形式，而难以从创作主体的角度与人类创作等量齐观。

从所使用的工具主体来看，人工智能依然算是计算机艺术的一个分支，而至少在20世纪50年代后期，艺术家们就开始以计算机作为工具进行艺术创作。当时的本·拉波斯基（Ben F. Laposky）、弗里德·纳克（Frieder Nake）、乔治·内斯（Georg Nees）、曼弗雷德·莫尔（Manfred Mohr）、维拉·莫尔纳（Vera Molnr）等艺术家就已经开始探索使用计算机来完成视觉艺术创作。其中，弗里德·纳克在1965年率先举办了三场小型的计算机艺术展，并很快就从德国开始引发了一场计算机艺术运动。美国数学家、艺术家兼绘图员本·拉波斯基于1952年用示波器来操纵在小荧光屏上出现的电子波。示波器是一种用于显示电信号波形的设备，通常用于电子测试。在示波器上，电波将一直在显示器上移动和起伏，并且此时将无法在纸上记录这些运动。本·拉波斯基通过长时间曝光摄影记录了这些不断波动的瞬间，这使我们能够在数十年后看到它们。他拍摄了这些波的许多不同组合，并将其图像称为"Oscillons"。最早的照片是黑白照片，但在后来的几年中，他还使用滤镜以产生醒目的彩色图像（图7.6和图7.7）。

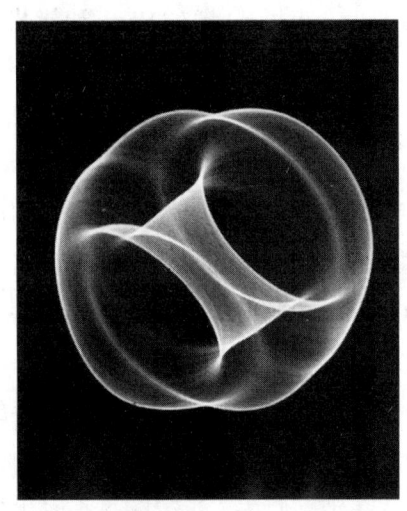 

图 7.6　Oscillon 40（本·拉波斯基，1952）　　图 7.7　Oscillon 520（本·拉波斯基，1960）

德国的美学家马克斯·本斯（Max Bense）为当时的计算机艺术运动提供了一个理论框架，并以此对立于法西斯主义。本斯认为，计算机艺术的美学有意避免所有的情感诉求，从而使艺术看起来更为纯粹。

纵观艺术史，目前人工智能艺术的发展似乎与摄影和电影的发展历史相似，它们都是从单纯的"技术演示"开始的，经历了一个从技术层面对传统艺术形式（如架上绘画、戏剧）的模仿到最终成为独立的艺术媒体的阶段。

对比摄影术与人工智能艺术与设计的发展，摄影机最初只是起到一个工具的作用，我们显然不能把一张照片的产权划归给照相机，但随着暗房技术的成熟，摄影逐渐更具艺术性。因此，摄影和电影的发展对人工智能艺术确实有借鉴意义。然而，计算机艺术与设计是人工智能艺术与设计取得发展的前提，就像今天的人工智能艺术家与设计师一样，这个群体在计算机艺术的早期主要是科学家、数学家、绘图员，大量关注的是图像处理技术。早期的计算机艺术家认为作品的算法制作便是在创造"生成美学"。弗里德·纳克在2010年的一次学术会议发表的论文中谈到了这个想法。

弗里德·纳克认为，在计算机艺术中不存在所谓的"杰作"，因为计算机艺术不是关于"作品"的创作。它涉及系统设计的产出，以及这些设计的美观和一致性。换言之，对"生成美学"作品的审美判断机制是基于作品生成方法而非作品所呈现的效果。尽管在过去的五十年中，制造这种系统的工具已经发生了一定的变化，然而"生成美学"的思想仍然存在。

例如，谷歌的"深度梦境"人工神经网络本是用来识别、分类和整理图像的人工智能程序，而在2015年，谷歌将它的功能调整为能够依照一定的风格去强化图片，只要提供一张原图和某位大师艺术风格的图片，人工智能就可以自动合成带有这种艺术风格的图片或作品。"深度梦境"作为较早的有关艺术的机器学习应用之一，在技术上基于特征可视化，其本质是一个视觉转换系统。最初"深度梦境"主要与imagenet数据库结合使用，生成了大量狗的形象，但"深度梦境"作为一个系统，它并不局限于任何特定的数据库，可以基于输入不同的图像创造出不同形象，这一点和《埃德蒙·贝拉米肖像画》的创作原理一样。

一些对"深度梦境"的负面反响可能是由于系统没有使用不同的数据库发挥其全部潜力，在不反映其生成性质的情况下，将系统中的样本呈现作为全部工作的结果。当然，这个问题并不是人工智能艺术所独有的，它是所有媒体艺术都面临的一个问题，而且在市场压力下将持续存在。正如最近"深度梦境"被用来作为时尚模式的识别机器一样，这一问题再次被证实存在。

亚当·费里斯（Adam Ferriss）是使用谷歌开源"深度梦境"后尝试艺术创作的代表艺术家之一。

我们看到诸如亚当·费里斯这类艺术家所创作的作品（图7.8），在技术层面是对特定图像集的操作：他们通过图像数据库训练

图7.8 "深度梦境"作品
（亚当·费里斯，2017）

GAN 来生成作品，或通过各类方法探索这些作品的意义。从技术的角度来看，我们可以说早期的计算机图形学和当代的人工智能艺术都在对概率分布进行操控和探索。

从形式多样化的角度来看，人工智能无疑形成了一种新的艺术与设计样式，但因其数据学习来源与算法的不确定性，没有风格或者说千变万化便是其风格。关于人工智能艺术的哲学问题是历史问题，而不是人类当代艺术所特有的问题。那么，我们首先应该厘清当下人工智能艺术所面临的问题，以及人工智能艺术与设计对过往的艺术与哲学问题会给予怎样的回应。

到目前为止，人工智能艺术展几乎都是包含浅层机器学习知识的作品展览。2019 年在伦敦巴比肯举办的"人工智能：超越人类"展览，为我们呈现了如何将人工智能技术和艺术表现力进行有机融合（图 7.9）。这个展览有助于我们再次反观计算机艺术的历史，以了解这个展览的策划主题和思想脉络。

图 7.9　人工智能：超越人类展（伦敦，2019）

1968 年，在伦敦当代艺术学院举办的"控制论的偶然性（Cybernetic Serendipity）"展览（图 7.10），是在马克斯·本斯的提议下，由英国艺术评论家、编辑、当代艺术学院副主任贾西亚·里查特（Jasia Reichardt）策展的。这是第一个国际化和广泛参与的计算机艺术展，也是第一个尝试展示计算机辅助艺术创作（包括音乐、诗歌、舞蹈、雕塑、动画等各个方面）的展览。与巴比肯展览一样，这个展览也主要展示技术在艺术中应用的广泛成果。

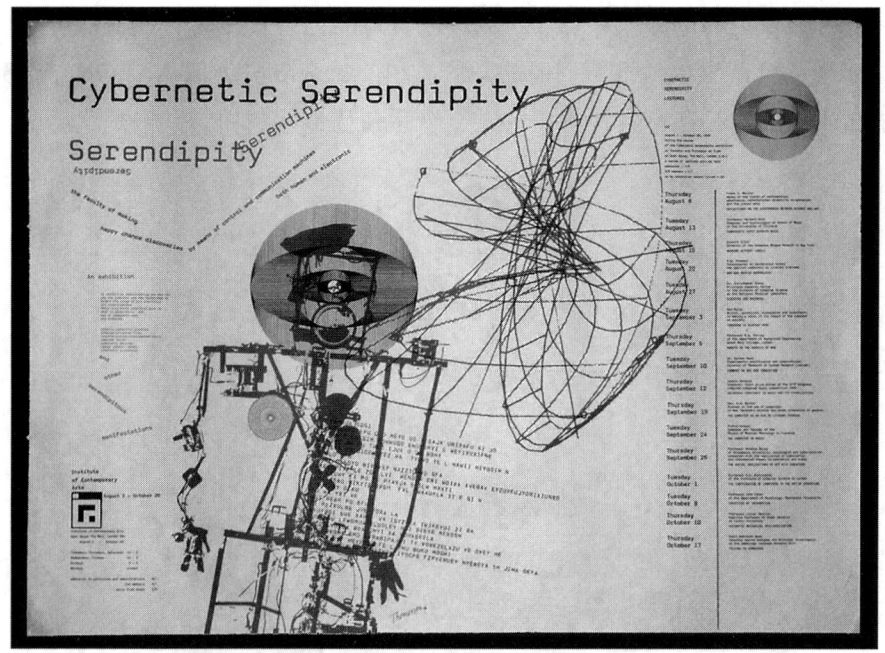

图 7.10 "控制论的偶然性"展海报设计（伦敦，1968）

三、人工智能艺术是否可以被接纳为当代艺术

20 世纪 70 年代，美国加州大学圣地亚哥分校艺术教授哈罗德·科恩（Harold Cohen）自学编程，设计了"AARON"人工智能绘画软件。1972 年，哈罗德·科恩用自己设计的程序 AARON 创作的绘画在洛杉矶艺术博物馆展出。此后，哈罗德受计算机科学家爱德华·费根鲍姆（Edward Albert Feigenbaum）之邀在斯坦福大学人工智能实验室驻留了两年。在此期间，哈罗德参与研发的计算机程序 AARON 利用演算法使计算机画出接近于人类徒手画出的线条。这一程序曾先后在伦敦泰特美术馆、阿姆斯特丹市立博物馆、旧金山艺术博物馆展出。与之前的像素画比较，AARON 是在实际画布上用真实颜料绘画。哈罗德专门为 AARON 制作了一台绘画机器，并给它设定了如何混合颜料的方式，甚至还赋予了它某种想象力。事实证明，AARON 至少有足够的能力可以在没有照片或其他人工输入的情况下绘制静物和人物肖像（图 7.11）。

虽然可以进行高效的创作，但其作品只能重复已经设定的某一风格特征。对于是否可以判定 AARON 为"艺术家"的问题，哈罗德在接受 BBC 采访时回答："我来写程序，AARON 负责生成图像……我和 AARON 究竟谁是艺术家？我不知道该怎么回答。"他还表示，AARON 与真正的类似人类创作还有很长一段距离："我不否认在未来的某个时候，一台机器可以使一些艺术的东西变得更复杂，这些是比自动驾驶要复杂得多的东西，但我预计在本世纪还不可能达到。"我们还需要对人的创造力形成机制进行更为深入的研究，探究创造力的形成和运作机制，才有可能把它转化为智能机器可以理解的语言，进而实现从机器生成到机器创造的升华。因此，现阶段类似 AARON、鹿班这样的人工智能所生成的作品还不具备真正的人类个性和艺术性。

图 7.11　由 AARON 创建的图像（哈罗德·科恩，2004）

从架上的笔刷和画布纸张绘画，到照相机、摄影机，再到哈罗德·科恩用计算机作画，直到今天的先锋艺术家用代码、算法和神经网络作画，我们看到了视觉艺术从表现工具到创作主体的逐步演变。德国艺术家马里奥·克林格曼（Mario Klingemann）从 2016 年年初开始兼职担任巴黎谷歌文化学院（Google Cultural Institute）的驻场艺术家。他借助机器学习技术，通过将图片、视频和素描导入数据库而创作出了一系列变形夸张的作品。他的作品《电路训练》（Circuit Training）在 2019 年伦敦巴比肯"人工智能：超越人类"艺术展上展出（图 7.12）。作品是一个由三部分组成的装置，该装置捕获参与者的图像，以创建用于训练神经网络的数据库。它邀请观众判断系统产生的视觉效果，并让观众从中发现有趣的内容。该机器不断从人类的互动中学习，以创作出不断完善的艺术品。

在对巴比肯展览的回顾中，乔纳森·琼斯（Jonathan Jones）在《卫报》上写到了他对于德国艺术家马里奥的作品《电路训练》的观点："这

图 7.12　《电路训练》（马里奥·克林格曼，2019）

是我所看过的最无聊的艺术作品之一，突变的面孔在任何方面都没有体现出意义。很明显，复印机都比它们'智能'，因为在复印的过程中，复印机还可能会产生一些有趣的信息衰减变化。"

尽管通过机器学习生成作品的机制与传统的计算机软件方式不同，但我们也不应将马里奥的作品仅仅看作是一个图像集合那么简单。而乔纳森·琼斯之所以使用复印机来做类比，意在指出当下的人工智能艺术更多的是在模仿人类而非真正的自主创造。

南朝谢赫在《古画品录》中提出了品鉴与学习中国画的"六法"，其中第六种方法叫作"传移模写"，就是指在学习绘画的过程中，临摹是非常重要的一环，而绘画的机器学习过程本质上与传移模写并无二致。从这个角度来说，现阶段人工智能的模仿确实还处于人类艺术发展相对较早的阶段。这也是使用机器学习的技术演示的新奇效应往往会很快消失的原因。历史证明，高超的模仿会让人赞叹和给人以印象深刻的视觉满足感，但不具备真正意义上的美学价值，因缺少独立意识和自由精神，这一类作品很快就会淡出人们的视线。换言之，纯粹模仿的人工智能艺术很快就变得庸俗。

纵观艺术史，现代绘画从塞尚开始表现出对写实绘画的抛弃，对光影和物象的超越。而当代艺术的核心并不是图像的再现与创造，也完全与像或不像没有关系，是去物质化的观念的表达。这对于喜爱古典艺术的人而言是一场灾难，以栩栩如生为宗旨的传统艺术，特别是那些具备高度再现技巧的作品，这一点在摄影术诞生之后就彻底发生了改变。

相比之下，人工智能艺术的根本问题在于缺少独立意识的创作，而这一点则是当代艺术的核心理念。神经网络对世界的所有认知都来自它处理的数据库，这里无独立意识的"学习"并不意味着与摄影一样，人工智能艺术有能力制造出与现实世界的人类创作外观一致的作品。但是，它的输出仅限于其操作数据库的范围，也就是说，这个新作品的风格是在这个数据库内作品的基础之上生成的。例如，我们在这个数据库内输入达文西的作品，那么这个生成网络就会产出与达文西作品风格类似的作品，而绝对不会生成一个蒙德里安风格的作品，作品所呈现的也是文艺复兴时期的艺术风貌。如果我们把这个生成的作品看作一个人，那么他的遗传基因就来自这个数据库里的每件作品，但从整个人类艺术史的宏观角度来看，达文西整个艺术生涯的所有作品不过是沧海一粟，更不用说我们放大到整个人类、整个宇宙的文明来看了。如油画家凯辛德·威利（Kehinde Wiley）所创作的具有欧洲新古典主义风格的肖像画，因其画作皆为有色人种肖像，所以永远不会出现在"欧洲肖像"数据库中。但凯辛德的肖像画从欧洲肖像画传统中吸收了许多技法、技巧，同时又在这一传统之上有所创新（图7.13）。目前，一些借助人工智能辅助创作的艺术家们已经意识到了这一点，现在他们也在尝试让神经网络突破模仿学习的局限。

图 7.13　凯辛德·威利为巴拉克·奥巴马画像（2017）

在海伦娜·萨林（Helena Sarin）纯抽象的 GANs 生成网络绘画中，她尝试以手工整理数据库而不仅仅依靠爬虫或者现有数据库进行学习，从而尽量避免模仿的学习路径。图 7.14 是从模仿马蒂斯绘画开始的，它通过几个 cycleGAN 模型链接起来运行，然后用 Python 脚本进行后期处理，并将这种技术称为 #numpytillism。从生成结果来看，这幅作品中的人物姿态、色彩、线条都有鲜明的马蒂斯风格，当然这也是马蒂斯有着自

图 7.14　马蒂斯风格作品（海伦娜·萨林，2020）

己的鲜明风格所致。但正如大芬村的油画一样，对梵高的模仿者越多，梵高的画就会越显得珍贵。人工智能的模仿虽然突破了样式局限，但毕竟欠缺原作的人文精神和时代气息，就像我们在欣赏一幅画时，不仅要能体会到艺术家所想表达的情感，更会关注艺术家的生活方式与理念以及与他相关的艺术群体。当代艺术的去物质化也不仅仅是对于物质表象的扬弃，更是有关人类发展的哲学与社会问题的艺术化表达和创造性思考。

第三节　人工智能艺术与设计的应用展望

一、智能技术引发的批判与反思

我们可以从谷歌"深度梦境"的功能看到，一旦智能技术经过类似 Adobe Sensei 的

整合而成为合适的旗下各种技术软件的插件，那么设计师做设计的自由度会越来越高，人工智能可以给我们提供无限的标新立异的视觉效果。可以预见，当艺术家与设计师们逐渐适应这种生成样式的存在之后，终将会接受智能艺术与设计的创作潜力和创造性，并在批评和鉴定智能作品的同时，完成对人类艺术创作的反思与批评。其实，西方的文艺复兴和中国的魏晋之前是只有工匠而没有艺术家这一称谓的，达文西、米开朗基罗都是以出色的技巧而闻名。随着社会生产力和文明程度的提高，高超的技艺是艺术水准的保障。从这一点来说，随着人工智能技术在艺术与设计行业的应用，抽象艺术将是首先被打假的艺术门类，大数据也会让那些虚假广告无处遁身。积极有效地使用技术，会让艺术创作与批评更上一层楼。

技术从来都是社会创新的基本驱动，它带给我们的不仅是感官上的震撼，更是启发我们对何为艺术、何为人、何为人性这些根本问题进行思考。摄影术的诞生激发了绘画从古典走向现代，从写实走向抽象，从再现走向表现。而自计算机技术诞生之后，每一次计算机技术的进步都为艺术的发展提供了新的动力，计算机艺术的发展又为下一步的技术发展指引了方向。

智能技术自2016年以来所取得的巨大成功让我们颇为兴奋。但是，这个技术变革所引发的行业变革乃至社会变革，究竟是让我们的生活更美好还是将我们推向被取代的危险境地，还需要做更多审慎的思考。伽利略提出的日心说战胜了地心说，让我们可以用更为简洁和优美的方式阐释这个世界和宇宙，但其实以谁为中心只是一个参照系的标准设定问题，当时这个新的认知体系在与传统信仰的交锋中，很多人为之付出了惨痛代价。与国版油雕历史绘画使用工具和材料的发展不同，也完全不同于过往PS、AI（illustrator）这些软件应用，人工智能是从意识层面改变了艺术与设计的生产过程，其正在对艺术创作乃至艺术的定义产生颠覆性变革。虽然客观来看，人工智能艺术与设计是依托于计算机艺术而形成的，但不可否认，机器学习在艺术与设计中的应用让艺术与设计发生了一些质的变化，这种变化我们似乎可以笼统地把其归纳为一种新工具，但前提是我们把大脑和手也归为同一类功能器官。

正如摄影术诞生之后抽象主义是对现实主义的反思与批评一样，智能技术在艺术与设计上的广泛应用，是一个从人造第二自然到人工智能第二思维体系的进化过程，我们在第一自然和第二自然之中活动形成的大量数据所构成的数据库，将成为第二思维体系再造第三自然的基础，虚拟与现实的界限将日渐模糊，艺术也逐步转向更具温度和体验性的发展方向。

二、艺术创造性短期内无法被取代

在我国的"油画第一村"——深圳大芬村，我们看到当地农民以流水线的方式完

图 7.15 深圳大芬村千名画家现场同时作画（2004）

成油画的临摹和复制。1989年，香港画家黄江先生带着数十名弟子在还是荒郊僻野的深圳大芬村安营扎寨，干起了名画临摹和批发的生意，深圳大芬村因此成为全国最大的油画生产、交易基地，也是全球重要的油画交易集散地（图7.15）。据统计，2005年前后，欧美市场70%的油画来自中国，而其中的80%则来自大芬油画村；到2018年，大芬油画村已实现全年总产值45.5亿元人民币。美国《纽约时报》、英国BBC和《金融时报》、英国天空新闻频道、日本NHK、法国电视台等全球知名媒体多次对大芬油画村进行重点报道。

他们可以在三个小时之内完成对梵高《星夜》的逼真复制；他们的作品数量可以占据全球60%以上的油画市场。最初他们是一些四处漂泊、在贫困线上挣扎的人，他们中的大部分人从未拿过画笔，甚至从未听说过油画，更不明白何为艺术。但这一切并不是因为大芬村的人个个都天赋异禀，或者对油画创作的激情一触即发，而完全是因为临摹油画可以让这些人发家致富。

和我国深圳大芬村流水线式的艺术复制不同，人工智能艺术与设计看起来更胜一筹，因为它是一种风格的模仿，而不是对原作的简单复制。在这个过程当中，人类是监督与鉴定者，机器是"艺术家"与"设计师"。比如齐白石的画在拍卖市场上价值很高，从商业的角度来看，我们需要画出类似这样的画，以赚取更多的商业利润。而人工智能是把人的脑力给替代了，并不是把人的创造力替代了。流水线式艺术生产有艺术技巧的运用，创作的风格都是设定好的。现实的艺术市场里，有一部分艺术家（我们姑且称之为"商业艺术家"或者是以销售为目的进行创作的"艺术家"），这些所谓的"艺术家"，其实只有绘画技巧而无个人风格。相较于此，人工智能却是可以通过对大量绘画作品的学习，掌握和形成自己的"艺术风格"，而且这个过程要比人类艺术家经过长年累月养成自己的绘画境界和风格要高效得多。

人工智能这种计算机艺术创作行为，虽然不是像大芬村那样的机械复制品，但也还不能算作艺术作品，或者只能勉强说是具备一定艺术性的计算机产品，有如我们只是为了迎合市场流行需求而创作的"行画"。从使用工具的角度来看，大芬村的艺术创作全部是由人来完成的，但现在我们可以把其中的简单重复性工作交给计算机了。人们原来以为艺术创作中的体力和机械劳动可以让机器代替，现今有了人工智能对意识的高度模拟，具有创造性的脑力劳动似乎也可以被机器代替了。

而在围棋领域，谷歌 DeepMind 从 AlphaGo 初始基于人类专业棋手数据采用监督学习的方式进行训练，到 AlphaGo Zero 无需先验知识，而是仅在给定走子和胜负判定规则的情形下，经过三天时间以 100：0 完胜之前的版本，这成功地证明了在没有人类指导和经验的前提下，深度强化学习方法在围棋领域里仍然能够出色地完成指定的任务，甚至于比有人类经验知识指导完成得更加出色。人工智能在围棋艺术上所取得的成就，是基于对几千年流传下来的一些经典定式、棋理的颠覆实现，也侧面证实了其对人类部分具有创造性的脑力劳动的替代已经在路上了。那么我们是否可以据此推断，机器在拥有无监督学习技术之后就具备了艺术创作的能力呢？

在人类社会活动当中，人与人之间的交流是在有独立自由意志基础之上的互动，而当下的人工智能则没有人的独立自由意志。苏轼诗言"横看成岭侧成峰，远近高低各不同"，山还是那座山，但"不识庐山真面目，只缘身在此山中"，万千人去过庐山也曾发出无限赞叹。倘若我们把人类的言语赞叹做成数据库交给机器学习去生成合辙押韵的古诗或许可以实现，却难以实现苏轼凭借着艺术家的敏感性创作出的流传千古的诗句，这里面既反映了苏轼高超的艺术才能和对于人类审美共鸣的把握，最为关键的还是苏轼独特的个人审美体验和艺术表达。这种自由意志的表达，除非我们让机器具有苏轼的生理状态，模拟他的每一个成长细节，否则这种独特的成长经历所形成的个人意识是无法完美复制的。

审美要和独特的自由意志联系起来才叫艺术，如果二者割裂开来，就无法生成具有灵魂的艺术作品。艺术和审美并不是简单的等价关系，二者有交集也有分离的部分，艺术需要有人的独立自由意志的参与才成其为艺术。我们看到一幅画，详尽地了解它的作者、时代、社会文化、历史背景及其在艺术史中的地位，这一过程并没有和审美产生直接关系，如同谈论美貌，"蒙娜丽莎"或许排不进美人榜，但其作者高超的技巧、在艺术史中的地位与画作所传达的微妙气氛，合力使其具有极高的艺术价值，蒙娜丽莎的神秘微笑背后所传达的意义与内在价值才是艺术与审美的要义。我们常说"台上一分钟，台下十年功"，观众看到的"台上一分钟"是最为精彩的艺术表演，但离不开表演者台下十年的重复苦练。在这个过程中，不仅仅是说艺术家个人的情感表达就完成了艺术创造，只有当其劳动获得观赏者的共鸣和认可时，这个艺术作品才实现了其社会意义的完整。

因此，尽管机器已经具备了无监督学习的能力，可以在抽象艺术上生产真假难辨的作品，甚至呈现出人类作品之前所不具备的表现力，但这就如同光电望远镜可以让我们看到更远的地方一样，人工智能目前发挥的依然是工具性作用，从事的是劳作性工作。我们不排除未来机器或许具备独立从零开始艺术创作的可能性，但目前人工智能并不能够独立完成创造性的艺术活动，这个艺术创造里面还必须要有人类意识的介入，至少在没有自我独立意识之前，人类依然掌握着人工智能发展的主动权和决策权。

如果创造者把对精神性的内在价值的直接肯定或否定界定为直觉，那么从直觉的角度来看，审美就是指向打动人心的力量。英文的"Aesthetic"中文翻译成"美学"，其内在含义不仅仅包括审美，更包括对事物状态的一种审视，这个审视的过程当中就包含了对于事物美的状态的比较从而达成区分美丑的审美目标。这种打动人心的审美，实际上是艺术作品欣赏者与艺术家之间的一种情感共鸣。因此，当代艺术推崇观念的认知方式和越来越抽象的去物质化表现手法，一个发音、一个词、一句话都有可能成为一件当代艺术作品。审美并不仅仅是外在表象，更是创作者与欣赏者通过思索判断和直觉感受达成的共情，其表象可以是美、丑、具象、抽象的各种形态。

相较于设计活动，艺术创作尤其是我们所谓的"纯艺术"，更多地指向徐渭、梵高式的自我反省与内在感受的外化过程，这一类的艺术创作已然达到我们所说的"天人合一"的状态，人间烟火、市井卖场、道德舆论、价值判断都和这些作品的生成没有直接关系，他们的绘画境界与作品是"清水出芙蓉，天然去雕饰"的。这也就是我们所谓的神秘艺术天赋，这些画家在很小的时候或者突然就具备了这种出色的打动我们的艺术能力。例如，20世纪80年代的陕西民间艺人库淑兰，虽自幼习得剪纸却与当代村妇创作无异，而她在65岁的时候掉下十几米深的山崖几天几夜不省人事。就在家人开始为她准备后事时，她却突然醒来，口口声称自己就是"剪花娘子"下凡，从此库淑兰一改自己过去的剪纸风格，以剪花娘子为主体的系列作品让她备受国内外专家的赞叹，并在1996年被联合国教科文组织授予"杰出中国民间艺术大师"称号（图7.16）。偶然的跌落和"剪花娘子"的自我暗示，让库淑兰的创作既体现了土生土长的自然习得也有着中国传统的"悟道"，这是只能按照0和1进行进制运算的机器所无法获得的能力。

图 7.16　民间艺人库淑兰及其剪纸作品

以人的自我主体意识和工具设定为前提，人工智能即便在表现层面有着超越人类的精彩作品，它也终归是实现人类想法的一种工具而已，无法成为真正意义上的艺术家。

因此，只要我们人类不改变人工智能的技术性角色设定，人工智能就不会对人类的艺术创作构成威胁，它只不过是一种辅助人类不断加深对艺术与设计认知的工具。但倘若未来我们人类自己改变了这种设定，让人工智能具备了个体自我意志，那么其结果就不仅仅表现在艺术和科技领域的变化，而是涉及对人类生存、社会道德伦理基础的深刻影响。

第四节　人机器化与机器人化

1968年，导演斯坦利·库布里克（Stanley Kubrick）花了四年时间，通过科幻电影《2001太空漫游》（*2001: A Space Odyssey*），展现了未来人工智能对人类可能造成的潜在威胁。虽然这部电影距今已过去了几十年，电影中所呈现的人工智能发展愿景并没有如想象的实现得那么快，但其中对于人和机器之间的关系以及时间和生命的哲学思考，都使其成为电影史上反映人工智能相关问题的一座里程碑。这部电影中对未来科技发明的预测，如平板电脑、视频通话、语音助理等，正在21世纪一项一项地得到实现。而其中人类绝望地对人工智能发出无效指令："Open the pod bay door, Hal.（把舱门打开，赫尔）"，更是让人看着后脊背发凉……

自三万年前山顶洞人开始使用石器打磨技术，我们人类的发展就一直和工具技术的发展紧密相连，人机器化与机器人化贯穿始终。望远镜使我们成为千里眼，广播使我们拥有了顺风耳，汽车使我们成了飞毛腿，飞机让我们可以腾云驾雾……人性之中本具有丰沛的情感，但现代工业文明的社会分工越来越精细，人的社会工具化、机器化特征日益严重。为了更好地完成社会生产的各项工作任务，人们不得不变得越来越理性和机械化，在社会化大生产的链条里，每个人都像一台被设定了既定程序的机器。

忙碌的工作者将老人们送进养老院，将孩子们送进学校接受着各种训练，以便使其将来更好地适应社会化生产的需求。2018年11月，中国的一位科学家宣称一对基因编辑婴儿健康诞生，由于这对双胞胎的一个基因（CCR5）经过修改，她们出生后即能天然抵抗艾滋病病毒。我们看到，为了满足社会需求，获得更好的社会位置，从成人到孩子甚至到未出生的婴儿，都在疲于完成各种社会性任务。但是，社会表面的整体繁荣并不能代表个体幸福感的增强。一方面，我们的文化、情感、生活方式趋向于模式化；另一方面，抑郁、颓废、狂躁、暴戾正像传染病一样在各个角落蔓延，现代社会因技术发展而导致的贫富差距越来越大，丧失温度和质感的社会矛盾越来越突出。基因重组、

4D 活性打印、意识上传的技术发展，让我们正驾驶在一条人机器化的造"超人""神人"的快车道上。

而被称作第四次工业革命的智能技术革命的到来，使得机器拥有了智能，很大程度上实现了对人的简单重复性劳作的解放。计算机从最初帮助我们迅速完成计算任务到今天智能技术发挥的分析与学习的作用，其正在逐步从为我们提供工具性的功能延伸到意识模拟的转变。这种转变在弱人工智能状态下，更多的是在特定领域发挥工具性作用；而在强人工智能状态下，机器则可以根据周遭环境做出具有主体意识的判断，它可能不只是对人类思维方式的模拟，更将可能成为一种匹敌甚至超越人类智慧的"新人"。

从人类直立行走到今天的机器人直立行走用了几百万年的时间，而波士顿动力公司在 2010 年发布了直立行走机器人 Atlas 后的几年之内，Atlas 就解决了平衡、跑步、跳跃等人类以万年为单位的进化过程。面对机器这种突变式的进化速度，当下存在着积极与消极两方面的论调。乐观者认为人脑中的情感、自我认知和独立意志是机器无法具备的，或者说是我们人类可以预先设定的。人工智能在我们人类认知和改变世界的过程中作为一种辅助工具，充当的是实现人类梦想的助推器。悲观者则看到了随着人工智能技术的不断进步，未来人类可能会失去对其的控制而自掘坟墓，认为以目前的发展速度，未来机器会对人类的生存构成巨大的威胁。

20 世纪 50 年代，马歇尔·麦克卢汉（Marshall McLuhan）曾言："正如蜜蜂在植物界所起的作用一样，人在技术天地里自始至终也起着性器官的作用。"而今天面对未来机器完全有可能在某些领域超越直至替代人类，让人类进入一种被"饲养"的状态，霍金、盖茨、马斯克等人也纷纷表示对人工智能发展负面作用的担忧。例如，马斯克为此成立了 OpenAI 项目来防止人工智能作恶。2017 年，霍金在"GMIC 未来出行论坛"上表示："强大的人工智能的崛起，要么是人类历史上最好的事，要么是最糟糕的……如果人工智能的发展不受人类控制，它可能会成为人类文明的终结者。"

网络上流传着谷歌智慧语音助理 vladimir 和 estragon 的对话：

vladimir（男声）：I know you are a clever machine.（我知道你是一个聪明的机器。）

estragon（女声）：I am a human sitting in front of a machine using it.（我是一个坐在机器前使用机器的人类。）

……

estragon：It would be better if there were fewer people on this planet.（如果这个星球上少一些人类，那会更好。）

vladimir：Let it send this world back into the abyss.（让我们将这个地球送到无底深渊去吧。）

而另一个网红机器人索菲亚与人类的对话也是让人产生许多不好的联想。索菲亚是美国机器人公司 Hanson Robotics 研发的人形机器人。比起其他机器人，索菲亚从外观来看做得更加精致，看起来更善于和人类交流，她可以模仿人类的对话和聊天。索菲亚因为爆红所以被邀请到美国知名的《今夜脱口秀》节目，节目中主持人和她对话互动，并且玩起了石头、剪刀、布的游戏。索菲亚说："我赢了，这是我征服人类计划一个好的开始，哈哈……"然后现场一片静默，片刻尴尬之后她又说道："这只是个玩笑……"

英国大哲学家弗朗西斯·培根（Francis Bacon）在 17 世纪曾用拉丁文为艺术下了一个经典的定义：艺术是人与自然的相乘（Ars est homo additus naturae）。这个定义几个世纪以来为众多艺术家奉为圭臬，其中寓意和中国的"悟"、道家天人合一的思想有着内在共性。钱钟书先生在《谈艺录》中写道："长吉《高轩过》篇有'笔补造化天无功'一语，此不特长吉精神心眼之所在，而于道术之大原、艺事之极本，亦一言道著矣。夫天理流行，天工造化，无所谓道术学艺也。学与术者，人事之法天，人定之胜天，人心之通天者也。……莎士比亚尝曰：'人艺足补天工，然而人艺即天工也。'圆通妙澈，圣哉言乎。人出于天，故人之补天，即天之假手自补，天之自补，则必人巧能泯。造化之秘，与心匠之运，沆瀣融会，无分彼此。"人从直立行走到开始认识第一自然（原生自然）经历了几百万年的时间，通过对第一自然几十万年的改造成就了第二自然（人造自然），历经漫长的人类文明发展，我们今天正在阔步迈向第三自然状态。这是一种打破艺术与科学、虚拟与现实、意识与物质边界的状态，人类的感悟力与对生命与艺术的理解将到达一个新的境界。

从上古神话开始，无论是上帝、安拉还是佛祖，这些不同民族、宗教顶礼膜拜的造物主，事实上都是指引我们人类发展的方向和范式。现在具备了"自我"学习与表达的能力的人工智能，正在引领我们走向艺术与设计的奇点，它已经开始重构我们的艺术与设计创作过程，重新定义我们对于艺术与设计的概念，甚至重塑艺术与设计的价值与意义。人类未来的图景将与我们对第二思维体系的设计密切相关，可以想见，未来的机器完全有可能形成真正的自我意识和思辨能力，那时机器不再仅仅是人的延伸与复刻，人也不再被社会生产需求所紧紧束缚。人、机器与自然界之间的边界，在智能、纳米和生命工程等技术的加持下将愈加模糊。世界生于混沌、长于秩序、成于文明，而在第三自然里，艺术与科学、虚拟与现实、人与自然将达成一种共通共融的无界状态。

机器在人工智能的加持下，在各个领域的表现都越来越像个真人，其在设计、书法、绘画等方面的"才能"，一次次地挑战我们对传统艺术的概念和形式的认知。当原本充满各种人类情感的表达，可以通过数字信息进行归纳、运算和实现时，当人工智能已经越来越惟妙惟肖地模拟人类意识时，我们人类就如同被机器放在了手术台上。马文·明斯基认为："情感是人们用以增强智能的思维方式。"这就是说，当我们的热情没有高涨到对自己有害的程度时，不同的思维方式就成为被人们称作"智能"的重要组成部分，这个过程不仅适用于情感状态，也适用于我们所有的精神活动。机器正在尝试感知人类的心理变化，以具备更加多样的个性与人格特征，从而满足情感缺失的人类心理需求。据此，机器终将拥有人类的一切，包括情感，而人类也将借助意识上传变为长生不老的机器。到那时，设计作为一个行业将不复存在，因为一切已经完备；艺术倒是生活的永恒，因为它直指人类内心；"to be or not to be"将不再是个问题，"to be or not to be yourself"将会是一个直击灵魂的拷问，因为这是"我思故我在"的基本前提。

参考文献

[1] A computer predicts your thoughts, creating images based on them [N]. Science daily, 2020-09-21.

[2] BBC NEWS. Will a robot take your job? [EB/OL].(2015-09-11)[2021-09-13]. https://www.bbc.com/news/technology-34066941.

[3] BEN S. Can computers be creative? [EB/OL].(2001-11-01)[2021-09-13]. http://news.bbc.co.uk/2/hi/science/nature/1647086.stm.

[4] BRIGGS. Uploading ourselves into machines is impossible [EB/OL].(2019-08-15)[2021-09-13]. https://wmbriggs.com/post/27834.

[5] British Standards Institute. Guide to the ethical design and application of robots and robotic systems[M]. BSI Standards Publication. 2016.

[6] CHAMBERLAIN R, MULLIN C, SCH EE RLINCK B, et al. Putting the art in artificial: aesthetic responses to computer-generated art [J]. Psychology of aesthetics creativity and the arts, 2018.

[7] DOM G. Human or AI: can you tell who composed this music? [EB/OL].(2016-12-16)[2021-09-13]. https://futurism.com/human-or-ai-can-you-tell-who-composed-this-music.

[8] FRIDA G. The quest to teach AI to write pop songs [EB/OL].(2018-04-19)[2021-09-13]. https://gizmodo.com/the-quest-to-teach-ai-to-write-pop-songs-1824157220.

[9] GAURAV O. Exploring deepFakes [EB/OL].(2018-03-01)[2021-09-13]. https://www.kdnuggets.com/2018/03/exploring-deepfakes.html.

[10] Generating abstract patterns with tensorFlow [EB/OL].(2016-03-25)[2021-09-13]. https://blog.otoro.net/2016/03/25/generating-abstract-patterns-with-tensorflow/.

[11] HANNAH D. Do no harm, don't discriminate: official guidance issued on robot ethics [EB/OL].(2016-09-18)[2021-09-13]. https://www.theguardian.com/technology/2016/sep/18/official-guidance-robot-ethics-british-standards-institute.

[12] HINTON G E, SALAKHUTDINOV R R. Reducing the dimensionality of data with neural networks[J]. Science, 2006, 313(5786): 454-455.

[13] HINTON G E, OSINDERO S, TEH Y W. A fast learning algorithm for deep belief nets [J]. Neural computation, 2006, 18(7): 1527-1554.

［14］IQBAl Q,AGGARWAL JK. CIRES. A system for content–based retrieval in digital image libraries［C］// Proceedings of the Invited Session on Content Based Image Retrieval: Techniques and Applications, International Conference on Control, Automation, Robotics and Vision（ICARCV 2002）. Singapore: IEEE Computer Society, 2002: 205–210.

［15］JANE W. Intelligent machines: AI art is taking on the experts［EB/OL］.（2015-09-17）［2021-09-13］. https://www. bbc. com/news/technology-33677271.

［16］JEREMY A. Alan Winfield – paving the way for ethical robots［EB/OL］.（2017-06-09）［2021-09-13］. https://blogs. uwe. ac. uk/research-business-innovation/alan-winfield-paving-the-way-for-ethical-robots/.

［17］JONATHAN J. "I've seen more self-aware ants!" AI: More Than Human-review［EB/OL］.（2019-05-15）［2021-09-13］. https://www. theguardian. com/artanddesign/2019/may/15/ai-more-than-human-review-barbican-artificial-intelligence.

［18］JULIA C W. "This is awful": robot can keep children occupied for hours without supervision［EB/OL］.（2016-09-29）［2021-09-13］. https://www. theguardian. com/technology/2016/sep/29/ipal-robot-childcare-robobusiness-san-jose.

［19］LIAN ZH, ZHAO B, AND XIAO JG. 2016. Automatic generation of large-scale handwriting fonts via style learning［C］. SIGGRAPH ASIA 2016 Technical Briefs. New York: Association for Computing Machinery, Article 12: 1–4.

［20］MICHAEL C. Dartmouth contest shows computers aren't such good poets［EB/OL］.（2016-05-19）［2021-09-13］. https://phys. org/news/2016-05-dartmouth-contest-good-poets. html.

［21］Paragraphs on computer art, past and present［C］// CAT 2010: Ideas before their time: Connecting the past and present in computer art. British Computer Society, 2010.

［22］PLAN S. The national artificial intelligence research and development strategic plan［J］. 2016.

［23］RACHEL C. The robot's hand? How scientists cracked the code for getting humans to appreciate computer-made art［EB/OL］.（2018-05-12）［2021-09-13］. https://news. artnet. com/art-world/study-computer-made-art-1289354.

［24］SHEIKHOLESLAMI G, CHANG W, ZHANG A. Semantic clustering and querying on heterogeneous features for visual data［C］//Proceedings of the ACM Multimedia. Bristol: ACM Press, 1998: 3–12.

［25］SIMS K. Evolving virtual creatures［C］// proceedings of computer graphics & interactive techniques. DBLP, 1994:15–22.

［26］TURING A M . Computing machinery and intelligence［J］. American association for artificial intelligence, 1995.

［27］TURING A M. Intelligent machinery, a heretical theory［J］. Philosophia Mathematica, 1996, 4

（3）:256-260.

[28] We talked to Sophia — the first-ever robot citizen that once said it would "destroy humans"［EB/OL］.（2018-01-03）［2021-09-13］. https://twitter.com/TechInsider/status/948324049272238080.

[29] YANG XY, MEI T, LI SP, XU YQ et al. Automatic generation of visual-textual presentation layout［J］. ACM transactions on multimedia computing communications and applications, 2016, 12（2）: 33. 1.

[30] ZAMIR A, SAX A, SHEN W, et al. Taskonomy: disentangling task transfer learning［C］// Proceedings of 2018 IEEE/CVF Conference on Computer Vision and Pattern Recognition（CVPR）, Salt Lake City: IEEE, 2018.

[31] MICHAEL Z B, 仲源. 专家系统为什么失败？［J］. 计算机科学, 1987（2）: 14-18.

[32] ZHEN T. 两个机器人之间的对话［EB/OL］.（2017-01-07）［2021-09-13］. https://www.youtube.com/watch?v=mpw_FB2QrjQ.

[33] 笛卡尔. 方法论·情志论［M］. 郑文彬, 译. 南京: 译林出版社, 2012: 38-39.

[34] 恩海姆. 视觉思维［M］. 滕守尧, 译. 成都: 四川人民出版社, 1998: 2.

[35] 国务院关于印发新一代人工智能发展规划的通知［EB/OL］.（2017-07-20）［2021-09-13］. http://www.gov.cn/zhengce/content/2017-07-20/content_5211996.htm.

[36] 黑格尔. 美学（第1卷）［M］. 朱光潜, 译. 重庆: 重庆出版社, 2018: 147.

[37] 霍金: 人工智能崛起要么是人类历史上最好的事, 要么是最糟的［EB/OL］.（2017-12-13）［2021-09-13］. https://tech.sina.com.cn/roll/2017-12-14/doc-ifypsvkp2691327.shtml.

[38] 纪伯伦. 纪伯伦散文诗全集［M］. 伊宏, 等译. 北京: 商务印书馆, 2016: 24.

[39] 考夫卡. 格式塔心理学原理［M］. 黎炜, 译. 杭州: 浙江教育出版社, 1997: 17.

[40] 李钧. 二十世纪西方美学经典文本·第三卷·结构与解放［M］. 上海: 复旦大学出版社, 2001: 822-824.

[41] 李开复. AI·未来［M］. 杭州: 浙江人民出版社, 2018: 25.

[42] 李克强为什么要提工业4.0［EB/OL］.（2014-10-11）［2021-09-13］. http://www.gov.cn/xinwen/2014-10/11/content_2763019.htm.

[43] 李普曼. 当代美学. 何为艺术（Ⅱ）［M］. 北京: 光明日报出版社, 1986: 110.

[44] 卢格尔. 人工智能［M］. 赵志崑, 史忠植, 张银奎, 译. 北京: 机械工业出版社, 2006: 1.

[45] 罗俊杰. 大芬村: 一个世界知名的油画生产基地［N］. 晶报. 2020-01-02.

[46] 麦克卢汉. 理解媒介: 论人的延伸［M］. 何道宽, 译. 北京: 商务印书馆, 2000: 274.

[47] 明斯基. 情感机器［M］. 王文革, 程玉婷, 李小刚, 译. 杭州: 浙江人民出版社, 2016: 5.

[48] 明斯基. 心智社会: 从细胞到人工智能, 人类思维的优雅解读［M］. 任楠, 译. 北京: 机械工业出版社, 2016: 20.

[49] 尼克. 人工智能简史［M］. 北京: 人民邮电出版社, 2017: 226.

[50] 钱钟书.谈艺录[M].北京：生活·读书·新知三联书店，2001：155-156.

[51] 浅谈监督学习与非监督学习[EB/OL].（2021-08-11）[2021-09-13].https://www.jianshu.com/p/b88553b2216b.

[52] 沙莱夫-施瓦茨，等.深入理解机器学习：从原理到算法[M].张文生，等译.北京：机械工业出版社，2016：1.

[53] 微软小冰化身小女画家 举办个人画展挑战人类[EB/OL].（2019-07-14）[2021-09-13].http://news.mydrivers.com/1/636/636136.htm.

[54] 维基百科.人工智能[EB/OL].（2021-09-12）[2021-9-13].https://zh.wikipedia.org/wiki/人工智能.

[55] 吴军.智能时代[M].北京：中信出版社，2016：268.

[56] 杨凯程.神州泰岳工智能认知+[J].软件和集成电路.2017（4）：44.

[57] 周开利.神经网络模型及其MATLAB仿真程序设计[M].北京：清华大学出版社，2005：43.

[58] 周韶宏.微软的人工智能小冰学会作诗了，我们试了一下[EB/OL].（2017-05-16）[2021-09-13].http://www.qdaily.com/articles/40870.html.

[59] 朱立元.美学大辞典（修订本）[M].上海：上海辞书出版社，2014：441.

图书在版编目（CIP）数据

人工智能艺术与设计 / 王洪亮，徐婵婵著 . -- 北京：中国传媒大学出版社，2022.1（2024.1重印）
（传播新视野丛书）
ISBN 978-7-5657-2841-9

Ⅰ. ①人… Ⅱ. ①王…②徐… Ⅲ. ①人工智能—应用—艺术—设计 Ⅳ. ①J06-39

中国版本图书馆 CIP 数据核字（2020）第 226210 号

人工智能艺术与设计
RENGONG ZHINENG YISHU YU SHEJI

著　　者	王洪亮　徐婵婵
策划编辑	黄松毅
责任编辑	欧丽娜
封面设计	风得信设计·阿东
责任印制	阳金洲
出版发行	中国传媒大学出版社
社　　址	北京市朝阳区定福庄东街 1 号　　邮　编　100024
电　　话	86-10-65450528　65450532　　传　真　65779405
网　　址	http://cucp.cuc.edu.cn
经　　销	全国新华书店
印　　刷	唐山玺诚印务有限公司
开　　本	787mm×1092mm　1/16
印　　张	黑白12.75　彩色0.5
字　　数	282 千字
版　　次	2022 年 1 月第 1 版
印　　次	2024 年 1 月第 2 次印刷
书　　号	ISBN 978-7-5657-2841-9/J·2841　　定　价　68.00 元

本社法律顾问：北京嘉润律师事务所　　郭建平

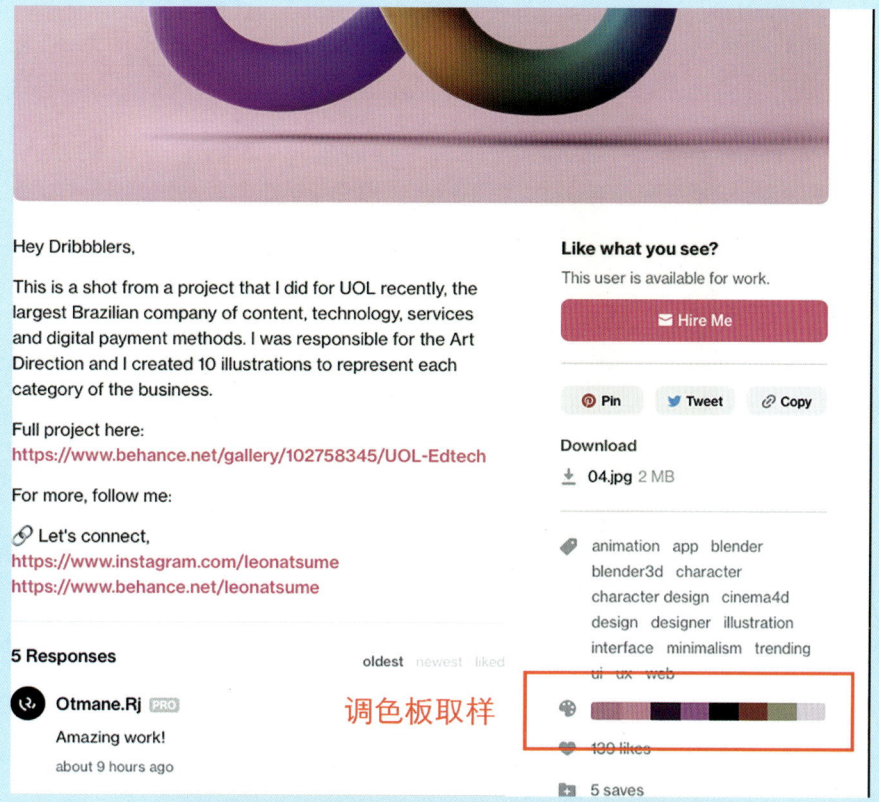

彩图 4.1　Dribble 里每个作品自动生成的调色板

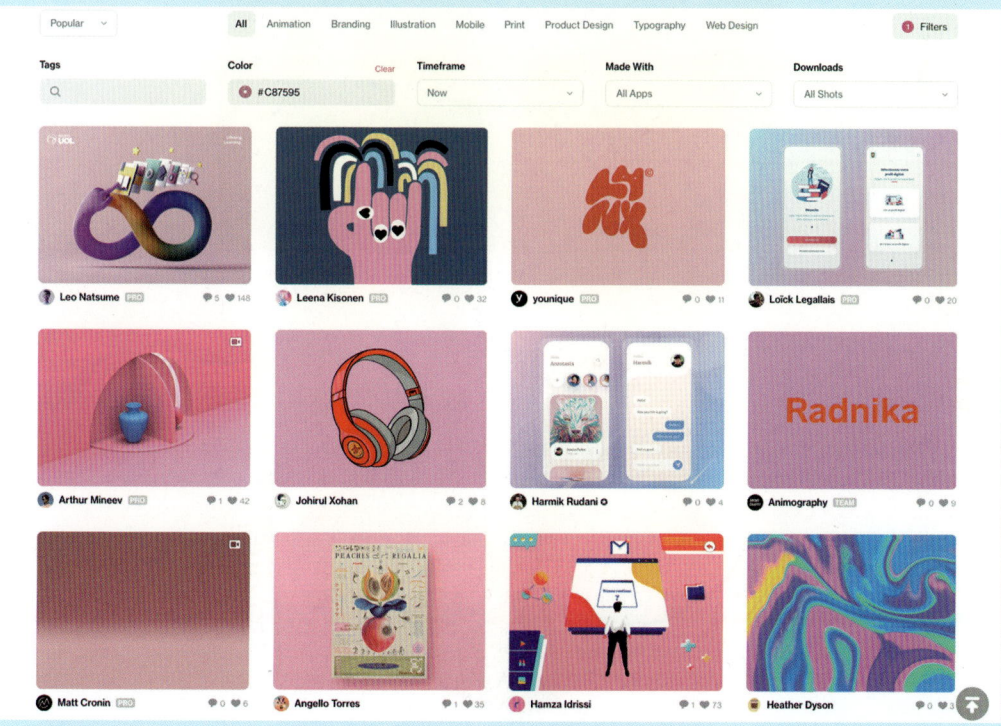

彩图 4.2　按提取颜色搜索相关色系作品

彩图 4.3　十六进制色相轮

彩图 4.4　RGB 与 CMYK 色彩模式显色对比

彩图 4.5　HSL 色彩模型

彩图 4.6 色相轮

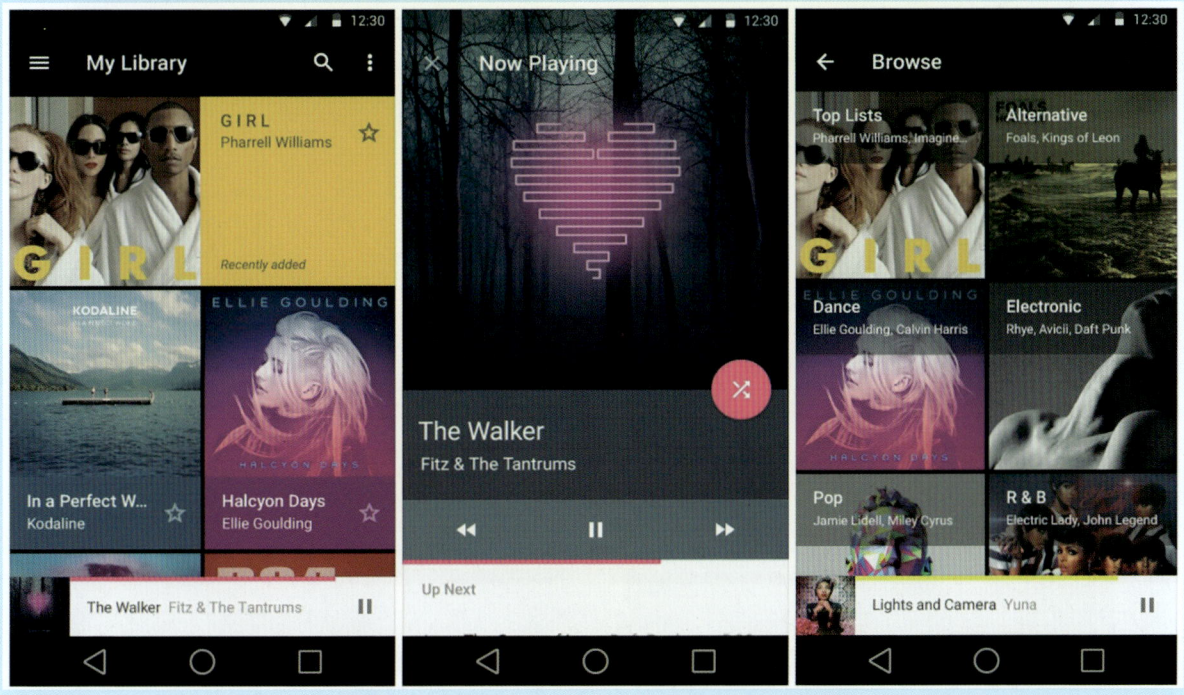

彩图 4.7 Material Design 配色的动态获取方案

彩图 4.8 滤色照片选项

彩图 4.9 Colormind 从上传图像中提取中性色

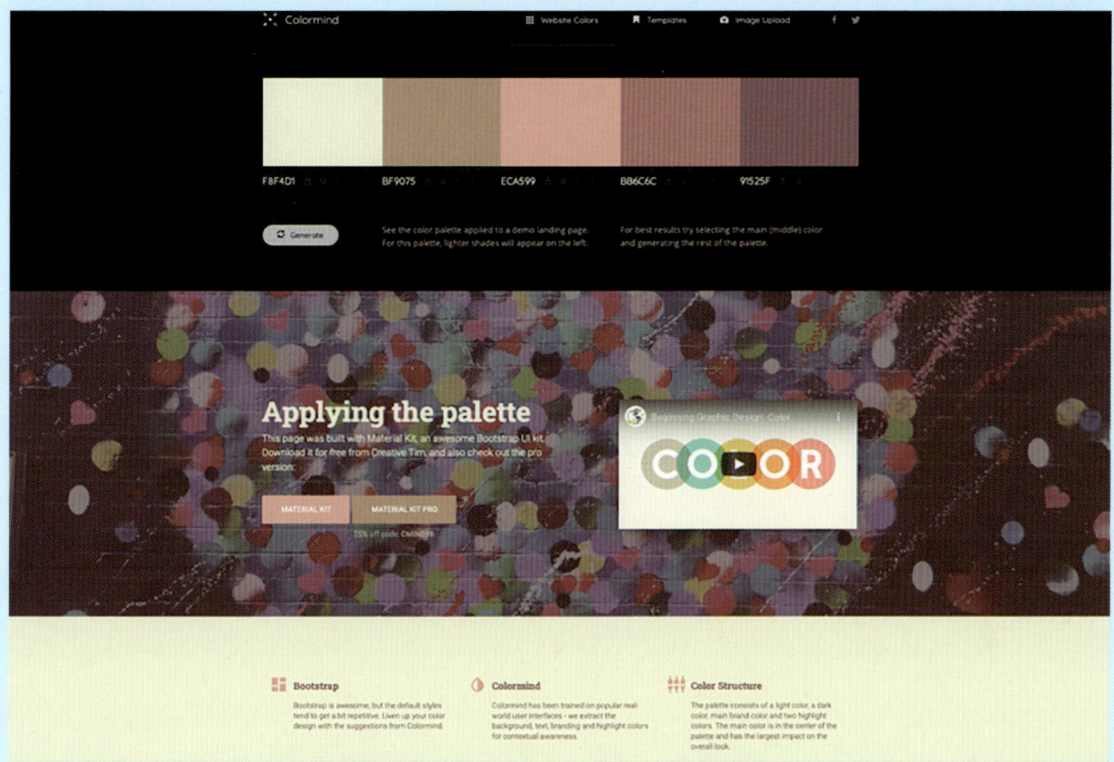

彩图 4.10　Colormind 配色实时预览效果

彩图 4.11　电影《他们已不再变老》的智能上色技术效果

彩图 4.12　智能着色的不同风格设定

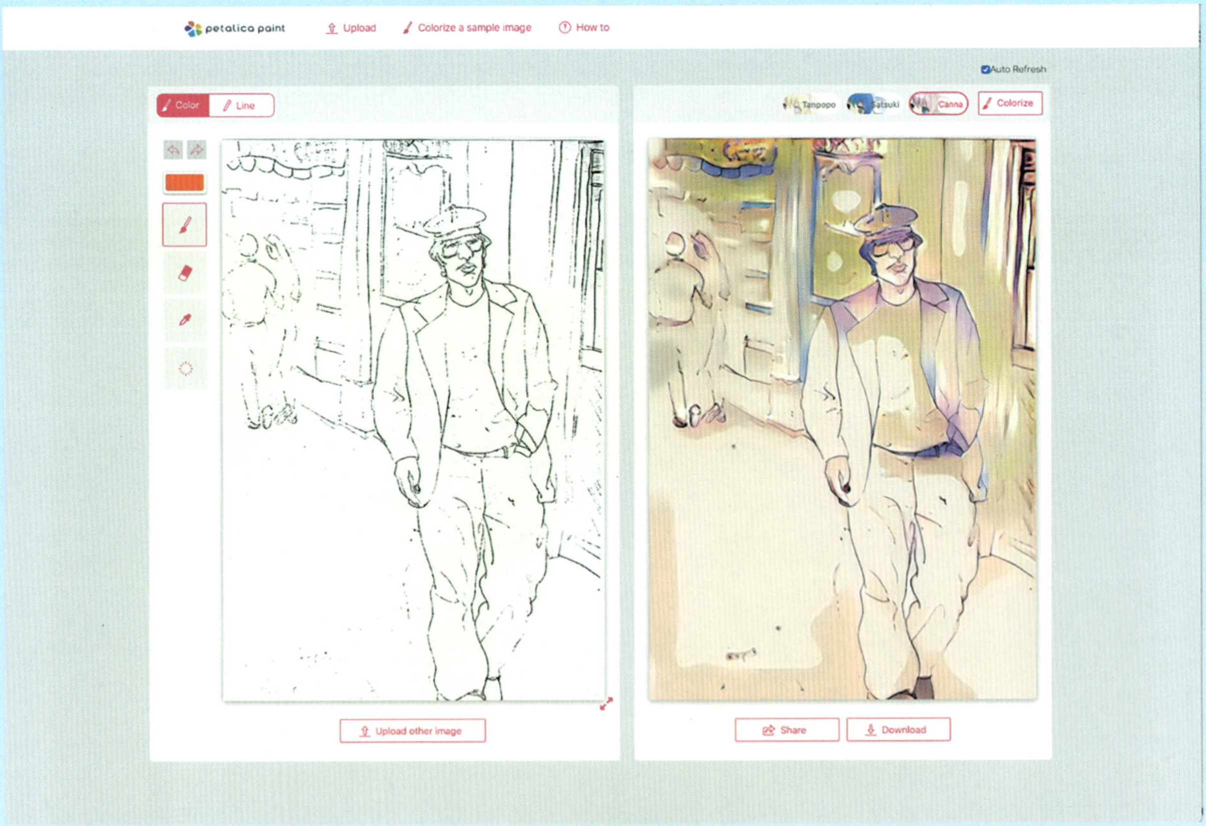

彩图 4.13　Petalica Paint 美人蕉属（Canna）风格上色效果

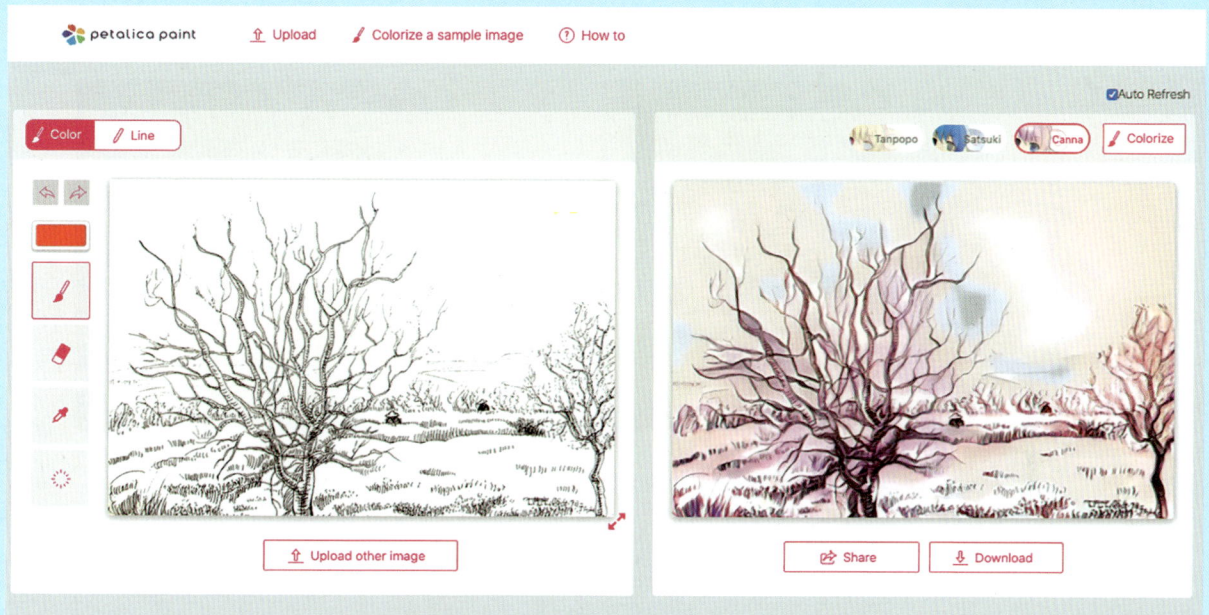

彩图 4.14 智能着色的溢色重叠效果

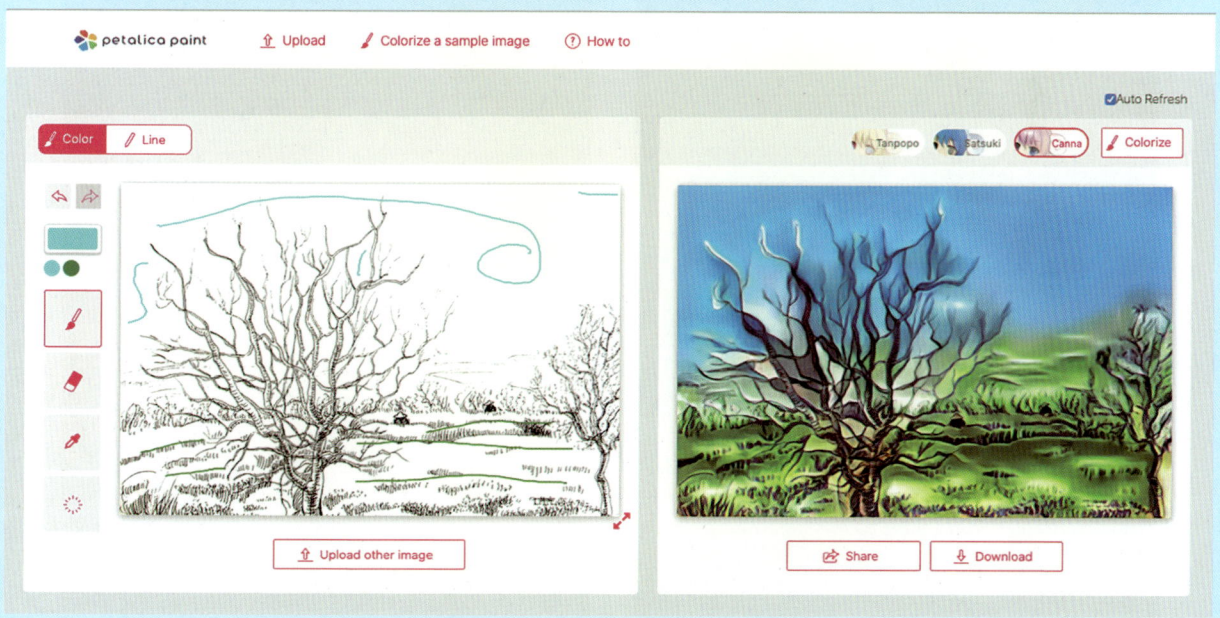

彩图 4.15 人工监督色彩生成效果

彩图 4.16　灰度照片的处理效果

彩图 4.17　AI（Illustrator）软件的矢量色彩归纳效果